ABITUR
CLEVER VORBEREITET

CHEMIE

tandem.VERLAG
print line

ABITUR
CLEVER VORBEREITET

CHEMIE

Autorin: Iris Schneider

Umschlaggestaltung: Stefanie Brüssel, Potsdam
Bildnachweis Cover: shutterstock
Gesamtherstellung: Tandem Verlag GmbH, Potsdam

ISBN: 978-3-8427-1432-8

Vorwort

Abitur clever vorbereitet – Chemie soll Ihnen helfen, prüfungsrelevante Themen für die Abiturprüfung zu wiederholen. Sie finden hier einen **kompakten Überblick**, der es Ihnen ermöglicht, den gesamten Stoff zu wiederholen und Ihre eigenen Wissenslücken zu erkennen – und zu beheben: Schlagen Sie einfach die Bereiche nach, in denen Sie noch nicht ganz sicher sind.

Das Buch enthält zahlreiche Merkkästen, Insider-Tipps und Checklisten, die Ihnen das Lernen erleichtern sollen. Vor allem die fett gedruckten Begriffe im Text sollen Sie an die wichtigsten Schlagworte erinnern – gehen Sie sicher, dass Sie diese verstanden haben und gegebenenfalls auch ausführlicher erklären können.

Es ist nicht nötig, das Buch von vorne nach hinten durchzuarbeiten. Jedes Kapitel steht für sich und behandelt einen anderen Themenbereich der Prüfung. Deshalb ist es auch möglich, nur einzelne Bereiche, wie beispielsweise das Thema Oxidation und Reduktion, nachzuschlagen und zu wiederholen.

Das **Abitur clever vorbereitet – Prüfungstraining** auf der beiliegenden CD-ROM ermöglicht es Ihnen, einzelne Themenbereiche aus dem Buch aktiv zu trainieren. Sie enthält Musteraufgaben und Prüfungsbeispiele für das schriftliche und mündliche Abitur. Auch **allgemeine Tipps zur Abiturvorbereitung** im Fach Chemie finden Sie dort.
Abitur clever vorbereitet – Chemie kann man gut in Kombination mit der CD-ROM benutzen: zuerst ein Thema im Buch nachlesen und dann das Gelernte durch die entsprechenden Aufgaben auf der CD vertiefen und prüfen.
Hinweise zur Nutzung der CD-ROM „**Abitur clever vorbereitet – Prüfungstraining**" finden Sie auf der letzten Seite dieses Buches.

Wir wünschen Ihnen viel Erfolg für die Prüfung!

Anorganische Chemie

Organische Chemie

Anorganische Chemie

1 Atommodelle

Schon immer war man auf der Suche nach dem Stoff, aus dem sich die Materie aufbaut. Allerdings begegnen uns auf der Ebene der Atome so unvorstellbar kleine Teilchen, dass wir sie uns mithilfe von Modellen veranschaulichen müssen. Im Laufe der Zeit wurden diese Modelle immer genauer und wirklichkeitsgetreuer.

1.1 Rutherfords Kern-Hülle-Modell

Vorläufermodelle

Bereits im Altertum wurden sinnvolle Modelle aufgestellt, die bis heute in den Grundzügen richtig sind. Allerdings kann inzwischen mit den aktuellen technischen Möglichkeiten ein sehr viel genaueres Bild vom Aufbau des Atoms gegeben werden.
Die einfachste Vorstellung zum Aufbau der Materie ist nach **Demokrit** (ca. 400 v. Chr.) das **Teilchenmodell**. Submikroskopische, kugelförmige Teilchen, die eine **energieabhängige Eigenbewegung** aufweisen und sich untereinander durch **Kohäsionskräfte** anziehen, bilden die verschiedenen Elemente. Dieses Modell erklärt auch die drei **Aggregatzustände**. Im festen Zustand sind die Teilchen eng beieinander, ziehen sich stark an und bewegen sich nur um die eigene Achse. Durch Energiezufuhr kann diese Eigenbewegung erhöht und der Raumanspruch vergrößert werden. Die Anziehungskräfte untereinander werden geringer und man erhält den flüssigen, bzw. bei weiterer Energiezufuhr den gasförmigen Zustand.

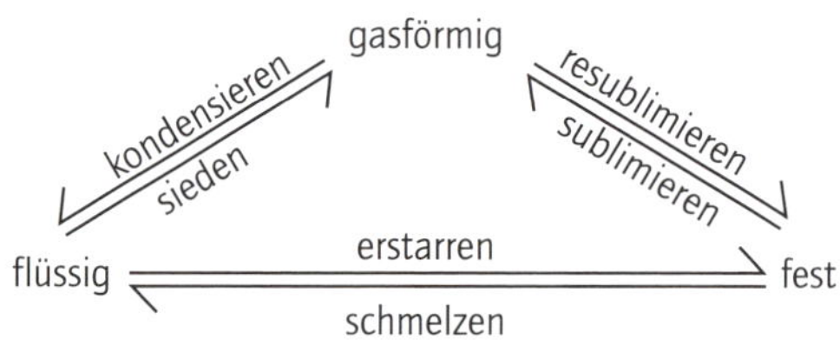

Änderung von Aggregatzuständen

Eine Erweiterung erfährt das Teilchenmodell durch die Atomhypothese von **John Dalton** (1766 – 1844). Er ging davon aus, dass chemische Elemente aus **unteilbaren Atomen** bestehen, wobei die Massen der Atome eines bestimmten Elementes gleich sind. Bei chemischen Reaktionen werden miteinander verbundene Atome getrennt und in neuer Kombination zusammengefügt, wobei sich die Elemente immer in bestimmten einfachen Zahlenverhältnissen aneinander binden. Diese Theorie verband er mit dem von **Lavoisier** 1785 aufgestellten **Gesetz von der Erhaltung der Masse** *(Bei einer chemischen Reaktion ist die Masse der Produkte gleich der Masse der Edukte)* und dem **Gesetz der konstanten Proportionen** *(Chemische Elemente vereinigen sich immer in einem konstanten Massenverhältnis)* von **Proust** aus dem Jahr 1799. So konnte Dalton 1803 das **Gesetz der multiplen Proportionen** formulieren: *Die Massenverhältnisse von zwei Elementen, die sich zu verschiedenen chemischen Substanzen vereinigen, stehen zueinander im Verhältnis einfacher ganzer Zahlen.* So verhalten sich z. B. Verbindungen zwischen den Elementen Stickstoff und Sauerstoff NO, NO_2, N_2O, N_2O_3, N_2O_5 wie 1 : 1; 1 : 2; 2 : 1; 2 : 3; 2 : 5.

Zu Beginn des 20. Jahrhunderts erweiterte **Joseph John Thomson** (1856 – 1940) diese Atomhypothese basierend auf eigenen Experimenten und auf denen, die Helmholtz und Faraday auf dem Gebiet der Elektrolyse durchgeführt hatten. Er postulierte, dass Atome Massenteilchen darstellten, bei denen **negativ geladene Elektronen** in **die positiv geladene Grundmaterie** eingebettet sind.

Kern-Hülle-Modell

Ernest Rutherford (1871 – 1937) begründete durch Auswertung von „**Streuversuchen**" das Kern-Hülle-Modell des Atoms. Er beschoss eine 0,0005 mm dünne Goldfolie (entspricht ca. 2000 Atomschichten) mit radioaktiver Strahlung in Form von α-Teilchen, die aus einem Radiumblock freigesetzt wurden. Hinter der Goldfolie war ein Zinksulfid-Schirm angebracht, der bei jedem Treffer mit einem α-Teilchen einen Lichtblitz abgab.

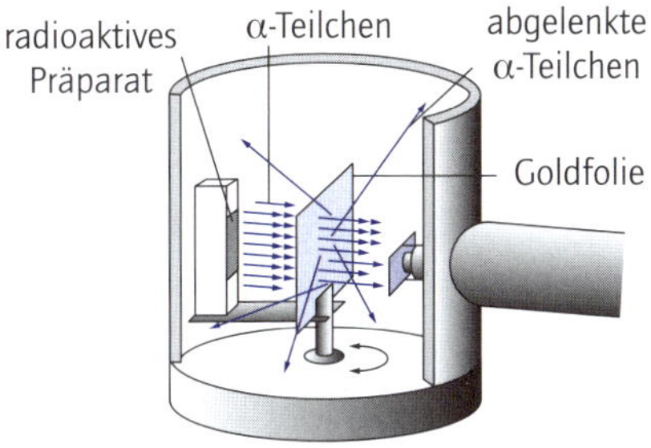

Der Rutherford'sche Streuversuch: Schema

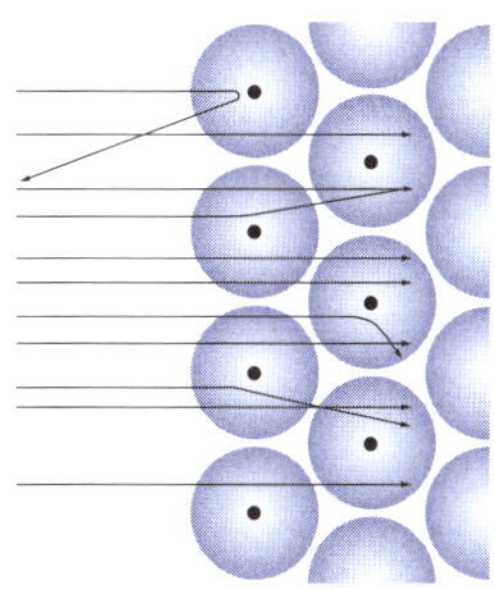

Streuung von α-Teilchen an Gold-Atomen

Bei den α-Teilchen handelt es sich um He^{2+}-Kerne. Diese durchdrangen größtenteils die Goldfolie, ohne abgelenkt zu werden. Einige Teilchen wurden jedoch so stark beeinflusst, dass sie seitlich ausscherten oder zurückgeworfen wurden. Rutherford folgerte daraus das **Kern-Hülle-Modell**:

- Das Atom besteht aus einem **sehr kleinen Atomkern** im Zentrum, der **positiv geladen** ist und **mehr als 99,9 % der Masse** des Atoms ausmacht.
- Um den Kern herum befindet sich eine **ausgedehnte Atomhülle**, in der sich entsprechend der positiven Kernladung **negativ geladene Elektronen** befinden, welche **nahezu masselos** sind.

1.2 Das Bohr'sche Atommodell

Folgerung aus spektroskopischen Beobachtungen

Max Planck machte folgende spektroskopischen Beobachtungen: Wird weißes Sonnenlicht durch ein Prisma zerlegt, so erhält man ein **kontinuierliches Spektrum** mit Farbbändern. Jeder Farbe entspricht Licht in einem bestimmten Wellenlängenbereich und mit einer bestimmten Energie, nach der Gleichung $E = h \cdot \frac{1}{\lambda}$.

Dabei ist E die Energie, h das Planck'sche Wirkungsquantum (eine Konstante: $h = 6{,}6262 \cdot 10^{-34}\,\text{J} \cdot \text{s}$) und λ die Wellenlänge.

Daraus folgt: $E \approx \frac{1}{\lambda}$.

UV-Licht hat eine hohe Energie und eine kurze Wellenlänge ($\lambda < 400\,\text{nm}$), infrarotes Licht hat eine niedrigere Energie und größere Wellenlängen ($\lambda > 750\,\text{nm}$). Dazwischen finden wir das für den Menschen sichtbare Licht.

Wenn man das von Wasserstoffgas in einer Leuchtröhre abgestrahlte Licht zerlegt, erhält man kein kontinuierliches Spektrum, sondern erkennt nur einzelne Linien mit einer ganz bestimmten Wellenlänge – ein sogenanntes **Linienspektrum**.

Da jede Linie einer bestimmten Wellenlänge und auch einer bestimmten Energie zugeordnet werden kann, folgerte **Nils Bohr** (1885 – 1962) daraus, dass die Atomhülle in verschiedene Energieniveaus eingeteilt ist. Die Elektronen befinden sich in der Hülle auf einem bestimmten Energieniveau, dem Grundzustand. Führt man Energie zu, so springen sie auf einen energetisch höheren Zustand, der sich weiter entfernt vom Kern befindet. Dann fallen sie sofort wieder in ihren Grundzustand zurück. Dabei wird Energie in Form von Lichtquanten frei, denen eine bestimmte Wellenlänge zugeordnet werden kann. Der Betrag dieser Energie entspricht genau der Differenz zwischen den beiden Energieniveaus.

MERKE ▪ Bohr'sche Postulate

- **Die Elektronen können sich nur auf ganz bestimmten, einzelnen Bahnen, die einem festgelegten Energieniveau entsprechen, um den Kern bewegen.**
- **Der Umlauf auf diesen Bahnen erfolgt strahlungslos mit konstanter Energie.**
- **Das Elektron absorbiert (nimmt auf) oder emittiert (gibt ab) Energie nur beim sprunghaften Übergang zwischen zwei Energieniveaus.**

Erweiterung zum Schalenmodell

Die Elektronen befinden sich auf konzentrischen Schalen um den Atomkern. Diese stellen **bestimmte Energiestufen** dar und können eine festgelegte Anzahl von Elektronen aufnehmen, welche sich berechnen lässt nach $2n^2$ (mit n = Schalennummer). Insgesamt gibt es **sieben Schalen**. Die äußerste Schale, die noch mit Elektronen besetzt ist, nennt man **Valenzschale**, ihre Elektronen werden als **Valenzelektronen** bezeichnet.

Schalennummer n	Schalenbezeichnung	Maximale Elektronenanzahl $2n^2$
1	K-Schale	2
2	L-Schale	8
3	M-Schale	18
4	N-Schale	32
5	O-Schale	50
6	P-Schale	72
7	Q-Schale	98

Zwar sind in diesem Atommodell bereits Grundzüge der Quantenmechanik enthalten, jedoch weist es immer noch Annahmen auf, die realitätsnaher beschrieben werden können. So postulierte Nils Bohr, dass Elektronen winzige Kügelchen seien, die einen festen Ort (Kreisbahn) und eine feste Geschwindigkeit hätten. Im Gegensatz dazu steht zum einen **Werner Heisenbergs Unschärferelation** von 1927: *Es ist im atomaren Bereich unmöglich, von einem Teilchen (z. B. einem Elektron) gleichzeitig Ort und Impuls mit beliebiger Genauigkeit zu bestimmen.*

Außerdem widerspricht die Theorie Schrödingers zum Welle-Teilchen-Dualismus beim Elektron der Interpretation Bohrs. **Schrödinger** postulierte 1926, dass einem Elektron mit einem bestimmten Impuls eine Materiewelle mit einer bestimmten Wellenlänge zugeordnet werden kann. Im Feld eines Atomkerns sind für solche stehenden Elektronenwellen nur ganz bestimmte Schwingungszustände möglich, die bestimmten diskreten Energiestufen entsprechen. Folglich kann ein Elektron bzw. eine Elektronenhülle je nach Energiegehalt verschiedene geometrische Formen einnehmen.

Das Elektron des Wasserstoffatoms wird z. B. als eine kugelförmige, stehende Welle im Raum um den Atomkern aufgefasst und kann durch die **Schrödinger-Gleichung** charakterisiert werden. Diese **Wellenfunktion** beschreibt mathematisch das Elektron in der Hülle in Abhängigkeit von seinem energetischen Zustand. Dadurch wird ein dreidimensionaler Raum festgelegt, in dem sich das Elektron mit hoher Wahrscheinlichkeit befindet. Nimmt man das Quadrat der Wellenfunktion, so gibt dies die Verteilung der Elektronen in der Atomhülle an. Man erhält somit die Ladungsdichte.

1.3 Aktuelle Vorstellung vom Atombau – Wellenmechanisches oder Orbitalmodell

Quantenmechanisch kann man also Elektronen keiner bestimmten Bahn, sondern nur einem Bereich zuordnen, in dem man sie finden kann. Diesen **dreidimensionalen Raum**, der sich mithilfe der Schrödinger-Gleichung mathematisch darstellen lässt, nennt man ein **Orbital**. Die verschiedenen Zustände der Elektronen lassen sich durch **vier Quantenzahlen** charakterisieren:

- **Hauptquantenzahl** n = Hauptenergieschale, in der sich das Elektron befindet; eine Gruppe eng benachbarter Energieniveaus;
  $n = 1, 2, 3, 4, 5, 6, 7$
- **Nebenquantenzahl** ℓ = Drehimpulsquantenzahl;
  $\ell = 0, 1, 2, \ldots n - 1$; Unterscheidung der benachbarten Energieniveaus innerhalb einer Hauptenergieschale; gibt die räumliche Form des Orbitals an;
  $n = 1, \ell = 0 \Rightarrow$ s-Orbital
  $n = 2, \ell = 0, 1 \Rightarrow$ s-Orbital, p-Orbitale
  $n = 3, \ell = 0, 1, 2 \Rightarrow$ s-Orbital, p-Orbitale, d-Orbitale
  $n = 4, \ell = 0, 1, 2, 3 \Rightarrow$ s-Orbital, p-Orbitale, d-Orbitale, f-Orbitale

- **Magnetische Quantenzahl *m*** = Aufspaltung der Energieunterniveaus (p-, d-, f-Orbitale) im magnetischen Feld $m = -l, 0, +l$;
  $\ell = 0,\ m = 0$ ⇒ Es gibt 1 s-Orbital
  $\ell = 1,\ m = -1, 0, +1$ ⇒ Es gibt 3 p-Orbitale
  $\ell = 2,\ m = -2, -1, 0, +1, +2$ ⇒ Es gibt 5 d-Orbitale
  $\ell = 3,\ m = -3, -2, -1, 0, +1, +2, +3$ ⇒ Es gibt 7 f-Orbitale
  Die Orbitale haben jeweils eine unterschiedliche Ausdehnung in den drei Raumachsen. Das s-Orbital ist kugelförmig. Die p-Orbitale sind hantelförmig in die drei Raumachsen gerichtet. Vier d-Orbitale sind rosettenförmig, eines ist hantelförmig mit einem zusätzlichen Ring (→ Abbildung).

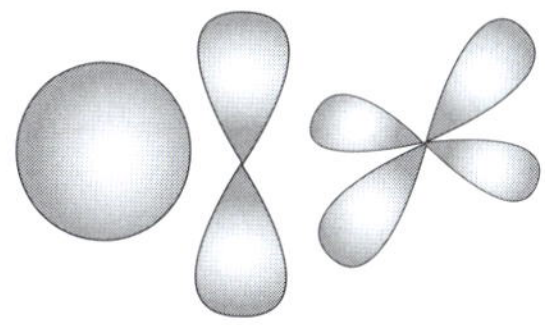

s, p-, d-Orbital

- **Spinquantenzahl *s*** = Drehrichtung des Elektrons um seine eigene Achse: $s = +\frac{1}{2}$ oder $s = -\frac{1}{2}$

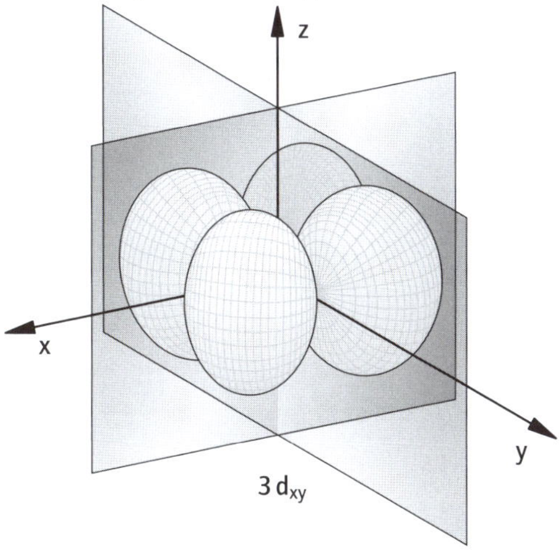

3 d_{xy}

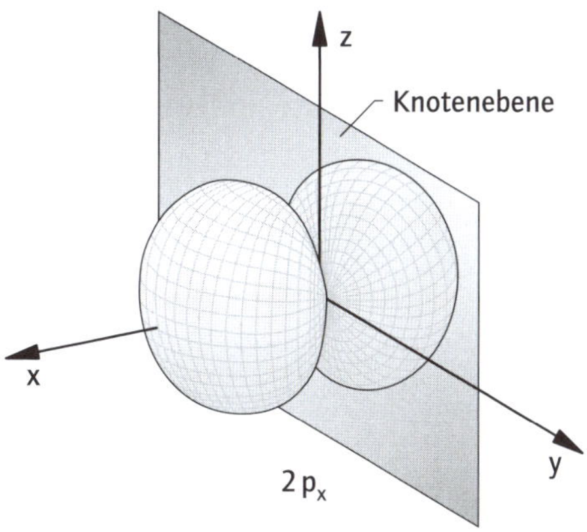

2 p_x

INSIDER-TIPP

- **Wichtig ist, dass man sich verinnerlicht, dass ein Orbital ein Raum in der Hülle des Atoms ist, in dem sich ein bzw. zwei Elektronen bevorzugt aufhalten.**
- **Die Elemente streben immer nach stabilen Elektronenkonfigurationen, das heißt nach voll- oder auch halbbesetzten Orbitalen (Energieunterniveaus).**
- **Die Elektronenkonfiguration ist Grundlage für das Verständnis, wie die Elemente sich bei chemischen Reaktionen verhalten.**

Für die Verteilung der Elektronen in den verschiedenen Orbitalen der Atomhülle gibt es drei wichtige Regeln:

- **Energieprinzip:** Bei der Besetzung der Atomorbitale werden **zuerst energieärmere Zustände mit Elektronen besetzt**. Beispielsweise ist das eine 4s-Orbital energetisch niedriger als die fünf 3d-Orbitale, es wird also zuerst besetzt. Auch das 5s-Orbital wird vor den 4d-Orbitalen besetzt.

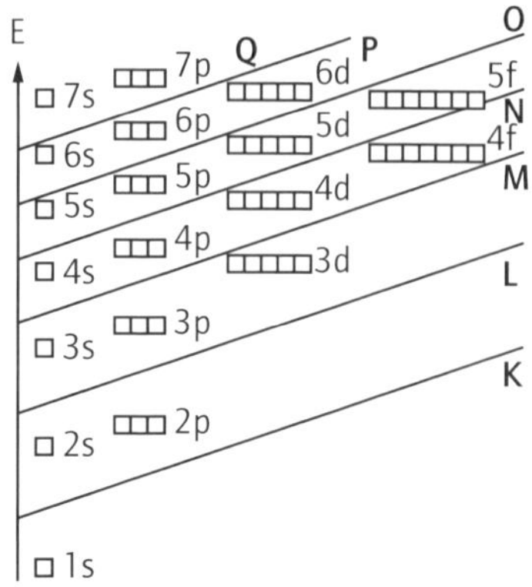

Abstufung der Orbitalenergien

- **Das Pauli-Prinzip:** Es kann in einem Atom **keine zwei Elektronen** geben, **die in allen vier Quantenzahlen** übereinstimmen, das heißt ein Atomorbital kann höchstens mit zwei Elektronen, und zwar mit antiparallelem Spin besetzt werden.
- **Die Hund'sche Regel:** Energiegleiche Bahnen mit gleicher Nebenquantenzahl werden **zunächst einfach besetzt**. Anschließend erfolgt die paarweise Besetzung mit antiparallelem Spin.

Für die Elektronenkonfiguration eines Elementes gibt es eine einheitliche Schreibweise. In der **Kästchenschreibweise** wird jedes Atomorbital mit einem Kästchen symbolisiert, ein Elektron wird durch einen Pfeil dargestellt. So kann die Besetzung der Atomorbitale anschaulich gezeigt werden. Da in jedes Atomorbital nur zwei Elektronen mit unterschiedlichem Spin passen, symbolisiert man dies, indem man einen Pfeil nach oben und einen nach unten zeichnet. Diese aufwendige Schreibweise wird meist vereinfacht. Zum Beispiel kann die Elektronenkonfiguration des Kohlenstoff-Atoms mit seinen sechs Elektronen durch die bloße Aufzählung der Orbitale und ihrer Besetzung dargestellt werden ($1s^2$ $2s^2$ $2p^2$). Meist vereinfacht man noch mehr, indem man die letzte volle und abgeschlossene Edelgasschale durch das Elementsymbol abkürzt. So steht z. B. für Zirkonium: Zr: [Kr] $5s^2$ $4d^2$.

Element	Elektronenkonfiguration	Kästchenschema
H	$1s^1$	[↑]
He	$1s^2$	[↑↓]
Li	$1s^2\,2s^1$	[↑↓] [↑]
Be	$1s^2\,2s^2$	[↑↓] [↑↓]
B	$1s^2\,2s^2\,2p^1$	[↑↓] [↑↓] [↑ | |]
C	$1s^2\,2s^2\,2p^2$	[↑↓] [↑↓] [↑ | ↑ |]
N	$1s^2\,2s^2\,2p^3$	[↑↓] [↑↓] [↑ | ↑ | ↑]
O	$1s^2\,2s^2\,2p^4$	[↑↓] [↑↓] [↑↓ | ↑ | ↑]
F	$1s^2\,2s^2\,2p^5$	[↑↓] [↑↓] [↑↓ | ↑↓ | ↑]
Ne	$1s^2\,2s^2\,2p^6$	[↑↓] [↑↓] [↑↓ | ↑↓ | ↑↓]

CHECKLISTE

1 Atommodelle

- Atome bestehen aus einem Kern und einer Hülle.
- Der Atomkern enthält Protonen und Neutronen. Er bildet auch die Masse des Atoms.
- In der Atomhülle finden sich die fast masselosen Elektronen.
- Die Elektronen halten sich in bestimmten energetischen Räumen, den Orbitalen auf. Diese werden durch die vier Quantenzahlen charakterisiert.
- Die Orbitale werden nach ihrem Energieinhalt mit Elektronen besetzt. Dabei werden energiegleiche Atomorbitale erst einzeln, dann doppelt gefüllt.
- In jedes Atomorbital passen nur zwei Elektronen, die jedoch unterschiedlichen Spin haben müssen.
- Die Elektronenkonfiguration wird in der vollständigen oder abgekürzten Kästchenschreibweise angegeben.

2 Atombau und Periodensystem

Das Periodensystem der Elemente ist ein klar strukturiertes Ordnungsprinzip, welches die Elemente aufgrund ihrer Elektronenkonfiguration in bestimmte Gruppen aufteilt. Hat man das Aufbauprinzip des Periodensystems verstanden, so hilft dies, z. B. chemische Reaktionen zwischen Elementen vorherzusagen und zu verstehen. Man kann sich zudem herleiten, welchen Ionentyp die Elemente bilden können, welche bevorzugten Bindungen sie eingehen und vieles mehr.

2.1 Das Atom

Um die Logik des Periodensystems und den Ablauf chemischer Reaktionen verstehen zu können, muss man sich zuerst mit dem Aufbau eines Atoms und einigen chemischen Größen auseinandersetzen.

Aufbau des Atoms

Ein Atom besteht aus einem Kern (Durchmesser ca. 10^{-14} m) und einer im Verhältnis dazu sehr großen Hülle (Durchmesser ca. 10^{-10} m). Entscheidend sind die **Elementarteilchen**, die das Atom aufbauen. In der Hülle finden wir die fast masselosen **Elektronen** mit negativer Elementarladung. Im Kern sind ungeladene **Neutronen** und **Protonen** mit positiver Elementarladung, die in etwa die gleiche Masse besitzen.

Symbolik der Elementarteilchen:

Elektron: ${}^{0}_{-1}e$ Proton: ${}^{1}_{1}p$ Neutron: ${}^{1}_{0}n$

ÜBERSICHT ▪ Masse und elektrische Ladung der drei wichtigsten Elementarteilchen

Elementarteilchen	Masse [kg]	Masse in Elektronenmassen	Ladung in Coulomb [C]	Ladung in Elementarladungen
Elektron	$9{,}1091 \cdot 10^{-31}$	1	$-1{,}6021 \cdot 10^{-19}$	−1
Proton	$1{,}67265 \cdot 10^{-27}$	1836,1	$1{,}6021 \cdot 10^{-19}$	+1
Neutron	$1{,}67495 \cdot 10^{-27}$	1838,62	0	0

Protonen und Neutronen im Kern ziehen sich gegenseitig an, allerdings wirken diese Kräfte nur bei einem geringen Abstand der Teilchen zueinander. Dem entgegen wirken die Abstoßungskräfte der gleichgeladenen Elementarteilchen untereinander. Je mehr Protonen sich im Kern befinden, desto instabiler wird er, das heißt, desto leichter findet ein radioaktiver Zerfall statt.

Kernregeln

- **Nuklide**: Eine Atomart, definiert durch **Kernladungszahl** (Anzahl der Protonen; steht unten links am Elementsymbol) und **Massenzahl** (Summe von Protonen und Neutronen; steht oben links am Elementsymbol), z. B. $^{1}_{1}H$, $^{16}_{8}O$.
- **Isotope:** Nuklide mit gleicher Kernladungszahl und verschiedener Massenzahl, bedingt durch zusätzliche Neutronen im Kern, z. B. $^{1}_{1}H$, $^{2}_{1}H$, $^{3}_{1}H$. Nur 20 der natürlich vorkommenden Elemente sind **Reinelemente** (z. B. Na, Al, P) und bilden keine Isotope, alle übrigen Elemente sind Isotopgemische, sogenannte **Mischelemente**.

> MERKE ▪ Aston-Regel
>
> **Elemente mit ungerader Kernladungszahl haben höchstens zwei Isotope.**

- **Isobare**: Nuklide mit gleicher Massenzahl und verschiedener Kernladungszahl, z. B. $^{97}_{40}Sr$, $^{97}_{42}Mo$.

> MERKE ▪ Mattauch-Regel
>
> **Es gibt keine stabilen Isobare von Elementen mit unmittelbar benachbarter Kernladungszahl, z. B. ist $^{87}_{38}Sr$ stabil, $^{87}_{37}Rb$ ist radioaktiv (β-Strahler).**

Die Atommasse

Für die Masse eines Atoms ist jeweils die Anzahl an Nukleonen (Neutronen und Protonen) im Kern verantwortlich. Die **Atommasse m_A** wird in der **atomaren Masseneinheit u** angegeben (engl. *amu = atomic mass unit*).
Eine atomare Masseneinheit entspricht $\frac{1}{12}$ der Masse des Kohlenstoff-Isotops der Masse 12. Durch diesen Bezug wird die Masse eines Protons und eines Neutrons jeweils etwa 1 u. Die Atommasse eines Mischelements errechnet sich aus den Atommassen der Isotope, wobei die natürliche Isotophäufigkeit berücksichtigt wird.

Für das Wasserstoff- bzw. das Chloratom gilt also:

$m_A(H) = 1{,}0079\,u$ bzw. $m_A(C\ell) = 35{,}453\,u$.

Entsprechend kann man nun die **Molekülmasse (m_M)** berechnen, indem man die Atommassen der einzelnen Verbindungspartner zusammenzählt:

$m_M(NaOH) = m_A(Na) + m_A(O) + m_A(H) = 23\,u + 16\,u + 1\,u = 40\,u$.

Die Stoffmenge und die molare Masse

Betrachtet man eine chemische Reaktion, so hat man es in der Praxis nie mit einzelnen Atomen oder Molekülen zu tun, sondern immer mit größeren Stoffportionen. Um mit handlicheren Zahlen arbeiten zu können, fasst man eine bestimmte Anzahl Atome oder Moleküle zu einer Stoffportion zusammen, z. B. entsprechen 12 Stück einem Dutzend. Im submikroskopischen Bereich sind die Größenverhältnisse natürlich anders gelagert. Hier nimmt man $6{,}023 \cdot 10^{23}$ Teilchen (Atome oder Moleküle) und bezeichnet diese Stoffportion als ein **Mol**. Die **Stoffmenge *n*** von 1 mol Natrium enthält somit $6{,}023 \cdot 10^{23}$ Natrium-Atome, die Stoffmenge *n* von 2 mol Sauerstoff enthält $12{,}046 \cdot 10^{23}$ Sauerstoff-Moleküle.

Möchte man von der Stoffmenge auf die Teilchenzahl schließen, ergibt sich folgende einfache Gleichung: $N = n \cdot N_A$.
Dabei entspricht N der Anzahl der Teilchen, n der Stoffmenge in mol und N_A der **Avogadro-Konstante $6{,}023 \cdot 10^{23}$ 1/mol.**

Eine Beispielrechnung ist die Ermittlung der Anzahl der Wasser-Moleküle in 2,2 mol Wasser:

$N_{H_2O} = n_{H_2O} \cdot N_A = 2{,}2\,mol \cdot 6{,}023 \cdot 10^{23}\,1/mol = 13{,}25 \cdot 10^{23}$

Man kann nun mithilfe der Stoffmenge die Masse einer bestimmten Stoffportion ermitteln. Bezieht man die Masse auf genau ein Mol eines Stoffes, so spricht man von der **molaren Masse *M* [g/mol]**. Die molare Masse eines Stoffes entspricht dem Zahlenwert der Atom- bzw. Molekülmasse mit der Einheit g/mol und ist aus dem Periodensystem ablesbar bzw. ermittelbar, z. B.

$M_{NaOH} = 23 + 16 + 1 = 40\,g/mol$.

Das bedeutet: 1 mol NaOH wiegt 40 g, bzw. $6{,}023 \cdot 10^{23}$ NaOH-Teilchen wiegen 40 g.
Die Berechnung der molaren Masse erfolgt nach der Gleichung $M = \frac{m}{n}$.
Entsprechend kann man, wenn man Gase vorliegen hat, das **molare Volumen V_M** bestimmen. Dabei gilt nach **Avogadro**:

MERKE

Gleiche Volumina aller Gase enthalten bei gleicher Temperatur und gleichem Druck gleich viele Teilchen. Unter Normalbedingungen (0 °C, 1013 hPa) nimmt ein Mol eines idealen Gases ein Volumen von 22,4 ℓ ein und enthält $6{,}023 \cdot 10^{23}$ Teilchen. $V_M = 22{,}4\ \ell/\text{mol}$.

Darauf basierend kann man nun die Stoffmenge für jedes beliebige Volumen eines Gases berechnen: $n = \frac{V}{V_M}$. Wichtig ist vor allem in der Praxis der Bezug von Masse oder Stoffmenge zum Volumen. Hierbei ergibt sich die Größe der **Konzentration** c.

Massenkonzentration: $c = \frac{m}{V}$ [g/ℓ]

Stoffmengenkonzentration: $c = \frac{n}{V}$ [mol/ℓ]

Massendefekt

MERKE ▪ Massendefekt

Massendefekt heißt die Differenz zwischen der tatsächlichen Masse eines Atomkerns und der Summe der Massen seiner Bausteine.

Der Massendefekt tritt auf, da zwischen den Nukleonen starke Kernkräfte herrschen, die sie zusammenhalten. Dieser **nuklearen Bindungsenergie** entspricht ein gewisser Massenverlust nach dem **Äquivalenzprinzip von Energie und Masse nach Einstein** ($E = m \cdot c^2$, mit $c = 2{,}998 \cdot 10^8$ m/s). Das heißt, bei der Bildung eines stabilen Atomkerns wird ein Energiebetrag frei, der nach obiger Gleichung einem Massendefekt entspricht.

Beispiel: berechnete Kernmasse für He = 4,0338 u

experimentell gefundene Kernmasse für He = 4,0030 u

Die Differenz (0,0308 u) – der Massendefekt – entspricht einer nuklearen Bindungsenergie von 28,5 MeV.

INSIDER-TIPP

- **Die Stoffmenge ist eine wichtige Rechengröße. Im Abitur und in vielen Berufssparten wird sie oft gebraucht und angewendet.**
- **Zur Stoffmenge *n* gehört die Einheit mol – nicht verwechseln!**
- **Um sich mit der Stoffmenge anzufreunden, hilft nur konsequentes Üben und Anwenden.**

2.2 Kernchemie

1896 beobachtete **Henri Becquerel** erstmalig Radioaktivität. Er entdeckte, dass Uransalze durch die Aussendung unsichtbarer Strahlung lichtdicht verpackte Fotoplatten schwärzten. Zwei Jahre später isolierten **Marie** und **Pierre Curie** die radioaktiven Elemente Polonium und Radium aus der Joachimsthaler Pechblende.

Radioaktiver Zerfall und Strahlung

Für die **Radioaktivität** ist immer eine Veränderung im Atomkern Voraussetzung. Werden Elektronen aus der Hülle entfernt oder hinzugenommen, so spricht man von **Ionisierung**. Man kann im Prinzip drei Typen von **radioaktiver Strahlung** unterscheiden: **α-** und **β-Strahlung** sind **Teilchenstrahlung**, während es sich bei der **γ-Strahlung** um kurzwellige, energiereiche **Röntgenstrahlung** handelt. Sie unterscheiden sich in Energie, Geschwindigkeit und Reichweite.

Alpha-Zerfall

Atomkerne, die beim radioaktiven Zerfall Helium-Kerne (Alpha-Teilchen) aus zwei Protonen und zwei Neutronen aussenden, werden Alpha-Strahler genannt.
Beispiel: ${}^{226}_{88}Ra \rightarrow {}^{222}_{86}Rn + {}^{4}_{2}He$
Durch die Aussendung eines He^{2+}-Kerns verringert sich die Massenzahl um vier, die Kernladungszahl um zwei Einheiten.
Das aus Radium-226 durch α-Zerfall entstandene Radon gibt zwei Hüllelektronen an die Umgebung ab. Die frei gewordenen He^{2+}-Kerne nehmen zwei Elektronen aus der Umgebung auf, wodurch Helium-Atome entstehen. Die Anfangsgeschwindigkeit der austretenden α-Teilchen beträgt etwa 15 000 km/s.

Beta-Zerfall

Beim Beta-Zerfall wird aus dem Kern eines Atoms ein Elektron abgegeben. Diese Elektronen bilden die β-Strahlung und können Geschwindigkeiten zwischen Null und nahezu Lichtgeschwindigkeit annehmen. Da das ausgesandte Elektron eine negative Elementarladung trägt, spricht man vom β^--Zerfall. Das Elektron stammt nicht aus der Atomhülle, sondern entsteht durch Umwandlung eines Neutrons im Kern in ein Proton und ein Elektron. Dabei entsteht immer auch ein masse- und ladungsloses Teilchen, das Antineutrino ($\overline{\nu}$) genannt wird: $^{1}_{0}n \rightarrow ^{1}_{1}p + ^{0}_{-1}e + \nu$

Beispiel für einen β^--Zerfall: $^{137}_{55}Cs \rightarrow ^{137}_{56}Ba + ^{0}_{-1}e + \nu$

Die Kernladungszahl erhöht sich beim β^--Zerfall um eins, insgesamt bleibt die Zahl der Nukleonen jedoch unverändert, wodurch der Wert der Massenzahl gleich bleibt. Bei manchen natürlichen und vor allem bei künstlich hergestellten Radionukleiden tritt eine Strahlung auf, die aus Teilchen von der Masse eines Elektrons besteht, jedoch eine positive Elementarladung aufweist. Man nennt diese Teilchen Positronen. Die Positronenstrahlung ist Kennzeichen des β^+-Zerfalls. Dabei wandelt sich im Kern ein Proton in ein Neutron und ein Positron um. Es entsteht wiederum ein masse- und ladungsloses Teilchen, das sogenannte Neutrino (ν): $^{1}_{1}p \rightarrow ^{1}_{0}n + ^{0}_{+1}e + \nu$
Beispiel für einen β^+-Zerfall: $^{22}_{11}Na \rightarrow ^{22}_{10}Ne + ^{0}_{+1}e + \nu$
Beim β^+-Zerfall nimmt die Kernladungszahl um eins ab, die Massenzahl bleibt unverändert.

Gamma-Zerfall

Gamma-Strahlung ist, sieht man von der Art des Entstehens ab, identisch mit Röntgenstrahlung. Die Gamma-Quanten bewegen sich konstant mit Vakuumlichtgeschwindigkeit (c_0 = 299 792 km/s). Sie treten häufig zusätzlich beim Alpha- und Beta-Zerfall auf, da der Atomkern die überschüssige Energie nach Ausstoßen eines α- oder β-Teilchens in Form von γ-Quanten abgibt.
Beim γ-Zerfall ändert sich zwar der Energieinhalt des Kerns, nicht jedoch die Kernladungs- und die Massenzahl.
Beispiel für einen γ-Zerfall: $^{137m}_{56}Ba \rightarrow ^{137}_{56}Ba + \gamma$.
Ein angeregter, energiereicher und damit metastabiler Barium-Kern geht durch Abgabe eines γ-Quanten in einen niedrigeren und damit stabileren Energiezustand über.

Durchdringungsvermögen

Die Hälfte der Strahlungsdosis wird bei α-Strahlen bereits von einem 0,02 mm dünnen Aluminium-Blech absorbiert, bei β-Strahlung muss das Aluminiumblech 0,5 mm dick sein. γ-Strahlung dagegen wird erst von einer 8 cm dicken Aluminiumplatte zur Hälfte absorbiert.

Zerfallsreihen und Halbwertszeit

Beim Zerfall eines radioaktiven Elementes entsteht in der Regel wieder ein radioaktiver Atomkern. In einer **Zerfallsreihe** geht die Veränderung der Radionuklide so lange weiter, bis ein stabiler Kern entsteht.

Ausgehend von Uran-235, Uran-238, Thorium-232 und dem künstlich hergestellten Neptunium-237 leiten sich vier Zerfallsreihen ab, in denen kein Mitglied mit einem der anderen Reihen identisch ist. Die Zerfallsreihen münden also niemals ineinander. Endprodukt ist jeweils ein stabiler Kern.

$^{235}_{92}U \rightarrow ^{207}_{82}Pb \qquad ^{238}_{82}U \rightarrow ^{206}_{82}Pb$

$^{232}_{90}Th \rightarrow ^{208}_{82}Pb \qquad ^{237}_{93}Np \rightarrow ^{209}_{83}Bi$

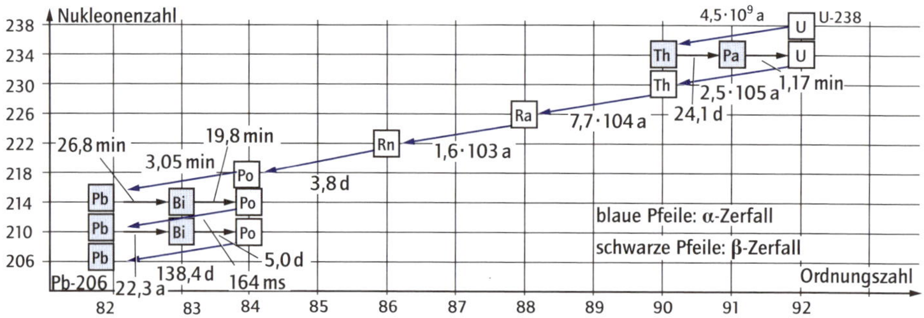

Uran-Radium-Zerfallsreihe ausgehend von Uran-238

In der Abbildung ist für jeden Zerfall eine typische Größe angegeben, die sogenannte Halbwertszeit. Die Zerfallsgeschwindigkeit eines Atomkerns kann man im Einzelfall nicht vorhersagen. Betrachtet man jedoch eine größere Stoffportion eines radioaktiven Elementes, so läuft der Zerfall streng nach statistischen Gesetzen ab.

Um den radioaktiven Zerfall eines Elementes zu charakterisieren, benutzt man die **Halbwertszeit $T_{\frac{1}{2}}$**. Sie gibt die Zeit an, nach der eine zur Zeit t_0 vorhandene Anzahl radioaktiver Atome zur Hälfte zerfallen ist. Die Berechnung erfolgt nach der Gleichung:

$$T_{\frac{1}{2}} = \frac{\ln 2}{k} = \frac{0{,}693}{k}.$$

Normalerweise wird statt der Zerfallskonstante k direkt die Halbwertszeit angegeben.
Die Halbwertszeit für $^{215}_{55}At$ liegt beispielsweise bei 10^{-4} s, die von $^{232}_{90}Th$ bei 10^{10} Jahren.

Eine weitere wichtige Größe zur Charakterisierung eines radioaktiven Stoffes ist seine Aktivität, das heißt die Anzahl der Zerfälle pro Sekunde. Die Einheit dafür ist [1/s] und wird auch oft in Becquerel angegeben [1/s = 1 Bq].

Kernreaktionen und künstliche Radioaktiviät

Wenn man α-, β- oder γ-Strahlung auf einen Stoff einwirken lässt, kann sie im Atomkern die Zusammensetzung verändern. Eine Kernveränderung tritt allerdings statistisch gesehen beim Auftreffen von ca. einer Million Teilchen nur einmal auf. Entsprechend muss der Beschuss des Kerns mit einer großen Anzahl Teilchen erfolgen, um eine Veränderung hervorzurufen.

Reaktion mit α-Teilchen: 1919 gelang **Rutherford** die erste **künstliche Kernumwandlung**, indem er einen Stickstoffkern mit α-Teilchen beschoss. In der Kernreaktion entstand ein Sauerstoffkern und ein Proton.

$$^{14}_{7}N + ^{4}_{2}He \rightarrow ^{18}_{9}F \rightarrow ^{17}_{8}O + ^{1}_{1}p$$

Für Kernreaktionsgleichungen verwendet man auch folgende Kurzschreibweise: $^{14}_{7}N$ (α, p) $^{17}_{8}O$. Man gibt erst den Ausgangskern, dann in Klammern das Geschoss und das ausgesandte Teilchen und schließlich den entstandenen Endkern an. Der Zwischenkern wird nicht erwähnt. Später entdeckte man, dass beim Beschuss von Beryllium-Atomen mit α-Strahlung eine Neutronenquelle entsteht. Der Zerfall verläuft wie folgt:

$$^{9}_{4}Be + ^{4}_{2}He \rightarrow ^{12}_{6}C + ^{1}_{0}n + \gamma;\ ^{9}_{4}Be\ (\alpha, n)\ ^{12}_{6}C.$$

Diese Neutronen nutzten **O. Hahn** und **F. Straßmann** 1938 erstmals zur Spaltung von Uran-235. Heute gibt es in den Kernreaktoren wesentlich leistungsfähigere Neutronenquellen.

Reaktion mit Neutronen: Da Neutronen keine Ladung besitzen, dringen sie relativ leicht in die Hülle und den Kern ein und können dort Reaktionen auslösen. Beispielsweise findet in der Atmosphäre so die Bildung von C-14 statt: $^{14}_{7}N$ (n, p) $^{14}_{6}C$. Durch **Neutroneneinfang** kann man auch die **Transurane** (Ordnungszahl > 92) herstellen. Meist schließt sich noch ein β-Zerfall an, durch den höhere Transurane entstehen.

$$^{238}_{92}U\ (n, \gamma)\ ^{239}_{92}U \rightarrow \beta \rightarrow ^{239}_{93}Np \rightarrow \beta \rightarrow ^{239}_{94}Pu$$

Reaktionen mit schweren Ionen: Heute möchte man mithilfe von beschleunigten Ionen immer schwerere Transurane herstellen und so neue Elemente schaffen. 1996 gelang auf diese Weise die Herstellung des Elements 112, das jedoch äußerst instabil ist und sofort wieder zerfällt.

$$^{70}_{30}Zn + ^{208}_{82}Pb \rightarrow ^{277}_{112}Uub + ^{1}_{0}n$$

Der Elektronen- oder K-Einfang: Bei natürlichen und künstlich erzeugten Radionukliden kann noch eine weitere Umwandlungsart auftreten, der sogenannte **Elektronen- oder K-Einfang**. Hierbei fängt der Kern eines neutronenarmen Elementes ein Elektron aus der innersten Schale (K-Schale) ein, wodurch sich ein Proton in ein Neutron umwandelt. Ein äußeres Elektron füllt den frei gewordenen Platz in der K-Schale unter Freisetzung von Röntgenstrahlung wieder auf: ${}^{1}_{1}p + {}^{0}_{-1}e \rightarrow {}^{1}_{0}n$.

Beispiel: ${}^{40}_{19}K + {}^{0}_{-1}e \rightarrow {}^{40}_{18}Ar$.

2.3 Das Periodensystem der Elemente

Das Periodensystem der Elemente (PSE) wurde noch vor den Erkenntnissen der Orbitaltheorie von zwei Wissenschaftlern unabhängig voneinander aufgestellt. 1864 entwickelte **Meyer** die Urform des PSE, indem er chemisch ähnliche Elemente untereinander anordnete. **Mendelejeff** entwarf 1869 ein System, in dem chemisch ähnliche Elemente nebeneinander zu finden sind. Er konnte sogar einige von **Meyer** offen gelassene Lücken füllen und somit das Vorhandensein einiger zu dieser Zeit noch unbekannter Elemente (Ga, Ge, Sc) prognostizieren.

Ordnungskriterien

Um die Ordnungskriterien im PSE zu verstehen, muss man sich genauer mit dem Orbitalmodell beschäftigen. Zuerst einmal sind die Elemente prinzipiell nach steigender Protonenzahl hintereinander angeordnet. Für jedes Proton, das sich zusätzlich im Kern befindet, findet man auch ein Elektron mehr in der Hülle. Diese Elektronen halten sich in den entsprechenden Atomorbitalen auf. Von oben nach unten sind die **Perioden** aufgetragen (1 bis 7 bzw. K bis Q), sie entsprechen dem Hauptenergieniveau, welches von den Elektronen besetzt wird, bzw. der Hauptquantenzahl oder Schalenbezeichnung. Von rechts nach links sind die **Haupt- und Nebengruppen** aufgetragen. Die Hauptgruppen (HG) des gekürzten PSE entsprechen dabei der Besetzung der s-Orbitale (1. und 2. HG) bzw. der drei p-Orbitale (3. bis 8. HG) der entsprechenden Hauptquantenzahl mit jeweils zwei Elektronen. Die zehn Nebengruppen (NG) symbolisieren die Besetzung der fünf d-Orbitale der entsprechenden Hauptquantenzahl mit jeweils zwei Elektronen. Die eingeschobenen Lanthanoide und Acitinoide entsprechen jeweils der Besetzung von sieben f-Orbitalen der zugehörigen Hauptquantenzahl mit jeweils zwei Elektronen.

Benennung der Elementfamilien
1. HG: Alkalimetalle
2. HG: Erdalkalimetalle
3. HG: Bor-Gruppe
4. HG: Kohlenstoffgruppe
5. HG: Stickstoffgruppe
6. HG: Chalkogene
7. HG: Halogene
8. HG: Edelgase

Auf diese Weise finden wir im PSE innerhalb einer Hauptgruppe eine **Elementfamilie**, die aufgrund der sehr ähnlichen Elektronenkonfiguration ähnliche chemische Eigenschaften hat. So sind z.B. bei den Alkalimetallen der 1. Hauptgruppe jeweils die letzten besetzten Atomorbitale einfach besetzte s-Orbitale, bei den Halogenen p-Orbitale mit fünf Elektronen usw. Besonders stabil sind voll besetzte Energieniveaus, z.B. sechs Elektronen in den p-Orbitalen bei den Edelgasen (**Edelgaskonfiguration**). Auch halb- und vollbesetzte d-Niveaus sind besonders stabil und führen oft zu Elektronenumschichtungen aufgrund des Stabilitätsgewinns, z.B. Ag: [Kr] $5s^1$ $4d^{10}$. Ein Elektron wurde statt in das 5s-Orbital in das letzte d-Orbital eingebaut. Das Ziel einer stabilen Elektronenkonfiguration können die Elemente auch durch Abgabe und Aufnahme von Elektronen erreichen. Die Alkalimetalle geben sehr leicht das eine Elektron des s-Niveaus ab, um als letztes volles Energieniveau drei mit insgesamt sechs Elektronen besetzte p-Orbitale zu besitzen. Sie bilden deshalb einfach positiv geladene Kationen. Halogene erhalten die Edelgaskonfiguration durch Aufnahme eines weiteren Elektrons zu den mit fünf Elektronen besetzten p-Orbitalen. Sie bilden also einfach negativ geladene Anionen.

Periodizität einiger Eigenschaften

Atom- und Ionenradien

Aufgrund der Vermehrung der besetzten Elektronenschalen bzw. der Hauptenergieniveaus nehmen die **Atomradien** innerhalb einer Gruppe zu. Innerhalb einer Periode nehmen sie von links nach rechts ab, da infolge der zunehmenden Kernladung eine stärkere Kontraktion bei konstanter besetzter Schalenzahl erfolgt. Die Aussagen gelten analog für die entsprechenden Anionen oder Kationen der Elemente, wobei gilt, dass Anionen innerhalb einer Periode einen größeren Ionenradius besitzen als Kationen.

Elektronenaffinität

Elektronenaffinität ist diejenige Energie, die mit der Elektronenaufnahme durch ein gasförmiges Atom oder Ion verbunden ist. Innerhalb einer Periode nimmt der Wert der Elektronenaffinität von links nach rechts zu, innerhalb einer Gruppe von oben nach unten ab.

Elektronegativität

Elektronegativität ist das Bestreben eines Atoms die Elektronen in einer Atombindung an sich zu ziehen. Die Elektronegativität verhält sich im PSE wie die Elektronenaffinität.

Ionisierungsenergie

Ionisierungsenergie ist diejenige Energie, die aufgebracht werden muss, um von einem gasförmigen Atom oder Ion ein Elektron vollständig abzutrennen. Die Ionisierungsenergie nimmt innerhalb einer Periode aufgrund der wachsenden Kernladung von links nach rechts zu und innerhalb einer Gruppe aufgrund des wachsenden Atomradius von oben nach unten ab. Elemente mit halb- oder vollbesetzten Energieniveaus sind besonders stabil und haben deshalb vergleichsweise hohe Ionisierungsenergien.

CHECKLISTE

2 Atombau und Periodensystem

- **Nuklide sind durch Kernladungs- und Massenzahl definiert.**
- **Nuklide können als Isotope oder Isobare auftreten.**
- **Die Atommasse m_A wird durch die Anzahl von Protonen und Neutronen bestimmt und trägt die Einheit u. Sie entspricht der Massen- oder Nukleonenzahl und steht oben links am Elementsymbol.**
- **Die Stoffmenge n trägt die Einheit mol.**
  1 mol entspricht einer Portion von $6{,}023 \cdot 10^{23}$ Teilchen.
- **Die molare Masse M bezieht sich auf 1 mol Teilchen. Sie entspricht im Wert der Atom- oder Molekülmasse und hat die Einheit g/mol.**
- **Die Konzentration c ist die Masse oder Stoffmenge bezogen auf ein bestimmtes Volumen. (Einheit g/ℓ oder mol/ℓ)**
- **Radioaktive Elemente können durch Veränderungen im Kern Strahlung aussenden. Man unterscheidet α-, β- und γ-Zerfall.**
- **Radioaktive Nuklide bilden Zerfallsreihen bis zu einem stabilen Kern.**
- **Der radioaktive Zerfall wird auch durch die Halbwertszeit charakterisiert.**
- **Im Periodensystem sind die Elemente nach steigender Protonenzahl geordnet. Für die Stellung in Haupt- und Nebengruppen bzw. in Perioden sind zudem die Orbitalbesetzungen entscheidend.**

3 Bindungsarten zwischen Teilchen

Verschiedene Verbindungen weisen oft sehr unterschiedliche Eigenschaften auf, je nachdem aus welchen Teilchenarten sie sich zusammensetzen. Die Anziehungskräfte der einzelnen Bausteine untereinander können unterschiedliche Stärke haben. Die Bindungen wirken manchmal räumlich, manchmal nur zwischen zwei Partnern. Die Art der vorliegenden Bindung ist entscheidend für physikalische und chemische Eigenschaften der Verbindung.

3.1 Die Ionenbindung

Die Ionenbindung liegt in Salzkristallen vor. Bindende Teilchen sind hier Atom- und Molekülionen. Atome bilden Ionen entsprechend ihrer Elektronenkonfiguration. Um eine stabile Orbitalbesetzung zu erhalten, geben sie **Valenzelektronen** ab (Metalle) und bilden positiv geladene **Kationen**, oder nehmen Elektronen in ihre Valenzschale auf (Nichtmetalle) und bilden negativ geladene **Anionen**. Für die zweite Periode gilt dabei streng die **Oktettregel**: Die Valenzschale der Elemente der zweiten Periode kann mit maximal acht Elektronen besetzt werden, daher haben sie die Tendenz eine stabile Außenschale mit einem Elektronenoktett zu erreichen.

Sind die Außenschalen weiter vom Kern entfernt, gibt es mehrere Möglichkeiten stabiler Elektronenkonfigurationen. Vor allem die Nebengruppenelemente haben durch Abgabe von Elektronen aus dem s- oder den d-Orbitalen oft verschiedene Möglichkeiten, stabile Kationen zu bilden.

Die **elektrostatischen Anziehungskräfte** zwischen Anionen und Kationen sind **ungerichtet** und sehr stark. Die Ionen ordnen sich in einem **Ionengitter** auf **festen Gitterplätzen** an. Es entstehen Kristalle, bei denen man in Abhängigkeit vom Ionenradius verschiedene **Koordinationszahlen** und **Gitterstrukturen** unterscheiden kann.

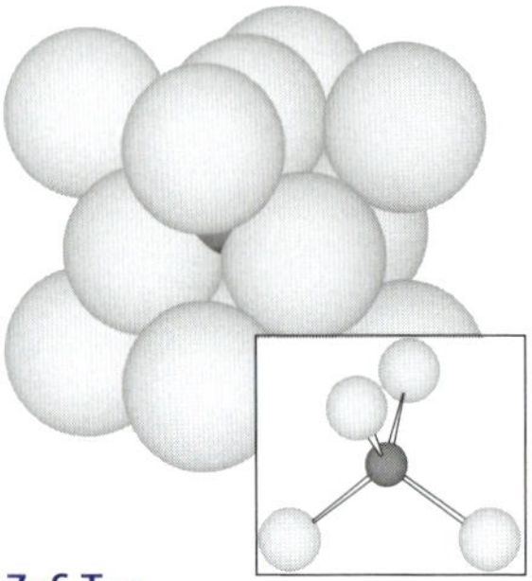
ZnS-Typ

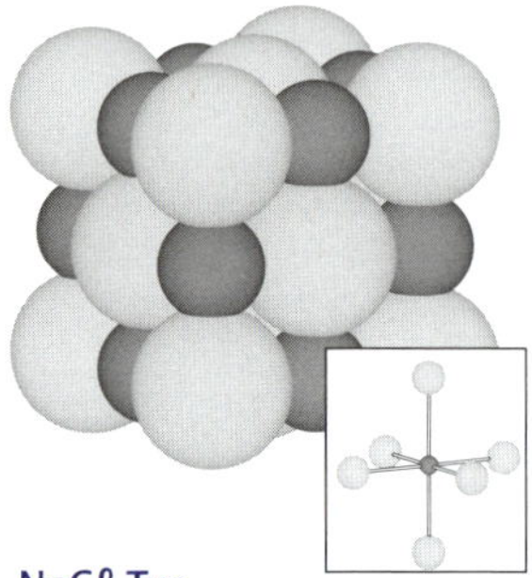
$NaC\ell$-Typ

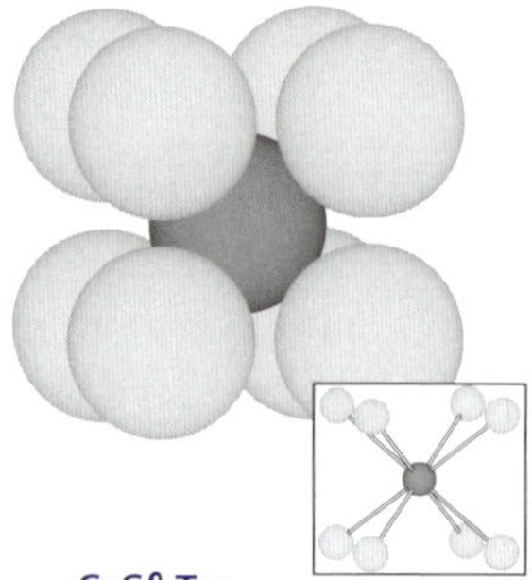
$CsC\ell$-Typ

Gittertyp	Koordinationszahl	Radienverhältnis	Umgebung eines Ions
ZnS	4	$r_{Kation} : r_{Anion} < 0{,}41$	Jedes Ion ist tetraedrisch von vier anders geladenen Ionen umgeben
$NaC\ell$	6	$r_{Kation} : r_{Anion} > 0{,}41$ bis max. 0,73	Jedes Ion ist oktaedrisch von sechs anders geladenen Ionen umgeben.
$CsC\ell$	8	$r_{Kation} : r_{Anion} > 0{,}73$	Jedes Ion ist würfelförmig von acht anders geladenen Ionen

Antrieb für die Bildung eines Ionengitters ist die bei der Bindung freiwerdende **Gitterenthalpie**. Ihr Betrag ist umso größer, je kleiner die Ionen und je größer ihre jeweilige Ladung ist. Um das Ionengitter zu zerstören, muss man Energie in Höhe der Gitterenthalpie aufwenden, das heißt je größer die molare Gitterenthalpie ist, desto fester ist die Ionenbindung und desto höher liegt der Schmelzpunkt des Salzes.

Wenn man auf das Ionengitter Druck ausübt, zerbricht es. Das liegt daran, dass sich durch die Verschiebung plötzlich Ionen gleicher Ladung nebeneinander befinden und sich gegenseitig abstoßen. Salze sind daher **spröde**.

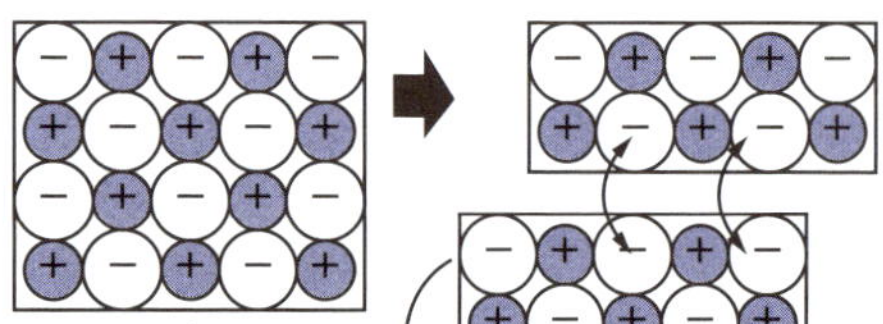

Salze sind spröde

In polaren Lösungsmitteln wird die Gitterstruktur zerstört und einzelne **hydratisierte** Ionen liegen vor. Um jedes Ion bildet sich eine **Hydrathülle** aus Wassermolekülen, die sich entsprechend ihrer Partialladung als Dipole (→ Seite 30) um die Kationen und Anionen gruppieren. Salzlösungen leiten daher den elektrischen Strom. Ebenso sind Salzschmelzen elektrisch leitend, da auch in diesem Fall die Ionen beweglich sind.

3.2 Die Metallbindung

Metalle bilden in der Regel durch Abgabe von Valenzelektronen Kationen. Bei der Metallbindung werden die Valenzelektronen nicht von einem anderen Atom aufgenommen, sondern sie verbleiben in einer Elektronenwolke zwischen den **positiv geladenen Atomrümpfen**. Die Metallatomrümpfe sind auf festen Plätzen in einem Kristallgitter angeordnet, die **delokalisierten Valenzelektronen** zwischen ihnen sind frei beweglich. Dieses negativ geladenen **Elektronengas** bindet die positiv geladenen Atomrümpfe aneinander. Es entsteht ein Metallgitter mit einer von der Größe der Metallionen abhängigen Struktur.

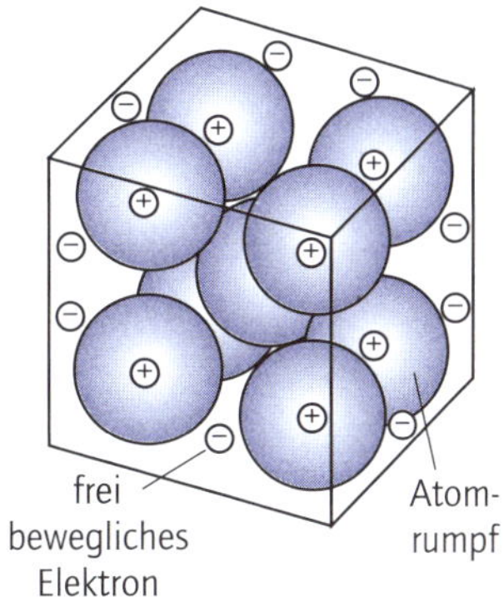

Elektronengas-Modell

Struktur der Elementarzelle	dichteste Kugelpackung	Raumerfüllung	nächste Nachbarn pro Metallion	Beispiel
kubisch-flächenzentriert	kubisch-dicht	74 %	12	Au, Ag, Cu, Ni, Al, Pb
hexagonal	hexagonal-dicht	74 %	12	Mg, Cr, V, Mo
würfelförmig	kubisch-raumzentriert	68 %	8	Alkalimetalle, Ba, W

Das Elektronengas-Modell erklärt viele der typischen Eigenschaften von Metallen. Die delokalisierten Valenzelektronen eignen sich hervorragend, um elektrischen Strom zu transportieren, Metalle sind gute Leiter. Zudem sind sie duktil. Wenn man auf ein Metall Druck ausübt, verformt es sich. Die Struktur bleibt erhalten, da das Elektronengas beweglich ist und sich zwischen den Atomrümpfen verschieben kann.

Kristallstrukturen von Metallen: Elementarzellen

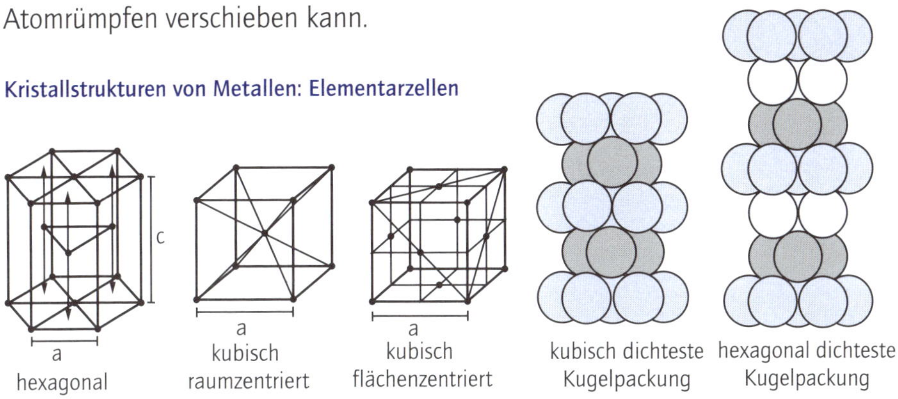

Typisch ist auch die Bildung von Legierungen. Sie entstehen, wenn Metalle zusammengeschmolzen werden und ineinander löslich sind. Beim Erstarren bilden sich dann verschiedene Arten von Mischkristallen. Voraussetzung dafür sind ähnliche Atomradien. Die Atomgröße bei Silber und Gold unterscheidet sich z. B. nur um 0,1 %, daher bilden beide Elemente homogene Mischkristalle. Weitere wichtige Legierungen sind Messing (Cu und Zn) und Bronze (Cu und Sn). Diese Legierungen sind jeweils härter als das reine Metall und können auf verschiedenste Weise eingesetzt werden.

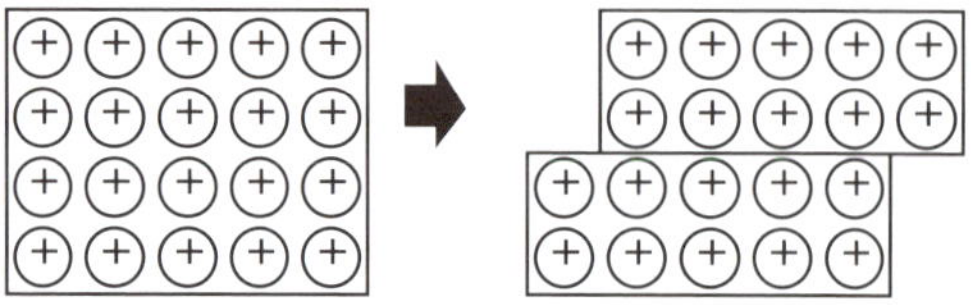

Metalle sind duktil

INSIDER-TIPP

- **Wichtig ist vor allem, das man weiß, welche Elemente Metalle bzw. Nichtmetalle sind. Das erkennt man aber auch an ihrer Stellung im Periodensystem.**
- **Vor allem die Ionenbindung wird gerne und oft gefragt, da sie auch in der organischen Chemie als Bindungskraft auftritt und man so in einer Frage anorganische und organische Chemie gemeinsam bearbeiten kann.**

3.3 Die Atombindung

Die Atombindung oder auch **kovalente** Bindung findet man bei Molekülen. Sie entsteht durch Überlappung der Atomorbitale von Nichtmetall-Atomen unter Bildung eines gemeinsamen Molekülorbitals. Jedes Atom steuert ein Elektron zur Bindung bei. Die Bindungselektronen sind im Molekül beiden Bindungspartnern gleichermaßen zuzurechnen, sodass beide Atome virtuell gefüllte Orbitale erhalten. Sie erreichen dadurch jeweils die Edelgaskonfiguration. Um sich den räumlichen Bau der Moleküle vorstellen zu können, entwickelte **Gillespie** das Elektronenpaarabstoßungsmodell (**VSEPR**-Modell: *valence shell elektron pair repulsion model*). Die Elektronenpaare stoßen sich gegenseitig ab. Deshalb ordnen sich die Bindungen so an, dass sie den größtmöglichen Abstand voneinander haben. Freie Elektronenpaare brauchen dabei mehr Platz als die bindenden, weshalb sich die Bindungswinkel entsprechend verschieben können.

Molekültyp	Elektronenpaare am Zentralatom	Struktur (Beispiele)	
AB_2	2		linear ($BeC\ell_2$, $HgC\ell_2$)
AB_3	3	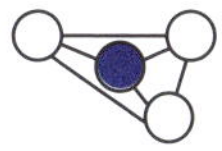	planar-trigonal (BF_3, $BC\ell_3$)
AB_4	4	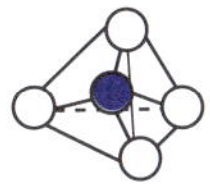	tetraedisch (CH_4, $CC\ell_4$)
AB_5	5	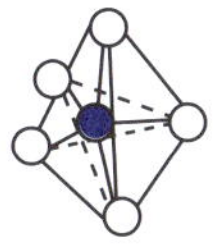	trigonal-bipyramidial (PF_5, $PC\ell_5$)
AB_6	6	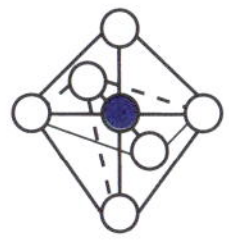	oktaedrisch (SF_6, UF_6)

MERKE ▪ Lewis-Formel

Man zeichnet die Moleküle gängigerweise in der Lewis-Formel. Dabei wird ein Elektron als Punkt und ein Elektronenpaar als Strich um das Elementsymbol (freies Elektronenpaar) oder als Strich zwischen zwei Atomsymbolen (Bindungs-Elektronenpaar) gezeichnet.

Beispiele:

Lewis-Formel	Elektronenpaare am Zentralatom		Struktur
	bindend	frei	
H – $\overline{N}$ – H | H	3	1	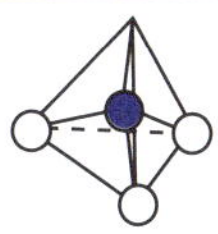 ∢ H–N–H = 107°
H – $\underline{\overline{O}}$ – H	2	2	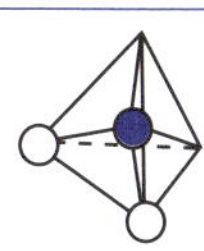 ∢ H–O–H = 104,5°
H – $\underline{\overline{C\ell}}$|	1	3	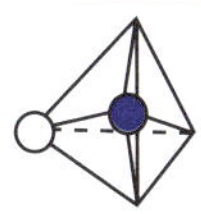

Die Atombindung ist eine **gerichtete Bindung**. Die Anzahl der Atombindungen, die ein Element ausbilden kann, hängt von der Elektronenkonfiguration ab und folgt meist der Oktettregel (→ Seite 25). Je nach Bindungspartner können Einfach-, Doppel- oder Dreifachbindungen eingegangen werden.

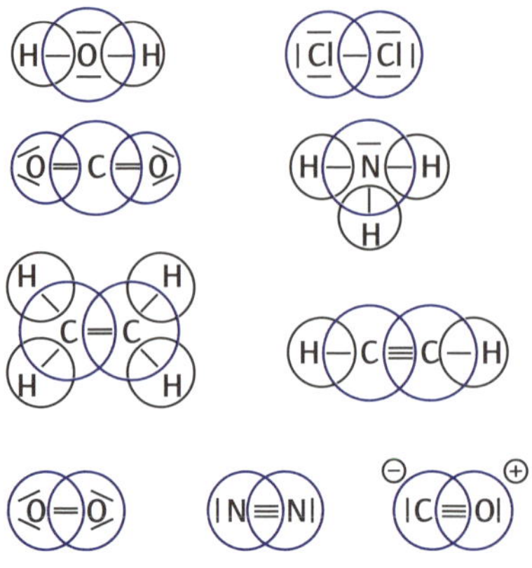

Lewis-Formeln und Oktettregel

Bei gleicher **Elektronegativität** (→ Seite 24) der Bindungspartner erhält jedes Atom den gleichen Anteil an den Bindungselektronen (**unpolare Atombindung**). Unterscheidet sich die Elektronegativität der Bindungspartner, so zieht das Element-Atom mit der größeren Elektronegativität die beiden Bindungselektronen stärker an sich und erhält so eine **negative Partialladung δ^- (polare Atombindung)**. Das andere Element-Atom erhält entsprechend aufgrund des Elektronenmangels eine **positive Partialladung δ^+**.

Fallen die Partialladungsschwerpunkte in einem Punkt zusammen, so ist das Molekül trotz polarer Atombindung nach außen hin unpolar. Sind die Partialladungsschwerpunkte getrennt, liegt ein **Dipol** vor. Das Wasser-Molekül ist z. B. ein **permanenter Dipol**, während das Kohlenstoffdioxid-Molekül zwar polare Bindungen aufweist, die Ladungsschwerpunkte fallen jedoch zusammen.

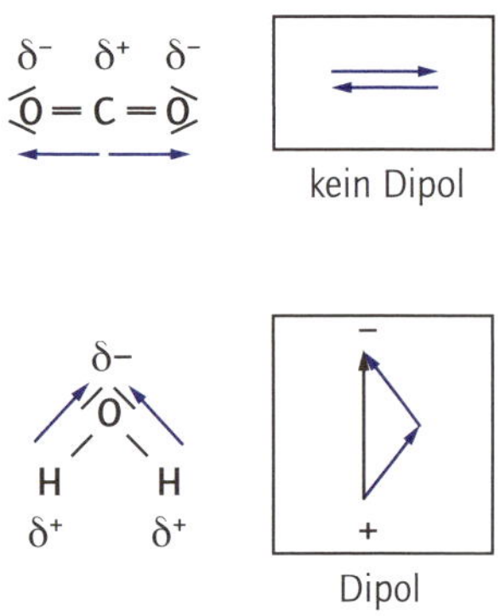

Bildung von Dipolmolekülen durch Elektronenverschiebungen

Oft gibt es nicht nur eine Möglichkeit, die Elektronen im Molekül nach der Lewis-Formel zu verteilen. Da keine der gezeichneten Formeln dann die wirklichen Bindungsverhältnisse darstellt, bezeichnet man sie als **Grenzformeln**. Der wahre Zustand liegt irgendwo zwischen diesen Strukturen. Man spricht von einem **mesomeren System** und kennzeichnet dies durch einen **Mesomeriepfeil** (↔) zwischen den hypothetischen Zuständen. **Formalladungen** werden eingekreist, um sie von echten Ladungen zu unterscheiden.

Beispiel N_2O (Lachgas)

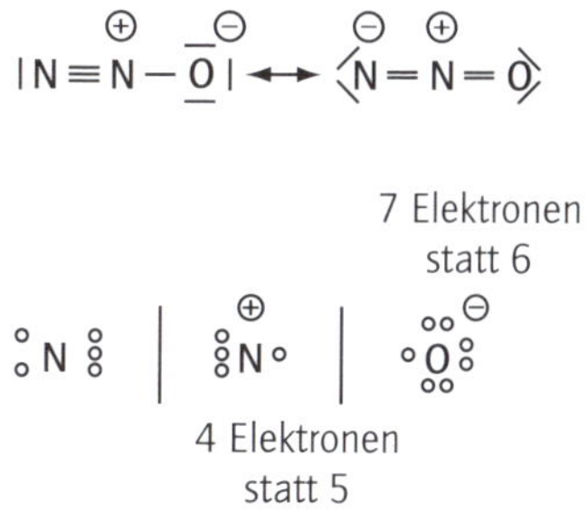

Ladungen ergeben sich, wenn die Zahl der Elektronen direkt am Atom die normale Valenzelektronenzahl unterschreitet oder übersteigt.

3.4 Die Komplexbindung

Eine Sonderform der Atombindung ist die **koordinative Atombindung** oder Komplexbindung. Hierbei wird das bindende Elektronenpaar nur **von einem Bindungspartner** beigesteuert. Der zweite Bindungspartner besitzt eine Elektronenlücke und kann deshalb ein Bindungselektron aufnehmen (→ Seite 75 ff.). So reagieren z. B. Ammoniak und Chlor zu Ammoniumchlorid.

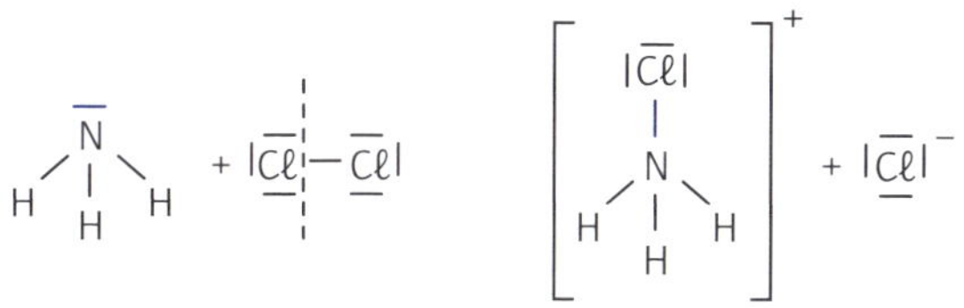

Bildung einer Komplexbildung

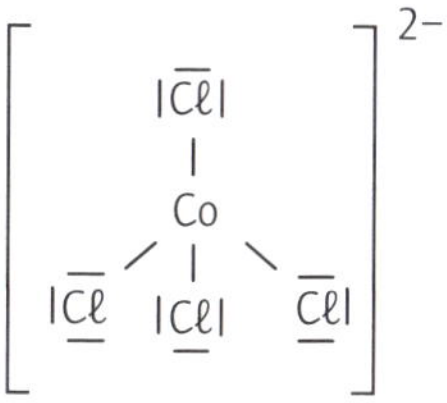

Tetrachlorocobalt(II) – ein anionischer Komplex

3.5 Die Wasserstoffbrückenbindung

Die Wasserstoffbrückenbindung ist eine besondere Form der **Dipol-Dipol-Wechselwirkung**. Sie tritt immer dann auf, wenn Moleküle vorliegen, die eine **Atombindung zwischen Stickstoff, Fluor oder Sauerstoff und Wasserstoff** beinhalten, z. B. H_2O, NH_3, HF.

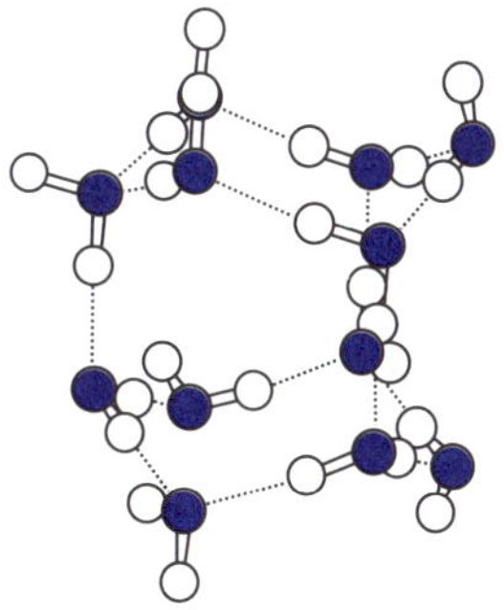

Eisstruktur mit Wasserstoffbrücken

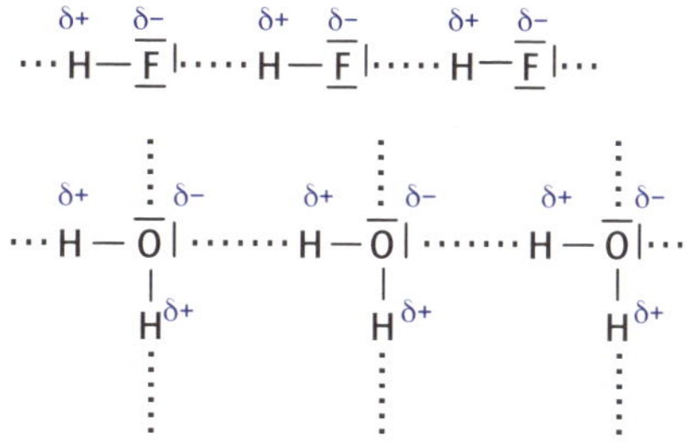

Wasserstoffbrückenbindung zwischen HF bzw. H_2O-Molekülen

Das positivierte Wasserstoff-Atom kann dann mit der negativen Teilladung des elektronegativeren Bindungspartners eine Wasserstoffbrückenbindung eingehen. Dies kann **intermolekular,** aber bei entsprechender Molekülgröße auch **intramolekular** geschehen (→ Proteine, Seite 144 ff.). Vor allem für die Eigenschaften von Wasser (z. B. Oberflächenspannung) und auch von vielen Naturstoffen (Proteine, DNS) spielen die Wasserstoffbrückenbindungen eine wichtige Rolle.

3.6 Van-der-Waals-Kräfte

Zwischen permanenten Dipol-Molekülen wirken starke zwischenmolekulare Kräfte, die Dipol-Dipol-Wechselwirkungen. Auch zwischen **unpolaren Molekülen** herrschen schwache Assoziationskräfte. Diese entstehen durch eine unsymmetrische Elektronenverteilung im Molekül. Dadurch entsteht kurzzeitig ein schwacher Dipol, der im unpolaren Nachbarmolekül einen Dipol hervorruft. Wechselwirkungen zwischen solchen **induzierten** Dipol-Molekülen nennt man Van-der-Waals-Kräfte. Sie sind vor allem von der **Oberfläche** des Moleküls abhängig. Je größer diese ist, desto stärker können auch die Anziehungskräfte wirken. Kugelförmige Moleküle weisen daher einen geringen Zusammenhalt untereinander auf. Ihr Schmelz- und Siedepunkt liegt niedriger im Vergleich zu einem langgestreckten Molekül gleichem oder ähnlichem Atomgewichts. Van-der-Waals-Kräfte sind vor allem in der organischen Chemie von großer Bedeutung, z. B. bei Butanol.

1-Butanol

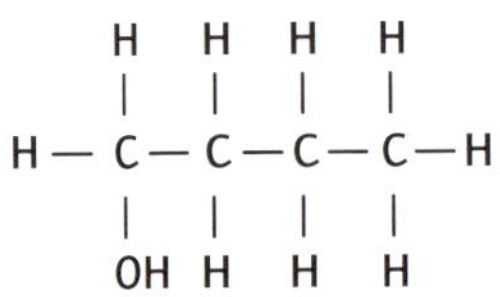

Siedepunkt: 117 °C

2-Methyl-1-propanol

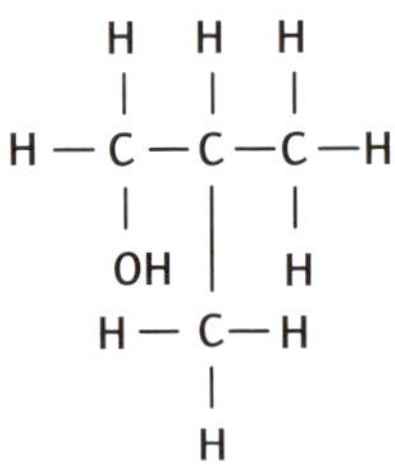

108 °C

2-Methyl-2-propanol

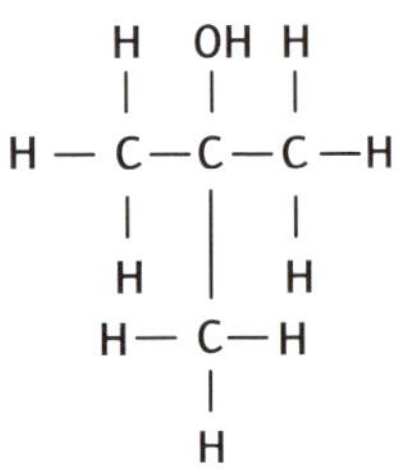

83 °C

3.7 Zustandsformen der Materie

> MERKE ▪ Aggregatszustände
> **Die Materie kommt in drei Zustandsformen oder Aggregatzuständen vor: gasförmig, flüssig und fest. In dieser Reihenfolge nimmt die strukturelle Ordnung der Teilchen zu. Im festen Zustand können Stoffe amorph oder kristallin sein.**

Atome in **amorphen** (griech. form-, gestaltlos) festen Körpern sind **unregelmäßig** angeordnet. Sie weisen keine klare Kristallgitterstruktur auf und besitzen anders als Kristalle nur eine Nahordnung zum nächsten Nachbarn. Sie verhalten sich ähnlich wie Flüssigkeiten **isotrop**, das heißt ihre physikalischen Eigenschaften sind unabhängig von der Raumrichtung. Beispiele sind Gläser, Harze und Opal. Häufig sind sie instabil und gehen z. B. beim Erhitzen in den kristallinen Zustand über.

Kristalline Stoffe zeichnen sich dadurch aus, dass ihre Bestandteile (Atome, Ionen oder Moleküle) in Form eines **regelmäßigen räumlichen Gitters (Raumgitter)** angeordnet sind. Dabei folgen sie in drei Richtungen mit einem für jede Richtung charakteristischen Abstand aufeinander, der sich immer wiederholt. Man spricht von einer **periodischen Anordnung** von Gitterbausteinen in einem Kristall. Man kann verschiedene Kristallgitter unterscheiden:

Gittertyp	Bindungstyp	Beispiel
Ionengitter	Ionenbindung	$Na^+ Cl^-$
Atomgitter	kovalente Bindung	C im Diamant
Metallgitter	Metallbindung	Fe
Molekülgitter	Van-der-Waals-Kräfte	CO_2

INSIDER-TIPP

- **Atombindung und Van-der-Waals-Kräfte spielen in der organischen Chemie eine große Rolle. Sie sind auch Grundlage für Bau und Funktion der Biomoleküle.**
- **Fragen nach Bindungstypen und deren Charakterisierung tauchen im Abitur quasi immer auf.**

CHECKLISTE

3 Bindungsarten zwischen Teilchen

Bindungsart	Bindungspartner	Anziehungskräfte
Ionenbindung	Kationen, Anionen	elektrostatisch
Metallbindung	pos. Atomrümpfe, delokalisierte Valenzelektronen	elektrostatisch
Atombindung	Atome	gemeinsames Elektronenpaar
Komplexbindung	Zentralteilchen und Liganden oder zwischen Atomen	gemeinsames Elektronenpaar von einem Partner
Wasserstoffbrückenbindung	Atome mit Partialladung	elektrostatisch
Van-der-Waals-Kräfte	unpolare Moleküle	elektrostatisch

- **Ionen nehmen in einem Ionengitter feste Plätze ein. Diese Stoffe nennt man Salze.**
- **Bei Metallen sind die Valenzelektronen delokalisiert und als Elektronengas frei um die Atomrümpfe beweglich.**
- **Atome bilden mithilfe von gemeinsamen Molekülorbitalen, zu denen jeder Bindungspartner ein Elektron beisteuert, Moleküle.**
- **Polare Atombindungen bewirken die Bildung von Partialladungen und können je nach Ladungsschwerpunkten zu Dipolmolekülen führen.**
- **Eine besondere Form der Dipol-Dipol-Wechselwirkung ist die Wasserstoffbrückenbindung.**
- **Zwischen unpolaren Molekülen wirken Van-der-Waals-Kräfte.**
- **Die Materie kann in den Aggregatzuständen fest, flüssig und gasförmig vorliegen. Beim festen Zustand unterscheidet man zwischen kristallinen und amorphen Strukturen.**

4 Die chemische Reaktion

In einer chemischen Reaktion reagiert ein oder mehrere Ausgangsstoffe (Edukte) zu einem oder mehreren Produkten. In der Reaktionsgleichung stehen die Edukte links, die Produkte rechts, dazwischen wird ein Reaktionspfeil gezeichnet. Manchmal kann eine Reaktion auch in beide Richtungen ablaufen (reversible Reaktion). Es ist jedoch immer die Energiebeteiligung zu berücksichtigen, denn bei jeder chemischen Reaktion gibt es eine Änderung der Energie.

4.1 Einteilung nach Abhängigkeit von der Energiebeteiligung

Wenn man die Energiebeteiligung bei chemischen Reaktionen betrachtet, unterscheidet man zuerst nach der Art des Systems:

- **offenes System: Materie und Energie kann ausgetauscht werden**
- **geschlossenes System: Energie kann ausgetauscht werden**
- **isoliertes System: kein Austausch von Materie oder Energie möglich**

Grundsätzlich kann man aus energetischer Sicht zwei Typen von chemischen Reaktionen unterscheiden:

- **exotherme Reaktion: Energie wird freigesetzt**
- **endotherme Reaktion: Energie wird ständig zugeführt**

Auch bei einer exothermen Reaktion muss zunächst ein gewisser Energiebetrag aufgewandt werden, den man **Aktivierungsenergie E_A** nennt.

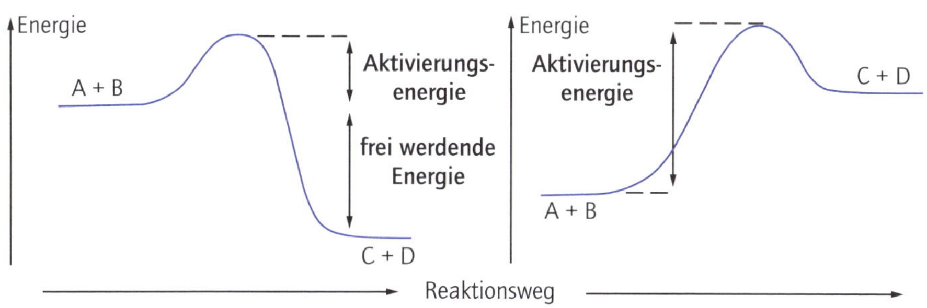

Energiediagramme zweier Reaktionen A + B → C + D
links: exotherme Reaktion; rechts: endotherme Reaktion

4.2 Die Reaktionsgeschwindigkeit

Ermittlung der Reaktionsgeschwindigkeit

Um den zeitlichen Verlauf einer chemischen Reaktion genauer zu erklären, kann die **Reaktionsgeschwindigkeit** bestimmt werden.
Die Reaktionsgeschwindigkeit ist die **Änderung der Konzentration** eines Reaktionsteilnehmers **pro Zeiteinheit**: $v_R = \frac{\Delta c}{\Delta t}$ **[mol/ℓ·s]**.

Dabei nimmt Δt immer positive Werte an. Δc und damit auch der Wert der Reaktionsgeschwindigkeit kann positiv oder negativ sein, je nachdem ob man die Änderung der Konzentration eines Eduktes oder eines Produktes betrachtet. **Durchschnitts- und Momentangeschwindigkeit** kann man aus einem **Konzentrations-Zeit-Diagramm** ermitteln, das man aus den Messwerten bildet.

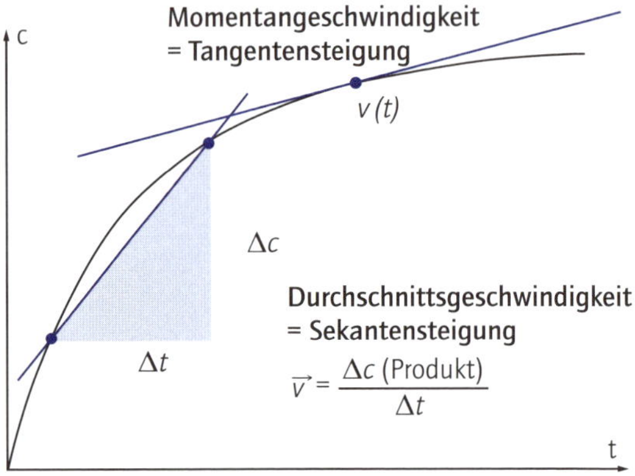

Konzentrations/Zeit-Diagramm für die Bildung eines Produkts

Abhängigkeit der Reaktionsgeschwindigkeit

Voraussetzung für das Verständnis der Reaktionsgeschwindigkeit ist die **Stoßtheorie**. Sie sagt aus, dass zwei Teilchen nur dann miteinander reagieren können, wenn sie „richtig" zusammenstoßen. Das bedeutet, dass die Teilchen sowohl eine gewisse **Mindestenergie** (kinetische Energie, Mindestgeschwindigkeit) besitzen und zusätzlich in der **richtigen Orientierung** aufeinander treffen müssen.

Teilchenmodell	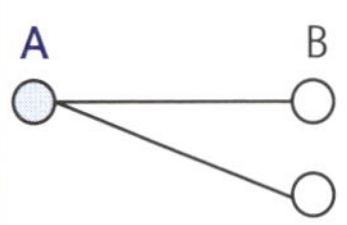	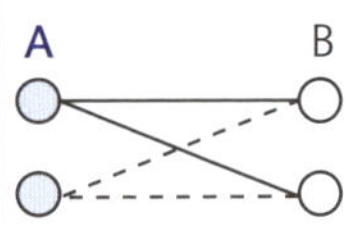	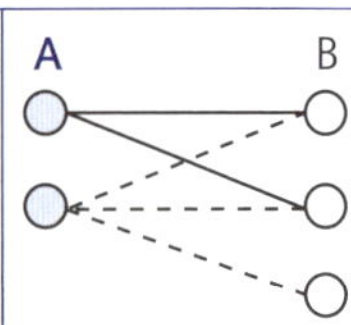
Teilchenanzahl N	1 2	2 2	2 3
erfolgversprechende Stoßmöglichkeiten	$1 \cdot 2 = 2$	$2 \cdot 2 = 4$	$2 \cdot 3 = 6$

Aufgrund der Stoßtheorie wird deutlich, dass die Reaktionsgeschwindigkeit von verschiedenen Faktoren abhängt.

- **Abhängigkeit von der Konzentration**: Die Konzentration ist die Teilchenzahl pro Volumeneinheit. Eine höhere Konzentration bedeutet auch eine höhere Wahrscheinlichkeit von Teilchenzusammenstößen und damit eine höhere Reaktionsgeschwindigkeit.
- **Abhängigkeit von der Oberfläche**: Je größer die Oberfläche der Reaktionspartner, desto wahrscheinlicher können die Teilchen zusammenstoßen und desto höher wird die Reaktionsgeschwindigkeit.
- **Abhängigkeit von der Temperatur**: Für einen erfolgreichen Zusammenstoß zweier Teilchen ist eine gewisse Mindestenergie nötig. Eine erhöhte Temperatur führt daher zu einer höheren Wahrscheinlichkeit von erfolgreichen Teilchenzusammenstößen, da die Teilchen dann eine höhere kinetische Energie aufweisen. Damit wird die Reaktionsgeschwindigkeit mit höherer Temperatur größer. Es gilt die **Reaktionsgeschwindigkeits-Temperatur-Regel** (RGT-Regel): *Bei einer Erhöhung der Reaktionstemperatur um 10 K verdoppelt sich die Reaktionsgeschwindigkeit.*
- **Abhängigkeit vom Katalysator**: Katalysatoren erhöhen die Reaktionsgeschwindigkeit, da sie die für die Reaktion nötige Aktivierungsenergie senken (→ Seite 47 ff.). Damit wird die Anzahl der Teilchen, die die nötige Mindestenergie für einen erfolgreichen Zusammenstoß besitzen, erhöht.

4.3 Das chemische Gleichgewicht

Reversible Reaktionen

Viele chemische Reaktionen sind **reversibel** (umkehrbar). Ein Beispiel dafür ist die Bildung bzw. der Zerfall von Ammoniumchlorid.

$NH_3 (g) + HCl (g) \rightarrow NH_4Cl (s)$ **exotherme** Reaktion

$NH_4Cl (s) \rightarrow NH_3 (g) + HCl (g)$ **endotherme** Reaktion

Dabei läuft unter Standardbedingungen entweder die Hin- oder die Rückreaktion ab.

Bei anderen reversiblen Reaktionen laufen **Hin- und Rückreaktion** gleichzeitig ab. Es stellt sich so ein **chemisches Gleichgewicht** ein. Da dabei die Reaktionen ständig ablaufen, nennt man es **dynamisches Gleichgewicht**. Definitionsgemäß wird dabei immer die exotherme Reaktion von links nach rechts geschrieben. Zwei übereinandergeschriebene Reaktionspfeile symbolisieren den gleichzeitigen Ablauf beider Reaktionen. Ein Beispiel ist die Synthese von Wasserstoffiodid: $H_2 + I_2 \rightleftharpoons 2\,HI$

Die Reaktionsgeschwindigkeiten von Hin- und Rückreaktion nähern sich im Reaktionsverlauf einander an. Im chemischen Gleichgewicht verlaufen Hin- und Rückreaktion gleich schnell. Dabei bleiben die Stoffkonzentrationen nach Gleichgewichtseinstellung konstant, sind aber in der Regel unterschiedlich groß. Überwiegen die Edukte, liegt das Gleichgewicht links. Überwiegen die Produkte, liegt das Gleichgewicht rechts.

Verlauf der Konzentration von H_2 und I_2 — Verlauf der Geschwindigkeiten v(hin) und v(rück)

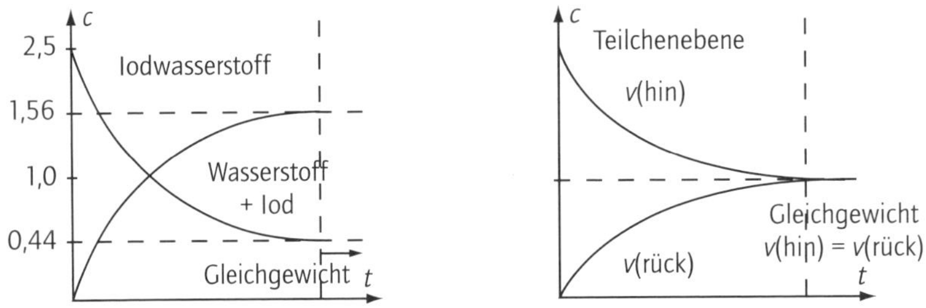

Einstellung des Gleichgewichtes $H_2 + I_2 \rightleftharpoons 2\,HI$

Beeinflussung der Lage des chemischen Gleichgewichts

Verschiedene äußere Faktoren können die Lage des chemischen Gleichgewichts beeinflussen. Dabei gilt das Prinzip von **Le Chatelier**, auch **Prinzip des kleinsten Zwanges** genannt. Es sagt aus, dass ein chemisches Gleichgewicht seine Lage so ändert, dass der ausgeübte Zwang (Druck, Temperatur oder Konzentrationsänderung) auf ein Minimum reduziert wird. Das System weicht also dem Zwang aus.

Beeinflussung der Gleichgewichtslage durch Temperaturveränderung

Da im dynamischen Gleichgewicht immer eine exotherme und eine endotherme Reaktion abläuft, hat die Temperatur einen großen Einfluss auf die Lage des Gleichgewichts. So stellt sich bei einer Gleichgewichtsreaktion für jede Temperatur eine bestimmte Gleichgewichtslage ein. Dabei gilt nach **Le Chatelier**: **Je größer die Temperatur** ist (und je mehr Energie auf das System einwirkt), desto weiter verschiebt sich das Gleichgewicht in Richtung der **endothermen Reaktion**, also nach links. Die **energieverbrauchende Reaktion** läuft bevorzugt ab, um dem äußeren Zwang der Energiezufuhr (in Form von Wärmeenergie) auszuweichen. Bei **Temperaturerniedrigung** beobachtet man entsprechend eine Bevorzugung der **exothermen Reaktion**, also eine Gleichgewichtsverschiebung nach rechts.

$$N_2O_4\,(g) \underset{\text{Temperaturerhöhung}}{\overset{\text{Temperaturerniedrigung}}{\rightleftharpoons}} 2\,NO_2\,(g)$$

Beeinflussung der Gleichgewichtslage durch Druckveränderung

Eine Druckveränderung wirkt sich nur dann auf die Lage des Gleichgewichts aus, wenn auf der Edukt- und der Produktseite unterschiedliche Volumina an Teilchen vorliegen. Dabei werden nur gasförmige Teilchen berücksichtigt. Eine **Druckerhöhung** führt nach **Le Chatelier** zu einer Bevorzugung der Reaktion, bei der insgesamt **weniger Mol Teilchen** entstehen. Eine **Druckerniedrigung** wirkt sich zugunsten der Reaktion aus, bei der insgesamt ein **größeres Volumen an Teilchen** entsteht.

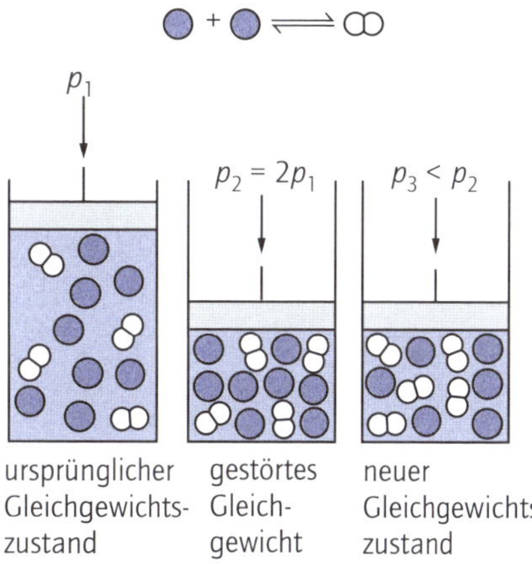

Gleichgewichtsverschiebung durch Druckerhöhung bei einer Gasreaktion

$$N_2O_4\,(g) \underset{\text{Druckerhöhung}}{\overset{\text{Druckerniedrigung}}{\rightleftharpoons}} 2\,NO_2\,(g)$$

Beeinflussung der Gleichgewichtslage durch Konzentrationsänderung

Konzentrationserniedrigung eines Reaktanten begünstigt nach Le Chatelier seine **Nachbildung**, **Konzentrationserhöhung** begünstigt entsprechend seinen **Verbrauch**. In technischen Prozessen kann man die Ausbeute eines Produktes einer Gleichgewichtsreaktion erhöhen, indem man ständig Edukte nachliefert und das Produkt permanent aus dem Reaktionsgeschehen entfernt. Ein Beispiel ist die Synthese von Ammoniak nach dem **Haber-Bosch-Verfahren**.

$$N_2 + 3\,H_2 \rightleftharpoons 2\,NH_3$$

Führt man im Überschuss den billigeren Stickstoff zu, so verschiebt sich das Gleichgewicht in Richtung Ammoniak.

ZUR VERTIEFUNG ▪ Synthese von Ammoniak nach dem Haber-Bosch-Verfahren

Bei der großtechnischen Synthese von Ammoniak stellt sich das Problem, dass eine Gleichgewichtsreaktion vorliegt:

$N_2(g) + 3\,H_2(g) \rightleftharpoons 2\,NH_3(g)$

Man möchte natürlich möglichst viel Produkt erhalten. Dies gelingt zum einen durch die ständige Zufuhr von Edukten und das Abführen des Produktes. Da aber alle Teilchen bei Reaktionsbedingungen gasförmig sind, ist auch der Druck entscheidend. Aus 4 Mol gasförmigen Teilchen entstehen 2 Mol gasförmige Ammoniakmoleküle. Wenn der Druck höher wird, verschiebt sich die Lage des Gleichgewichts nach rechts, zur erwünschten Produktseite. Ideal wäre nun noch eine möglichst niedrige Temperatur, um die exotherme Reaktion der Bildung von Ammoniak zu fördern. Dies lässt sich aber auch mit entsprechenden Katalysatoren nicht ganz verwirklichen.

Die Grafik veranschaulicht den Zusammenhang zwischen Druck, Temperatur und Ammoniakanteilen im Gleichgewicht.

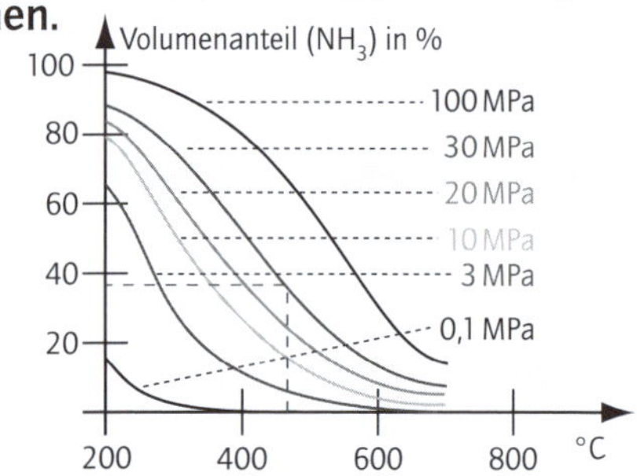

Ammoniak wird heute großtechnisch nach dem Haber-Bosch-Verfahren hergestellt. Man arbeitet bei Drücken von ca. 30 MPa und Temperaturen um 450 °C. Dabei ist der Druckreaktor innen mit bis zu zehn Schichten Stahl ausgelegt, die den Reaktionsbedingungen Stand halten müssen. Das Eisen mit verschiedenen Zusätzen dient dabei als Katalysator. Zwischen den Katalysatorschichten befinden sich Wärmetauscher, die dem Gasgemisch im Reaktor Wärme entziehen. Gleichzeitig wird das Eduktgasgemisch, das Synthesegas, mit der überschüssigen Wärme auf Reaktionstemperatur gebracht.

INSIDER-TIPP

Die Vorstellung einer Gleichgewichtsreaktion bereitet anfangs meist Schwierigkeiten. Merke: Edukte und Produkte sind alle im Reaktionsansatz vorhanden und werden laufend auf- bzw. abgebaut.

Löslichkeitsgleichgewicht

Salz	pK_L
AgCℓ	9,7
AgBr	12,3
AgI	16,1
$CaSO_4$	4,6
$BaSO_4$	10,0
$PbSO_4$	7,8
$PbCrO_4$	13,7
Ag_2S	50,1
CuS	36,1
ZnS	24,7
FeS	18,1
PbS	27,5
CaF_2	10,4
BaF_2	5,8
PbCℓ$_2$	4,8
$PbBr_2$	5,7
PbI_2	8,1
$Mg(OH)_2$	11,2
$Ca(OH)_2$	5,4
$Fe(OH)_2$	18,1
$Fe(OH)_3$	38,8
$Cu(OH)_2$	19,3
$Cu(OH)_3$	8,3
$PbCO_3$	13,1

Salze lösen sich z. B. in Wasser, indem das Ionengitter zerstört wird und sich hydratisierte Ionen bilden. Dabei treten die Dipolmoleküle des Wassers in Wechselwirkung mit den Ionen. Liegt eine gesättigte Lösung vor, so ist für die Konzentration nur die Menge an **gelösten Ionen** ausschlaggebend, der **Bodensatz** – das feste Salz – wird dabei nicht berücksichtigt. Allerdings liegt auch hier eine dynamische Gleichgewichtsreaktion vor, das sogenannte **Löslichkeitsgleichgewicht**. Es bedeutet, dass pro Zeiteinheit immer so viele Teilchen aus dem Bodensatz in Lösung gehen, wie sich parallel dazu ablagern.

Das Löslichkeitsgleichgewicht ist dabei lediglich von der Temperatur abhängig, nicht jedoch von der Menge des vorhandenen Bodensatzes.

Wenn man das Löslichkeitsgleichgewicht quantitativ betrachtet, so erhält man eine stoffcharakteristische Konstante, das sogenannte **Löslichkeitsprodukt K_L**. Das Löslichkeitsprodukt eines schwer löslichen Salzes ist dabei definiert als Produkt seiner Ionenkonzentrationen in gesättigter Lösung (**Massenwirkungsgesetz**).

$$AgBr\,(s) \rightleftharpoons Ag^+\,(aq) + Br^-\,(aq)$$

$$K_c = \frac{c_{(Ag^+)} \cdot c_{(Br^-)}}{c_{(AgBr)}}$$

Da die Konzentration von Silberbromid sehr groß ist, wird sie als konstant angenommen und gleich eins gesetzt. Daraus folgt:

$$K_L = c_{(Ag^+)} \cdot c_{(Br^-)}$$

Die K_L-Werte der meisten Salze sind tabellarisch festgehalten. Oft wird auch der negative Zehnerlogarithmus des Zahlenwertes von K_L angegeben (**pK_L**), um mit ganzen Zahlen arbeiten zu können.

Dabei gilt: Je kleiner der Wert von K_L und je größer der pK_L-Wert, desto schwerer ist das Salz löslich.

4.4 Das Massenwirkungsgesetz

Das **Massenwirkungsgesetz** (MWG) nach **Guldberg** und **Waage** (1867) beschreibt die **quantitative** Betrachtung des chemischen Gleichgewichts. Das MWG wird nachfolgend am Beispiel der Synthese von Wasserstoffiodid vorgestellt: $H_2 + I_2 \rightleftharpoons 2\ HI$

Man geht davon aus, dass die Reaktionsgeschwindigkeiten von Hin- und Rückreaktion nach Gleichgewichtseinstellung gleich groß sind. Da sich die Konzentrationen proportional zur Reaktionsgeschwindigkeit ändern, führt man Proportionalitätskonstanten (*k*) ein.

$$k_1 \cdot c_{(H_2)} \cdot c_{(I_2)} = k_2 \cdot c_{(HI)} \cdot c_{(HI)}$$

$$\frac{k_1}{k_2} = K = \frac{c^2_{(HI)}}{c_{(H_2)} \cdot c_{(I_2)}}$$

K ist die Gleichgewichtskonstante, die Gleichung der Ausdruck für das MWG. Für eine allgemeine Gleichung erhält man folgenden Ausdruck:

MERKE ▪ Massenwirkungsgesetz

$$aA + bB \rightleftharpoons cC + dD$$

$$K = \frac{c^c_{(C)} \cdot c^d_{(D)}}{c^a_{(A)} \cdot c^b_{(B)}}$$

Im Gleichgewicht ist bei konstanter Temperatur der Quotient aus dem Produkt der Produktkonzentrationen und dem Produkt der Eduktkonzentrationen konstant. Koeffizienten tauchen im Ausdruck für das MWG als Hochzahlen auf.

Voraussetzung ist, dass die beteiligten Stoffe in einem homogenen System vorliegen, das heißt entweder in Lösung oder gasförmig. Feste Stoffe bleiben im MWG unberücksichtigt. Für gasförmige Stoffe kann dabei anstelle der Konzentration auch der jeweilige **Partialdruck** (*p*) der entsprechenden Komponente eingesetzt werden.

$$K_p = \frac{p^c_{(C)} \cdot p^d_{(D)}}{p^a_{(A)} \cdot p^b_{(B)}}$$

Für die Lage des Gleichgewichtes gilt:

- $K = 1$ Konzentration Edukte = Konzentration Produkte
- $K < 1$ Rückreaktion überwiegt, Gleichgewicht liegt auf der Seite der Edukte
- $K > 1$ Hinreaktion überwiegt, Gleichgewicht liegt auf der Seite der Produkte

4.5 Energetische Aspekte chemischer Reaktionen

Die Enthalpie

> MERKE ▪ Reaktionsenthalpie *H*
> **Die Energie, die ein System aufgrund einer chemischen Reaktion bei konstantem Druck als Wärme an die Umgebung abgibt oder von ihr aufnimmt, wird Reaktionsenthalpie *H* genannt (griech. *thalpein* = erwärmen).**

Da immer nur Enthalpieänderungen messbar sind, ist die Symbolik für die **Enthalpiedifferenz** ΔH. ΔH wird in Joule [J] angegeben. Laut Definition beträgt die Energiemenge, die nötig ist, um 1 g reines Wasser um 1 K zu erwärmen, **1 cal. bzw. 4,18 J**. Ein Gerät zum Messen der Enthalpieänderung nennt man Kalorimeter.

Bei einer exothermen Reaktion ist $\Delta H < 0$, bei einer endothermen Reaktion ist $\Delta H > 0$. Bezieht man die abgegebene oder aufgenommene Wärmemenge auf 1 mol eines Reaktionspartners, dann erhält man die **molare Reaktionsenthalpie** $\Delta_R H_m$ in [kJ/mol]. Zur eindeutigen Angabe von $\Delta_R H_m$ gehört immer die jeweilige Reaktionsgleichung.

$2\,Ag^{+}(aq) + Cu(s) \rightarrow 2\,Ag(s) + Cu^{2+}(aq)$ $\Delta_R H_m = -147$ kJ/mol

$Ag^{+}(aq) + \frac{1}{2}\,Cu(s) \rightarrow Ag(s) + \frac{1}{2}\,Cu^{2+}(aq)$ $\Delta_R H_m = -73{,}5$ kJ/mol

> REGEL ▪ Satz von Hess
> **Nach dem Satz von Hess ist die Reaktionsenthalpie unabhängig vom Reaktionsweg, sie hängt lediglich vom Ausgangs- und Endzustand eines Systems ab.**

So kann z. B. Graphit direkt oder indirekt über Kohlenstoffmonooxid zu Kohlenstoffdioxid verbrannt werden.

- $C(s) + O_2(g) \rightarrow CO_2(g)$ $\Delta_R H_m = -393$ kJ/mol
- $C(s) + \frac{1}{2}\,O_2(g) \rightarrow CO(g)$ $\Delta_R H_{m1} = -111$ kJ/mol
  $CO(g) + \frac{1}{2}\,O_2(g) \rightarrow CO_2(g)$ $\Delta_R H_{m2} = -282$ kJ/mol
  $\Delta_R H_{m1+2} = -393$ kJ/mol

Den Energiebetrag, der für die Bildung eines Mols einer Verbindung aus den Elementen nötig ist oder dabei frei wird, nennt man **molare Bildungsenthalpie** $\Delta_f H_m$ (*f* = engl. *formation* = Bildung). Unter Standardbedingungen (1013 hPa, 298 K) spricht man von der molaren Standard-Bildungsenthalpie $\Delta_f H_m^0$. Für die Elemente hat man die molare Standard-Bildungsenthalpie gleich Null gesetzt. Tritt ein Element in mehreren **Modifikationen** auf (z. B. Kohlenstoff als Graphit oder Diamant), so gilt dies für die stabilste Modifikation. Aus den molaren Bildungsenthalpien der an einer Reaktion beteiligten Stoffe lässt sich somit unter Einbezug des Satzes von Hess die Reaktionsenthalpie berechnen: $CaCO_3\,(s) \rightarrow CaO\,(s) + CO_2\,(g)$

$$\Delta_R H_m^0 = \Delta_f H_m^0\,(CaO) + \Delta_f H_m^0\,(CO_2) - \Delta_f H_m^0(CaCO_3)$$

Weitere Enthalpieformen sind:

- Die **Gitterenthalpie**, die frei wird, wenn sich aus Metall- und Nichtmetallatomen ein Ionengitter bildet.
  Beispiel: Bildung von Kochsalz aus Na und $C\ell_2$

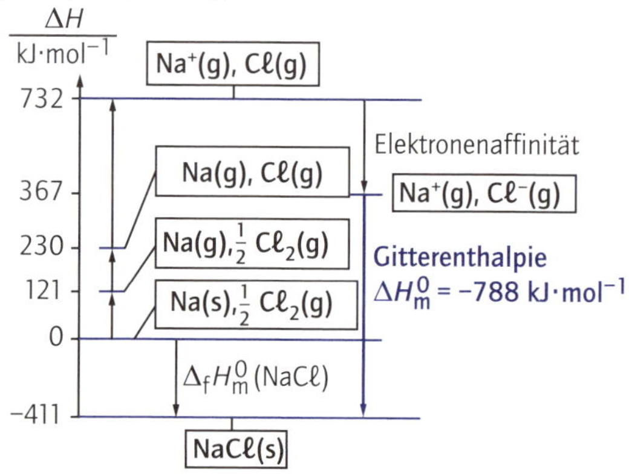

Born-Haber-Kreisprozess zur Bestimmung der Gitterenergie

- Die **Lösungsenthalpie**, die benötigt oder frei wird, wenn ein Ionengitter in Wasser dissoziiert und die Ionen hydratisiert werden.
  Beispiel: Lösen von Kochsalz in Wasser

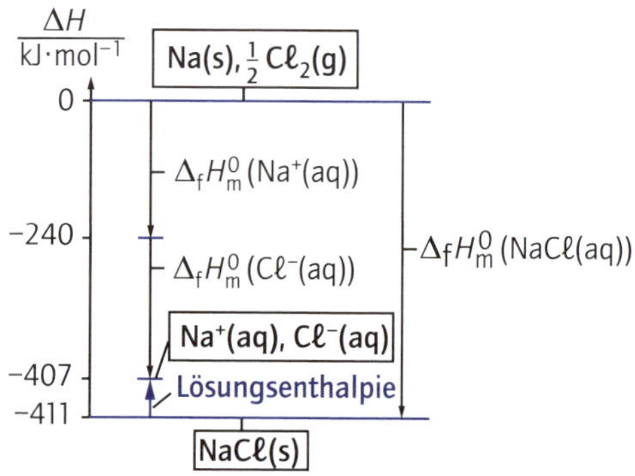

Enthalpiediagramm zur Bestimmung der Lösungsenthalpie von Natriumchlorid

- Die **Bindungsenthalpie** $\Delta_b H_m^0$, die in einer Elektronenpaarbindung steckt. Man kann sie berechnen, indem man die molare Bindungsdissoziationsenthalpie misst. Für mehratomige Moleküle gibt man einen Durchschnittswert an, die sogenannte mittlere Bindungsenthalpie.

Die Tabellen zeigen die durchschnittlichen molaren Bindungsenthalpien in kJ/mol, alle Werte gelten bei 25 °C.

Einfachbindungen								
	C	H	O	N	F	Cℓ	Br	I
C	348	413	258	305	489	339	285	218
H	413	436	463	391	567	431	366	298
O	358	463	746	201				
N	305	391	201	163				
F					159			
Cℓ						242		
Br							193	
I								151

Mehrfachbindungen					
C=C	614	N=N	418	O=O	498
C=O	745	N=O	607		
N≡N	945	C≡C	839	C≡N	891

Die Entropie

Um den Ablauf einer chemischen Reaktion vollständig deuten zu können, benötigt man eine weitere Größe, die z. B. erklärt, warum es endotherme Reaktionen gibt, die aber freiwillig ablaufen. Hierbei müssen zwei Prinzipien berücksichtigt werden:

- **Das Prinzip des Energieminimums** – eine Reaktion läuft freiwillig ab, wenn dabei die Energie des Systems abnimmt.
- **Das Prinzip der maximalen Unordnung** – eine Reaktion läuft freiwillig ab, wenn dabei der Ordnungszustand des Systems abnimmt.

Ein Maß für den Ordnungszustand eines Systems ist die **Entropie *S***. Eine statistische Deutung führte **Boltzmann** zu folgender Abhängigkeit:

$$S = k \cdot \ln W$$

k = Boltzmann-Konstante = $1{,}38 \cdot 10^{-23}\ \mathrm{J \cdot K^{-1}}$; W = thermodynamische Wahrscheinlichkeit = Zahl der Realisierungsmöglichkeiten oder Mikrozustände, die es für ein System bei gleich bleibendem Gesamtzustand gibt.

Die molare **Standard-Reaktionsentropie** $\Delta_R S_m^0$ lässt sich aus den tabellierten molaren Standard-Entropien der entsprechenden Reaktionspartner berechnen. Nimmt im Lauf der Reaktion die Entropie zu, ist der Wert für $\Delta_R S$ positiv. Nimmt die Entropie ab und entsteht ein System mit höherem Ordnungsgrad, so ist $\Delta_R S$ negativ.

Verknüpfung von Enthalpie und Entropie

Wenn man nun den Ablauf einer Reaktion aus energetischer Sicht deuten möchte, muss man sowohl die Energie als auch den Ordnungszustand berücksichtigen. **Gibbs** verknüpfte die Enthalpie und die Entropie zu einer neuen Funktion, der **freien Enthalpie *G***. Die **Gibbs-Helmholtz-Gleichung** gilt für die Änderung dieser Funktion: $\Delta G = \Delta H - T \cdot \Delta S$.

> **MERKE ▪ Freie Enthalpie *G***
> - **Ist $\Delta_R G < 0$, so läuft die Reaktion spontan ab und es kann dabei Arbeit geleistet werden. Man nennt dies eine exergonische Reaktion.**
> - **Ist $\Delta_R G > 0$, so kann diese Reaktion nicht spontan ablaufen, aber durch Arbeit erzwungen werden. Man nennt dies eine endergonische Reaktion.**

Es gilt also:

- Eine Reaktion läuft freiwillig ab, wenn die Änderung der freien Enthalpie negativ ist.
- Günstig wirkt es sich aus, wenn nach dem Prinzip des Energieminimums $\Delta H < 0$ ist.
- Günstig wirkt sich auch aus, wenn nach dem Prinzip des Entropiemaximums $\Delta S > 0$ ist.

Man kann somit vier Fälle von Reaktionen unterscheiden:

① $\Delta H < 0$ und $\Delta S > 0$; die Reaktion läuft immer freiwillig ab.

② $\Delta H > 0$ und $\Delta S < 0$; die Reaktion läuft nie freiwillig ab.

③ $\Delta H > 0$ und $\Delta S > 0$; die endotherme Reaktion läuft nur oberhalb einer Grenztemperatur T ab, sodass $T \cdot \Delta S > \Delta H$ wird.

④ $\Delta H < 0$ und $\Delta S < 0$; die exotherme Reaktion läuft nur unterhalb einer Grenztemperatur T ab, sodass $T \cdot \Delta S < \Delta H$ wird.

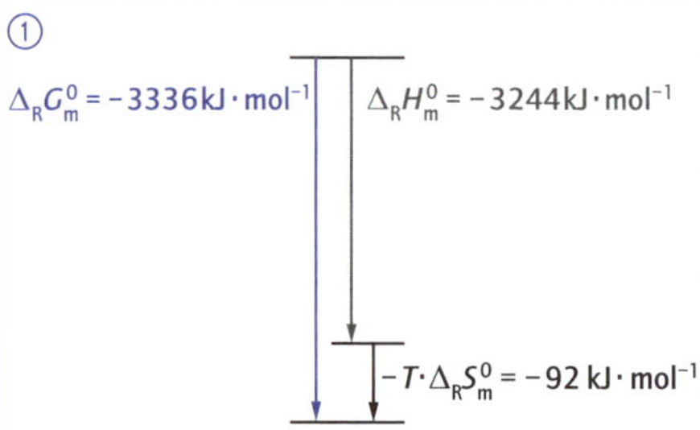

Die Reaktion läuft immer freiwillig ab:
$\Delta H < 0$; $T \cdot \Delta S > 0$; $\Delta G < 0$

$C_5H_{12}(l) + 8\,O_2(g) \rightarrow 5\,CO_2(g) + 6\,H_2O(g)$

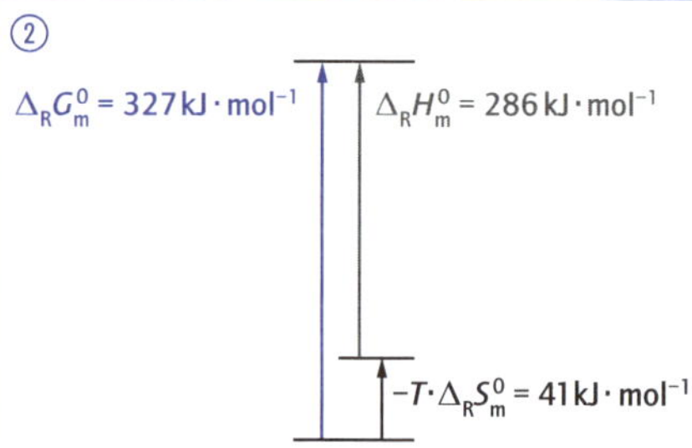

Die Reaktion läuft immer freiwillig ab:
$\Delta H < 0$; $T \cdot \Delta S < 0$; $\Delta G > 0$

$3\,O_2(g) \rightarrow 2\,O_3(g)$

③

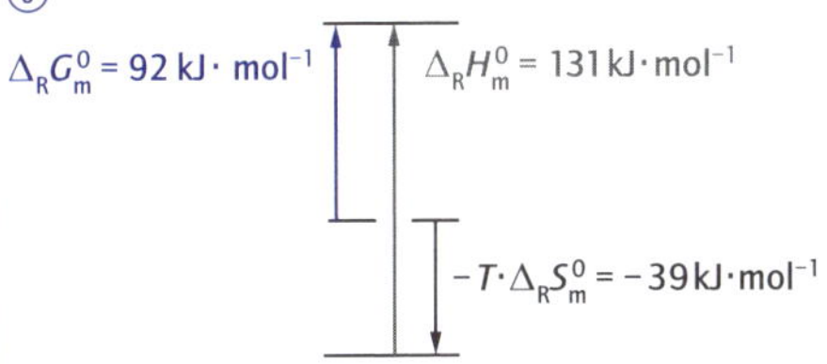

Die Reaktion läuft bei 298 K nicht ab:
$T \cdot \Delta S < \Delta H;\ \Delta G > 0$

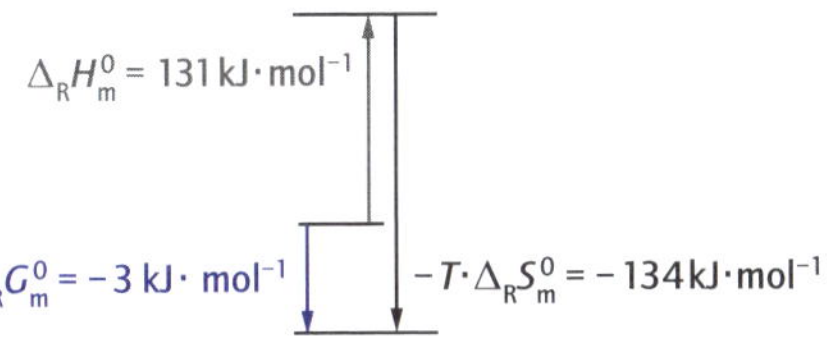

Die Reaktion läuft bei 1000 K ab:
$T \cdot \Delta S > \Delta H;\ \Delta G < 0$

$H_2O\ (g) + C\ (s) \rightarrow CO\ (g) + H_2\ (g)$

④

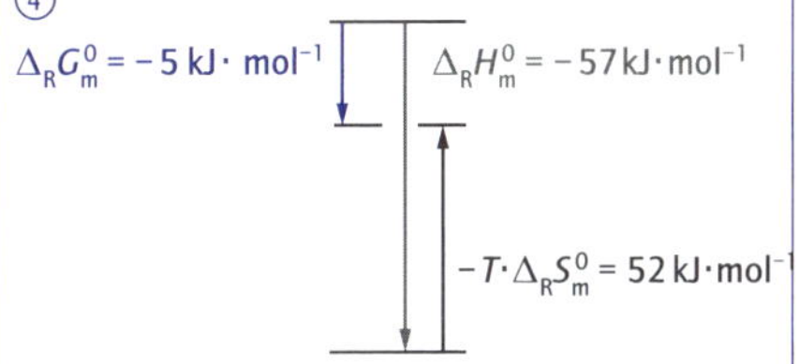

Die Reaktion läuft bei 298 K ab:
$\Delta H < 0;\ \Delta S < 0;\ |T \cdot \Delta S| < |\Delta H|;\ \Delta G < 0$

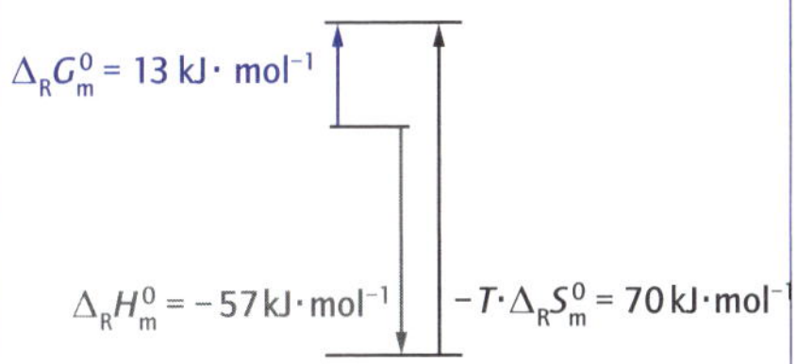

Die Reaktion läuft bei 400 K nicht ab:
$\Delta H < 0;\ \Delta S < 0;\ |T \cdot \Delta S| > |\Delta H|;\ \Delta G > 0$

$2NO_2\ (g) \rightarrow N_2O_4\ (g)$

Katalysatoren

Um zur Reaktion fähig zu sein, benötigen die Reaktionspartner eine bestimmte **Mindestenergie** E_{min} (Bewegungs- und Wärmeenergie). Nach **Boltzmann** sieht die Energieverteilung der einzelnen Teilchen folgendermaßen aus:

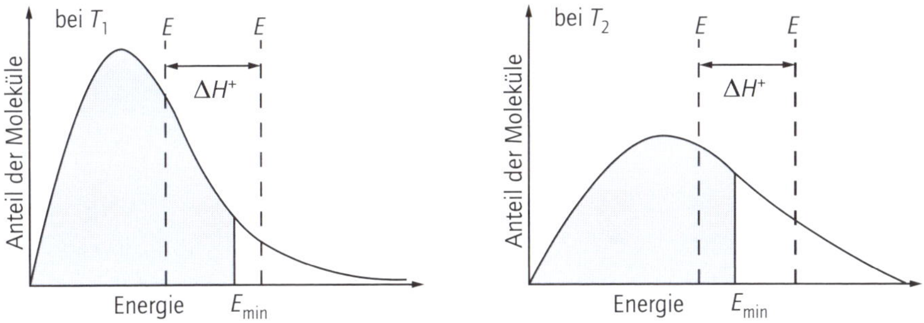

Mittlere Energie aller Moleküle bei verschiedenen Temperaturen ($T_1 < T_2$);
ΔH^+ = Aktivierungsenthalpie

Arrhenius postulierte, dass sich zunächst aktivierte Moleküle bilden müssen, bevor eine Reaktion ablaufen kann. Die Energie, die für diese Aktivierung nötig ist, nennt man **Aktivierungsenergie** E_A. Sie entspricht also gerade der Mindestenergie der zusammenstoßenden Teilchen.

Betrachtet man den Ablauf einer chemischen Reaktion, so kann man die Auswirkung der Aktivierungsenergie mit der **Theorie des Übergangszustandes** erklären. Durch Zufuhr von E_A werden die Reaktionspartner auf ein höheres

Energieniveau gehoben, bzw. es bildet sich ein aktivierter Komplex, der dann weiterreagieren kann.

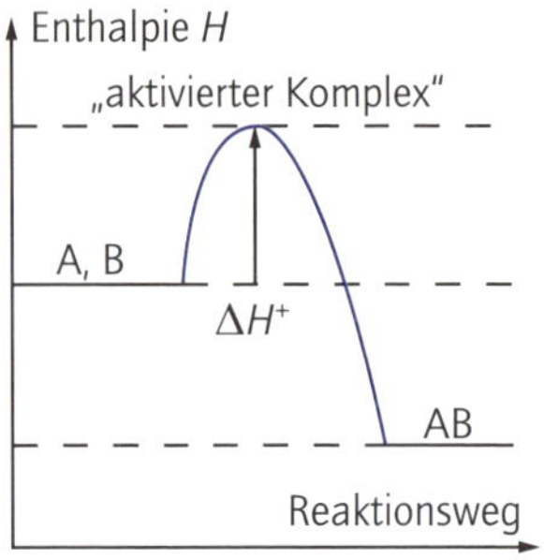

Reaktion ohne Katalysator

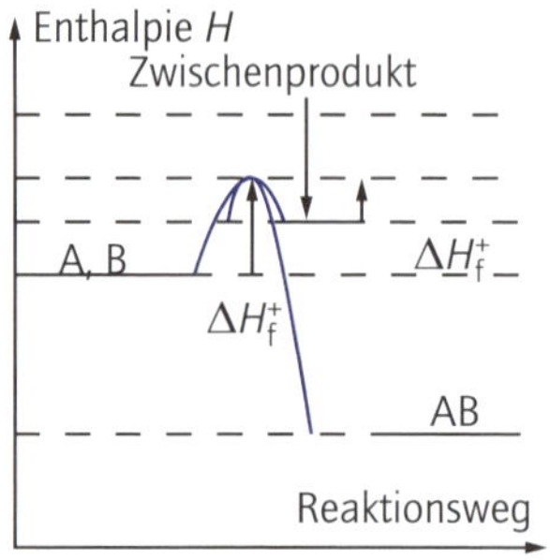

Reaktion mit Katalysator

MERKE ▪ Katalysatoren
(griech. *katalysis* = Aufhebung) ermöglichen den Ablauf chemischer Reaktionen, die ohne Katalyse erst bei sehr hohen Temperaturen oder nur sehr langsam ablaufen würden. Sie erschließen einen neuen Reaktionsweg.

$$A + B \rightarrow AB$$

Der Katalysator K bildet mit dem Edukt A ein Zwischenprodukt AK. Dieses reagiert mit dem Edukt B weiter zu AB, der Katalysator K geht unverändert aus der Reaktion hervor.

$$A + K \rightarrow AK$$
$$AK + B \rightarrow AB + K$$

Wichtig ist dabei eine **große Oberfläche** des Katalysators, damit möglichst viele Teilchen mit ihm in Berührung kommen können. Manche Katalysatoren wirken **spezifisch** (vor allem Biokatalysatoren oder Enzyme), das heißt sie setzen oft nur ein bestimmtes Substrat um und das meist nur durch eine von mehreren möglichen Reaktionen.

Katalysatoren haben folgende Eigenschaften:

- Sie erniedrigen die Aktivierungsenergie.
- Sie erhöhen die Reaktionsgeschwindigkeit.
- Bei Gleichgewichtsreaktionen stellt sich das Gleichgewicht schneller ein, wird jedoch nicht verschoben.
- Sie gehen unverändert aus der Reaktion hervor.

Formen der Katalyse

- **Heterogene Katalyse:** Katalysator und Reaktanten liegen in verschiedenen Phasen vor. Beispiel: Wasserstoffgas entzündet sich an festem Platin und reagiert mit Sauerstoff zu Wasser (Knallgasreaktion $2\,H_2 + O_2 \rightarrow 2\,H_2O$).
- **Homogene Katalyse:** Katalysator und Reaktanten liegen in der gleichen Phase vor. Beispiel: Wasserstoffperoxid wird zersetzt zu Wasser und Sauerstoff. Katalysator sind Iodid-Ionen.
  $I^- + H_2O_2 \rightarrow IO^- + H_2O$
  $IO^- + H_2O_2 \rightarrow I^- + H_2O + O_2$
- **Autokatalyse:** Ein Reaktions(zwischen)produkt wirkt als Katalysator und wird im Laufe der Reaktion nachgebildet. Beispiel: Redoxreaktion zwischen Kaliumoxalat und Kaliumpermanganat. Die entstehenden Mangan(II)-Ionen katalysieren die Reaktion und damit ihre eigene Nachbildung.
  Oxidation: $C_2O_4^{2-} \rightarrow 2\,CO_2 + 2e^- \; / \cdot 5$
  Reduktion: $MnO_4^- + 5\,e^- + 8\,H_3O^+ \rightarrow Mn^{2+} + 12\,H_2O \; / \cdot 2$
  Redox.: $5\,C_2O_4^{2-} + 2\,MnO_4^- + 16\,H_3O^+ \rightarrow 10\,CO_2 + 2\,Mn^{2+} + 24\,H_2O$
- **Biokatalyse:** Proteine mit Katalysatorfunktion nennt man **Enzyme**. Sie kommen in allen Lebewesen vor. Beispiele: Verdauungsenzyme (Amylase zerlegt Stärke, Pepsin spaltet Proteine, Lipase zersetzt Fette); Urease zersetzt Harnstoff zu Ammoniak und Wasser; vergleiche auch → Seite 151 ff.

INSIDER-TIPP

- **Energie ist ein abstrakter und schwer fassbarer Begriff. Man muss sich die verschiedenen Begriffe einprägen und am Besten mit einem Beispiel merken.**
- **Im Abitur gilt es, die Fragen genau zu lesen, lieber mehrmals! Danach würde ich wichtige Begriffe markieren (z. B. Bildungsenthalpie oder Aktivierungsenergie). So wird geholfen, dass die Frage richtig verstanden und beantwortet werden kann.**

CHECKLISTE

4 Die chemische Reaktion

- Die Reaktionsgeschwindigkeit berechnet sich aus der Konzentrationsänderung eines Reaktionspartners in einem bestimmten Zeitintervall.
- Die Reaktionsgeschwindigkeit hängt von der Konzentration, der Temperatur, der Oberfläche der Edukte und vom Einsatz eines Katalysators ab.
- Für den Endzustand einer reversiblen Reaktion in einem geschlossenen System, also für das chemische Gleichgewicht gilt: $\vec{v}_{Hinreaktion} = \vec{v}_{Rückreaktion}$; c_{Edukte} und $c_{Produkte}$ = konstant, aber in der Regel nicht gleich groß; Hin- und Rückreaktion finden ständig statt.
- Für die Beeinflussung des chemischen Gleichgewichts gilt das Prinzip des kleinsten Zwanges.
- Die Löslichkeit von Salzen wird durch das Löslichkeitsprodukt charakterisiert.
- Das Massenwirkungsgesetz beschreibt die quantitative Betrachtung des chemischen Gleichgewichtes.
- Reaktionen werden durch Enthalpie- und Entropieänderung charakterisiert. Man unterscheidet exotherme und endotherme bzw. exergonische und endergonische Reaktionen.
- Katalysatoren senken die Aktivierungsenergie, erhöhen die Reaktionsgeschwindigkeit und bewirken eine schnellere Einstellung des chemischen Gleichgewichtes.

5 Oxidation und Reduktion

Das Verbrennen eines Stück Holzes, das Rosten eines lackfreien Metallstückes am Auto, der Abbau von Nährstoffen im menschlichen Körper zu Kohlenstoffdioxid und Wasser – alles das sind Beispiele für Oxidations- und Reduktionsvorgänge. Viele solche Redoxreaktionen begegnen uns im Alltag, z. B. wenn aus Gerstenmalz Alkohol bzw. Bier gewonnen wird oder wenn ein altes Ei zu stinken beginnt. Das Erkennen und Verstehen einer Redoxreaktion zählt zu den Grundvoraussetzungen für das Verständnis der weiteren Themen im Fach Chemie.

5.1 Redoxgleichungen

Anfangs bezeichnete man alle Reaktionen, bei denen Sauerstoff aufgenommen wird, als **Oxidation**, diejenigen, bei denen das Element abgegeben wird, als **Reduktion**. Oxidation und Reduktion sind immer gekoppelt, deshalb spricht man insgesamt von einer **Redoxreaktion**. Es gibt auch Redoxreaktionen ohne Beteiligung von Sauerstoff, daher muss die Definition erweitert werden.

> **MERKE ▪ Redoxreaktionen**
> **Redoxreaktionen sind chemische Reaktionen mit Elektronenübergang.**
> **Oxidation = Reaktion mit Elektronenabgabe**
> **Reduktion = Reaktion mit Elektronenaufnahme**

Oxidationszahlen

Um leichter beurteilen zu können, ob eine Redoxreaktion vorliegt und welches Edukt oxidiert und welches reduziert wird, wurde eine fiktive Größe eingeführt: die **Oxidationszahl**. Oxidationszahlen werden als **römische Ziffern** angegeben und über das entsprechende Elementsymbol geschrieben.

Beispiele: $\overset{I}{Na}\overset{-I}{C\ell}$ $\quad \overset{I}{H_2}\overset{-II}{O}$ $\quad \overset{I}{H_2}\overset{-I}{O_2}$ $\quad \overset{I}{Na_2}\overset{VI}{S}\overset{-II}{O_4}$ $\quad K\overset{VII}{Mn}O_4$

MERKE ▪ Regeln zur Ermittlung von Oxidationszahlen

1. **Atome innerhalb eines Atomverbandes von einem Element haben immer die Oxidationszahl 0.**
2. **Atom-Ionen haben eine Oxidationszahl, die der Ladungszahl entspricht.**
3. **Für Verbände aus verschiedenen Atomen gilt:**
   - **Metalle haben positive Oxidationszahlen.**
   - **Das Fluoratom hat stets die Oxidationszahl −I.**
   - **Wasserstoff hat die Oxidationszahl +I.**
   - **Sauerstoff hat die Oxidationszahl −II.**
   - **Halogen-Atome haben die Oxidationszahl −I.**
4. **Bei Verbindungen ist die Summe der Oxidationszahlen aller Atome null.**
5. **Bei Ionen ist die Summe der Oxidationszahlen aller Atome gleich der Ionenladung.**
6. **Die vorstehende Regel hat immer Vorrang. Daher gibt es entsprechende Ausnahmen.**

Eine Besonderheit ist die Berechnung der Oxidationszahlen **bei organischen Verbindungen:** Wasserstoff ist immer I-, Sauerstoff immer −II-wertig. Elektronen aus Kohlenstoff-Kohlenstoff-Bindungen werden nicht gezählt. Man betrachtet jedes Kohlenstoff-Atom isoliert. Wenn man die Oxidationszahlen des Kohlenstoff-Atoms und seiner Bindungspartner (außer weiteren Kohlenstoff-Atomen) zusammenzählt, muss man insgesamt auf null kommen.

Verbindung	Oxidationszahlen
Methan	$\overset{-\mathrm{IV}}{C}H_4$
Methanol	$\overset{-\mathrm{II}}{C}H_3OH$
Methanal	$\overset{0}{C}H_2O$
Methansäure	$H\overset{\mathrm{II}}{C}OOH$
Kohlensäure	$HO\overset{\mathrm{IV}}{C}OOH$
Alkan	$R\overset{-\mathrm{III}}{C}H_3$
Alkanol	$R\overset{-\mathrm{I}}{C}H_2OH$
Alkanal	$R\overset{\mathrm{I}}{C}HO$
Alkylcarbonsäure	$R\overset{\mathrm{III}}{C}OOH$
Oxalsäure	$HOO\overset{\mathrm{III}}{C}-\overset{\mathrm{III}}{C}OOH$

MERKHILFE ▪ Oxidation bedeutet immer eine Erhöhung der Oxidationszahl, Reduktion eine Erniedrigung der Oxidationszahl.

Aufstellen einer Redoxgleichung

Oxidation und Reduktion müssen immer gekoppelt sein, damit auch ein Elektronenübergang stattfinden kann. Um eine solche Redoxreaktion aufzustellen, geht man folgendermaßen vor:

MERKE ▪ Aufstellen einer Redoxgleichung

1. **Oxidationszahlen bestimmen.**
2. **Teilgleichungen zuordnen und aufstellen.**
3. **Elektronenausgleich anhand der Änderung der Oxidationszahlen eines Elements.**
4. **Ladungsausgleich entsprechend dem umgebenden Medium: im Sauren mit Oxonium-Ionen H_3O^+, im Alkalischen mit Hydroxid-Ionen OH^-, bei Schmelzen mit Oxid-Ionen O^{2-}.**
5. **Stoffausgleich mit Wasser H_2O.**
6. **Aufstellen einer Gesamtredoxgleichung durch Addition der beiden Teilgleichungen. Vorher Elektronenbilanz unbedingt ausgleichen.**

BEISPIEL ▪ Kaliumpermanganat und Eisensulfat reagieren in saurer Lösung zu Mangan(II)- und Eisen(III)-Ionen.

Man betrachtet nur die Teilchen, die oxidiert bzw. reduziert werden, Gegen-Ionen können weggelassen werden.

$MnO_4^- + Fe^{2+} \rightarrow Mn^{2+} + Fe^{3+}$

1. **Oxidationszahlen bestimmen.**

   $\overset{+VII}{Mn}\overset{-II}{O_4^-} + \overset{+II}{Fe^{2+}} \rightarrow \overset{+II}{Mn^{2+}} + \overset{+III}{Fe^{3+}}$

2. **Teilgleichungen zuordnen und aufstellen.**

   Oxidation: $\overset{+II}{Fe^{2+}} \rightarrow \overset{+III}{Fe^{3+}}$

   Reduktion: $\overset{+VII}{Mn}\overset{-II}{O_4^-} \rightarrow \overset{+II}{Mn^{2+}}$

3. **Elektronenausgleich anhand der Änderung der Oxidationszahlen eines Elements.**

   Oxidation: $Fe^{2+} \rightarrow Fe^{3+} + e^-$

   Reduktion: $MnO_4^- + 5\,e^- \rightarrow Mn^{2+}$

4. **Ladungsausgleich entsprechend dem umgebenden Medium.**

   Oxidation: $Fe^{2+} \rightarrow Fe^{3+} + e^-$

   Reduktion: $MnO_4^- + 5\,e^- + 8\,H_3O^+ \rightarrow Mn^{2+}$

5. **Stoffausgleich mit Wasser**

Oxidation: $Fe^{2+} \rightarrow Fe^{3+} + e^-$

Reduktion: $MnO_4^- + 5\,e^- + 8\,H_3O^+ \rightarrow Mn^{2+} + 12\,H_2O$

6. **Aufstellen einer Gesamtredoxgleichung durch Addition der beiden Teilgleichungen. Vorher Elektronenbilanz ausgleichen.**

Oxidation: $Fe^{2+} \rightarrow Fe^{3+} + e^- \quad |\cdot 5$

Reduktion: $MnO_4^- + 5\,e^- + 8\,H_3O^+ \rightarrow Mn^{2+} + 12\,H_2O$

Redoxreaktion: $MnO_4^- + 8\,H_3O^+ + 5\,Fe^{2+} \rightarrow Mn^{2+} + 12\,H_2O + 5\,Fe^{3+}$

In der Redoxreaktion finden wir immer ein Oxidations- und ein Reduktionsmittel.

MERKE

Oxidationsmittel: ermöglicht die Oxidation, wird selbst reduziert.

Reduktionsmittel: ermöglicht die Reduktion, wird selbst oxidiert.

Beispiel aus obiger Gleichung:
Oxidationsmittel: MnO_4^-, Reduktionsmittel: Fe^{2+}

Besonderheiten bei Redoxreaktionen

Synproportionierung: Ein Element liegt als Edukt in zwei verschiedenen Oxidationsstufen vor (Element oder Verbindung) und reagiert zu einem einzigen Produkt mit einer neuen Oxidationszahl.

Beispiel: Reaktion von Schwefeldioxid mit Schwefelwasserstoff zu elementarem Schwefel und Wasser.

$$\overset{+IV}{S}O_2 + 2\,H_2\overset{-II}{S} \rightarrow 3\,\overset{0}{S} + 2\,H_2O$$

Disproportionierung: Ein Element (als Element oder Verbindung) reagiert zu zwei unterschiedlichen Produkten, in denen es zwei unterschiedliche Oxidationszahlen besitzt.

Beispiel: Reaktion von Chlor in Wasser zu Wasserstoffchlorid und hypochloriger Säure.

$$\overset{0}{C\ell}_2 + H_2O \rightleftharpoons H\overset{-I}{C\ell} + HO\overset{+I}{C\ell}$$

Oxidationsstufen bei Übergangsmetallen

Übergangsmetalle haben aufgrund ihrer Elektronenkonfiguration **mehrere stabile Oxidationstufen**. Die Valenzelektronen besetzen die d-Orbitale, daher können oft verschieden viele dieser Elektronen abgegeben werden und trotzdem bleibt die neu entstandene Elektronenverteilung stabil.

Mangan und seine wichtigsten Oxidationsstufen

$\overset{0}{Mn}$	$\overset{+II}{Mn^{2+}}$	$\overset{+IV}{MnO_2}$	$\overset{+V}{MnO_4^{3-}}$	$\overset{+VI}{MnO_4^{2-}}$	$\overset{+VII}{MnO_4^{-}}$
Mangan	Mangan(II)	Braunstein	Manganat(V)	Manganat(VI)	Permanganat
[Ar] $4s^2\ 3d^5$	[Ar] $4s^0\ 3d^5$	[Ar] $4s^0\ 3d^3$	[Ar] $4s^0\ 3d^2$	[Ar] $4s^0\ 3d^1$	[Ar] $4s^0\ 3d^0$
stabil	stabil	stabil	instabil	instabil	stabil

5.2 Elektrochemie

Redoxreihe der Elemente

Taucht man Metalle in verschiedene Metallsalz-Lösungen, so stellt man fest, dass sich in manchen Fällen die gelösten Metall-Ionen am Metall-Stab als Element abscheiden. Metalle können also Elektronen an Metall-Ionen abgeben und diese dadurch reduzieren.

$$\overset{0}{Zn} + 2\,\overset{+I}{Ag^+} \rightarrow \overset{+II}{Zn^{2+}} + 2\,\overset{0}{Ag}$$

Oxidation: $Zn \rightarrow Zn^{2+} + 2\,e^-$

Reduktion: $2\,Ag^+ + 2e^- \rightarrow 2\,Ag$

Jede dieser Teilgleichungen stellt ein **korrespondierendes Redoxpaar** dar. Das Metall Zink hat ein hohes **Reduktionsvermögen**, Silber ein niedriges. Das Zink-Ion hat deshalb ein niedriges, das Silber-Ion ein hohes **Oxidationsvermögen**. Man kann die Elemente nun qualitativ nach ihrem zunehmenden Reduktionsvermögen ordnen und erhält dadurch die **Redoxreihe der Metalle**. Ein Metall kann in der Redoxreihe unter ihm stehende Metall-Ionen reduzieren, indem es selbst oxidiert wird, also Elektronen abgibt.

Das **Redoxpaar Wasserstoff/Oxonium-Ion** dient als Bezugspunkt. Alle Metalle die oberhalb dieses Redoxpaares stehen, reagieren in verdünnten Säuren. Sie werden oxidiert, lösen sich also unter Bildung von Wasserstoff auf. Man bezeichnet diese Elemente als **unedle Metalle**. **Edle Metalle** stehen in der Redoxreihe unterhalb des Redoxpaares Wasserstoff/Oxonium-Ion und reagieren nicht mit verdünnten Säuren. Ebenso kann man bei den Nichtmetallen eine Redoxreihe aufstellen. Ein Nichtmetall kann in der Redoxreihe unter ihm stehende Nichtmetalle reduzieren.

ÜBERSICHT ▪ Die Redoxreihe ...

... der Metalle (Auswahl)					...und der Nichtmetalle (Auswahl)				
Na	⇌	Na^+	+	2 e^-	S^{2-}	⇌	S	+	2 e^-
Mg	⇌	Mg^{2+}	+	2 e^-	H_2 + 2 H_2O	⇌	2 H_3O^+	+	2 e^-
Zn	⇌	Zn^{2+}	+	2 e^-	2 I^-	⇌	I_2	+	2 e^-
Fe	⇌	Fe^{2+}	+	2 e^-	2 Br^-	⇌	Br_2	+	2 e^-
Ni	⇌	Ni^{2+}	+	2 e^-	2 Cl^-	⇌	Cl_2	+	2 e^-
Sn	⇌	Sn^{2+}	+	2 e^-	2 F^-	⇌	F_2	+	2 e^-
Pb	⇌	Pb^{2+}	+	2 e^-					
H_2 + 2 H_2O	⇌	2 H_3O^+	+	2 e^-					
Cu	⇌	Cu^{2+}	+	2 e^-					
Ag	⇌	Ag^+	+	1 e^-					
Hg	⇌	Hg^{2+}	+	2 e^-					

reduzierte Form ⇌ oxidierte Form
Reduktionsmittel ⇌ Oxidationsmittel

Galvanische Zellen

Man kann sich das unterschiedliche Reduktionsvermögen der Metalle zunutze machen, indem man den bei einer Reaktion zwischen zwei Redoxpaaren fließenden **Strom** nutzt. Unter Stromfluss versteht man die **gerichtete Bewegung von Ladungsträgern**, die entweder Elektronen (**Leiter 1. Klasse**, z. B. Metalle) oder Ionen (**Leiter 2. Klasse**, z. B. Salzlösungen) sein können.

Taucht man z. B. einen Zink-Stab in eine Kupfersalz-Lösung ist der Stromfluss viel zu gering und deshalb schwer oder gar nicht messbar. Daher trennt man die beiden Redoxpaare räumlich voneinander und erhält so zwei sogenannte **Halbzellen** oder **galvanische Zellen**: eine Zink-Halbzelle, in der ein Zink-Stab (**Zink-Elektrode**) in eine Zinksalz-Lösung taucht, und eine Kupfer-Halbzelle, in der ein Kupfer-Stab (**Kupfer-Elektrode**) in eine Kupfersalz-Lösung taucht. Beide Halbzellen sind durch eine poröse Wand (**Diaphragma**) voneinander getrennt. Stellt man nun zwischen den Elektroden eine leitende Verbindung her, so kann man einen Stromfluss bzw. eine Spannung messen. Das Metall Zink wird oxidiert und die abgegebenen Elektronen wandern über die leitende

Verbindung zur Kupfer-Elektrode. Hier werden sie von Kupfer-Ionen aufgenommen und reduzieren diese zum Metall. Die Zink-Elektrode ist in diesem Fall in der **Donatorhalbzelle** der **Minuspol** (**Anode**), die Kupfer-Elektrode in der **Akzeptorhalbzelle** der **Pluspol** (**Kathode**). Definitionsgemäß bezeichnet man immer den Pol, an dem die **Oxidation** stattfindet, als Anode. Um den Stromfluss aufrecht zu erhalten, wandern die überschüssigen Zink-Ionen in die Kupfer-Halbzelle und die dort überschüssigen Gegenionen (z. B. Sulfat-Ionen) in die Zink-Halbzelle.

Dieses **galvanische Element** aus einer Kupfer- und einer Zink-Halbzelle mit einer Konzentration der Metallsalz-Lösungen von jeweils 1 mol/ℓ heißt **Daniell-Element** und liefert eine Spannung von 1,1 Volt. Schreibweise: $Zn/Zn^{2+}//Cu^{2+}/Cu \quad U_0 = 1{,}1\,V$

Galvanische Zellen lassen sich auch mit Nichtmetallen aufstellen. Diese Elemente sind jedoch meist schwer zu handhaben, da sie z. B. oft gasförmig sind. Deshalb werden hier nur galvanische Elemente mit Metallen behandelt. Sie bestehen aus zwei Halbzellen: Donator- und Akzeptorhalbzelle (siehe Tabelle).

Donatorhalbzelle	**Akzeptorhalbzelle**
unedleres Metall	edleres Metall
Metall wird oxidiert zu Ion: Elektronenabgabe	Ion wird reduziert zu Metall: Elektronenaufnahme
Minuspol	Pluspol
Anode: Oxidation findet statt	Kathode: Reduktion findet statt

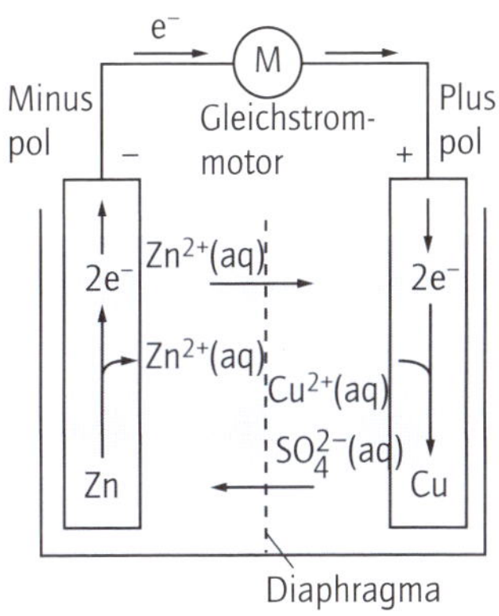

Elektronenfluss und Ionenwanderung in einer Zink/Kupfer-Zelle

Die Spannungsreihe der Metalle und Nichtmetalle

Man kann beliebige Halbzellen miteinander kombinieren. Die dabei messbare maximale Spannung wird **Leerlaufspannung** U_0 genannt. Sie ist umso größer, je weiter die beiden Reaktionspartner in der Redoxreihe auseinander stehen. Jedes Element ist durch sein Bestreben gekennzeichnet, Elektronen abzugeben. Metalle gehen dabei in den Kationen-, Nichtmetalle in den ungeladenen Zustand über. Dieses Bestreben wird als **Redoxpotential** E **(bei 25 °C und einer Ionenkonzentration von 1 mol/ℓ** = **Standardbedingungen: Standard-**

potential E_0) bezeichnet. Messbar ist immer nur eine Differenz zwischen den Redoxpotentialen zweier Elemente. Um die Werte sinnvoll vergleichen zu können, nimmt man eine Bezugselektrode und setzt deren Redoxpotential gleich null. Als **Bezugselektrode** wird eine von Wasserstoffgas unter Normaldruck (p = 1013 hPa) umspülte platinierte Platinelektrode verwendet, die bei 25 °C in eine Säurelösung mit der Konzentration $c_{(H_3O^+)}$ = 1 mol/ℓ eintaucht. Sie wird als **Normalwasserstoffelektrode** bezeichnet.

$$H_2 (g) + 2\,H_2O (l) \rightleftharpoons 2\,H_3O + (aq) + 2\,e^- \quad E_0 (H_2/2\,H_3O^+) = 0$$

Durch Kombination von anderen Normalelektroden mit der Normalwasserstoffelektrode ist die Ermittlung des **Normal- bzw. Standardpotentials E_0** eines Redoxpaares möglich. Edle Metalle nehmen dabei Elektronen von der Normalwasserstoffelektrode auf ($E_0 > 0$), unedle Metalle geben Elektronen an sie ab ($E_0 < 0$). Damit erhält man die Spannungsreihe der Metalle (und Nichtmetalle), siehe rechts.

Die Spannungsreihe sagt folgendes aus: Je kleiner das Standardpotential eines Redoxpaares ist, ein desto stärkerer Elektronendonator ist dessen oxidierte Form und umso unedler ist das Metall. Reduktionsmittel können Redoxpaare, die in der Spannungsreihe unter ihnen stehen, reduzieren. Oxidationsmittel können Redoxpaare, die in der Spannungsreihe über ihnen stehen, oxidieren.

Um die Leerlaufspannung eines galvanischen Elements aus zwei Halbzellen zu berechnen, kann man nun einfach den Unterschied zwischen den Standardpotentialen der beteiligten Redoxpaare berechnen.
Beispiel: $Ni/Ni^{2+}//Pb^{2+}/Pb \quad \Delta E = U_0 = 0{,}12\,V$

Spannungsreihe der Metalle und Nichtmetalle

oxidierte Form			reduzierte Form	$\frac{E_0}{V}$
Li^+ (aq)	+ e^-	⇌	Li (s)	−3,04
K^+ (aq)	+ e^-	⇌	K (s)	−2,92
Ca^{2+} (aq)	+ 2 e^-	⇌	Ca (s)	−2,87
Na^+ (aq)	+ e^-	⇌	Na (s)	−2,71
Mg^{2+}(aq)	+ 2 e^-	⇌	Mg (s)	−2,36
Al^{3+} (aq)	+ 3 e^-	⇌	Al (s)	−1,66
Mn^{2+} (aq)	+ 2 e^-	⇌	Mn (s)	−1,18
2 H_2O (l)	+ 2 e^-	⇌	H_2 (g) + 2 OH^- (aq)	−0,83
Zn^{2+} (aq)	+ 2 e^-	⇌	Zn (s)	−0,76

oxidierte Form		reduzierte Form	$\frac{E_0}{V}$
Cr^{3+} (aq) + 3 e^-	⇌	Cr (s)	−0,74
S (s) + 2 e^-	⇌	S^{2-} (aq)	−0,48
Fe^{2+} (aq) + 2 e^-	⇌	Fe (s)	−0,44
Cr^{3+} (aq) + e^-	⇌	Cr^{2+} (aq)	−0,41
Cd^{2+} (aq) + 2 e^-	⇌	Cd (s)	−0,40
Co^{2+} (aq) + 2 e^-	⇌	Co (s)	−0,28
Ni^{2+} (aq) + 2 e^-	⇌	Ni (s)	−0,25
Sn^{2+} (aq) + 2 e^-	⇌	Sn (s)	−0,14
Pb^{2+} (aq) + 2 e^-	⇌	Pb (s)	−0,13
2 H^+ (aq) + 2 e^-	⇌	H_2 (s)	0,00
Cu^{2+} (aq) + e^-	⇌	Cu^+ (aq)	0,17
Cu^{2+} (aq) + 2 e^-	⇌	Cu (s)	0,35
O_2 (g) + 2 H_2O (l) + 4 e^-	⇌	4 OH^- (aq)	0,40
I_2 (aq) + 2 e^-	⇌	2 I^- (aq)	0,62
Fe^{3+} (aq) + e^-	⇌	Fe^{2+} (aq)	0,77
Ag^+ (aq) + e^-	⇌	Ag (s)	0,80
Hg^{2+} (aq) + 2 e^-	⇌	Hg (l)	0,85
NO_3^- (aq) + 4 H^+ (aq) + 3 e^-	⇌	NO (g) + 2 H_2O (l)	0,96
Br_2 (l) + 2 e^-	⇌	2 Br^- (aq)	1,07
Pt^{2+} (aq) + 2 e^-	⇌	Pt (s)	1,20
O_2 (g) + 4 H^+ (aq) + 4 e^-	⇌	2 H_2O (l)	1,23
MnO_2 (s) + 4 H^+ (aq) + 2 e^-	⇌	Mn^{2+} (aq) + 2 H_2O (l)	1,23
$Cr_2O_7^{2-}$ (aq) + 14 H^+ (aq) + 6 e^-	⇌	2 Cr^{3+} (aq) + 7 H_2O (l)	1,33
$C\ell_2$ (g) + 2 e^-	⇌	2 $C\ell^-$ (aq)	1,36
PbO_2 (s) + 4 H^+ (aq) + 2 e^-	⇌	Pb^{2+} (aq) + 2 H_2O (l)	1,43
MnO_4^- (aq) + 8 H^+ (aq) + 5 e^-	⇌	Mn^{2+} (aq) + 4 H_2O (l)	1,51
Au^+ (aq) + e^-	⇌	Au (s)	1,68
H_2O_2 (aq) + 2 H^+ (aq) + 2 e^-	⇌	2 H_2O (l)	1,77
$S_2O_8^{2-}$ (aq) + 2 e^-	⇌	2 SO_4^{2-} (aq)	2,01
F_2 (g) + 2 e^-	⇌	2 F^- (aq)	2,85

INSIDER-TIPP

- **Immer genau kontrollieren, welches Element oxidiert bzw. reduziert wird. Das wird gerne verwechselt.**
- **Spannungsreihen sind immer angegeben, man muss sie auswerten und anwenden können.**

Die Konzentrationsabhängigkeit des Redoxpotentiales

Befinden sich zwei Halbzellen nicht im Standardzustand, so muss man zur Bestimmung der Leerlaufspannung die Potentiale der Reaktionspartner mithilfe der **Nernst'schen Gleichung** neu berechnen. Für eine allgemeine Gleichung gilt: Red $\rightleftharpoons$ Ox + n e$^-$

$$E_{Ox/Red} = E_{0\ Ox/Red} + \frac{R \cdot T}{n \cdot F} \cdot \ln \frac{c_{(Ox)}}{c_{(Red)}}$$

$c_{(Ox)}$ = Konzentration des Oxidationsmittels;
$c_{(Red)}$ = Konzentration des Reduktionsmittels
Reaktionsteilnehmer in festem Aggregatzustand: c = konst. = 1
R = universelle Gaskonstante = 8,314 J/K mol; T = Temperatur in K
n = Zahl der pro Formelumsatz ausgetauschten Elektronen
F = Faraday-Konstante = 96500 C/mol
E_0 = Normalpotential (aus Spannungsreihe ablesbar)
E = Potential des Redoxpaares unter neuen Bedingungen

Für eine Metall-Halbzelle bei 25 °C gilt daher:

$$E = E_0 + 0{,}059\,V/n \cdot \lg \frac{c_{(Ox)}}{c_{(Red)}}$$

BEISPIEL 2 ▪ Daniell-Element

$$\overset{+II}{Cu^{2+}} + \overset{0}{Zn} \rightleftharpoons \overset{0}{Cu} + \overset{+II}{Zn^{2+}}$$

$$E_{Cu/Cu^{2+}} = E_{0\ Cu/Cu2+} + \frac{0{,}059\,V}{2} \cdot \lg \frac{c_{(Cu^{2+})}}{c_{(Cu)}}$$

$$E_{Cu/Cu^{2+}} = 0{,}35\,V + \frac{0{,}059\,V}{2} \cdot \lg \frac{c_{(Cu^{2+})}}{c_{(Cu)}}$$

$$E_{Zn/Zn^{2+}} = E_{0\ Zn/Zn2+} + \frac{0{,}059\,V}{2} \cdot \lg \frac{c_{(Zn^{2+})}}{c_{(Zn)}}$$

$$E_{Zn/Zn^{2+}} = -0{,}76\,V + \frac{0{,}059\,V}{2} \cdot \lg \frac{c_{(Zn^{2+})}}{c_{(Zn)}}$$

$$\Delta E = E_{Cu/Cu^{2+}} - E_{Zn/Zn^{2+}}$$

- **Fall 1:** Standardbedingungen
  $c_{Cu^{2+}} = c_{Zn^{2+}} = 1\ mol/\ell$
  $\Delta E = E_{0\ Cu/Cu^{2+}} - E_{0\ Zn/Zn^{2+}} = 0{,}35\,V - (-0{,}76\,V) = 1{,}1\,V$
- **Fall 2:** Verschiedene Konzentrationen
  $c_{Cu^{2+}} = 0{,}1\ mol/\ell,\ c_{Zn^{2+}} = 1\ mol/\ell$
  $$E_{Cu/Cu^{2+}} = 0{,}35\,V + \frac{0{,}059\,V}{2} \cdot \lg 10^{-1} = 0{,}35\,V - 0{,}0295\,V = 0{,}32\,V$$
  $$E_{Zn/Zn^{2+}} = -0{,}76\,V + \frac{0{,}059\,V}{2} \cdot \lg 1 = -0{,}76\,V + 0\,V = -0{,}76\,V$$
  $\Delta E = E_{0\ Cu/Cu^{2+}} - E_{0\ Zn/Zn^{2+}} = 0{,}32\,V - (-0{,}76\,V) = 1{,}08\,V$

Elektrochemische Stromerzeugung

Batterien

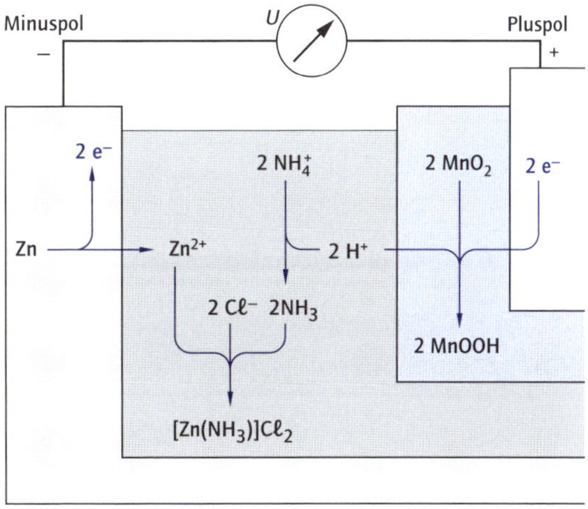

Batterien oder Primärelemente liefern eine begrenzte Zeit lang Strom. Die Elektroden altern bei den Entladungsvorgängen und sind irgendwann unbrauchbar.

Bei der **Leclanché**-Batterie (entwickelt um 1865 von G. **Leclanché**) stellt ein Zinkbecher den Minus-Pol dar. Er ist zum Schutz mit Stahl ummantelt. Als Plus-Pol fungiert ein Graphitstab, der in ein Gemisch aus Graphitpulver und Braunstein (MnO_2) eintaucht. Als Elektrolyt dient eine eingedickte Ammoniumchlorid-Lösung. Am Minus-Pol wird Zink zu Zink-Ionen oxidiert. Diese Zink-Ionen werden durch die im Elektrolyt aus Ammonium-Ionen gebildeten Ammoniak-Moleküle als Diaminzink-Ionen fixiert. Mit Chlorid-Ionen bilden sie einen schwerlöslichen Niederschlag. Dieser lagert sich an den Elektroden an und führt zur Alterung der Batterie. Am Plus-Pol wird Braunstein reduziert. Die Batterie kann eine Ruhespannung von 1,5 V liefern und ist jedem z. B. als Taschenlampenbatterie bekannt.

Die **Alkali/Mangan-Batterie** ist eine Weiterentwicklung des Leclanché-Elements. Sie hat als Minus-Pol eine Zinkpulver-Paste mit einer größeren Ober-

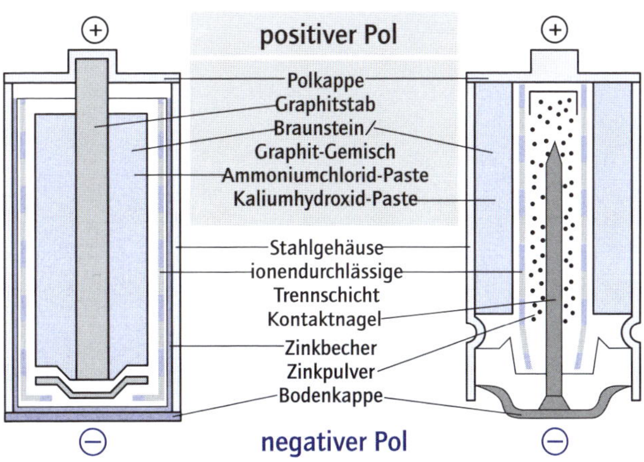

Leclanché- und Alkali/Mangan-Batterie

fläche als der Zinkbecher. Elektrolyt ist eine Kaliumhydroxid-Lösung. So bilden die Zink-Ionen lösliche Hydroxozinkat-Ionen und es entsteht kein Niederschlag auf den Elektroden. Die Spannung von 1,5 V kann länger erhalten bleiben.

Akkumulatoren

Akkumulatoren oder Sekundärelemente können im Gegensatz zu Batterien sehr oft wieder aufgeladen werden. Der **Blei-Akkumulator** besteht im geladenen Zustand aus einer Blei- und einer Bleioxid-Elektrode pro Zelle. Als Elektrolyt fungiert 20%ige Schwefelsäure. Jede der hintereinandergeschalteten Zellen kann eine Spannung von 2 V liefern. Verbindet man sechs Zellen miteinander, so erhält man die Autobatterie, die 12 V liefert.

Beim Entladen laufen folgende Reaktionen ab:

- Minus-Pol: $Pb \rightarrow Pb^{2+}(aq) + 2\,e^-$
- Plus-Pol: $PbO_2 + 4\,H_3O^+ + 2\,e^- \rightarrow Pb^{2+} + 6\,H_2O$
- Gesamtreaktion: $Pb + PbO_2 + 4\,H_3O^+ \rightarrow 2\,Pb^{2+} + 6\,H_2O$

Durch Umkehren der Reaktionen kann der Akku wieder geladen werden. Durch Stromzufuhr entstehen aus den Blei-Ionen wieder Bleioxid und elementares Blei.

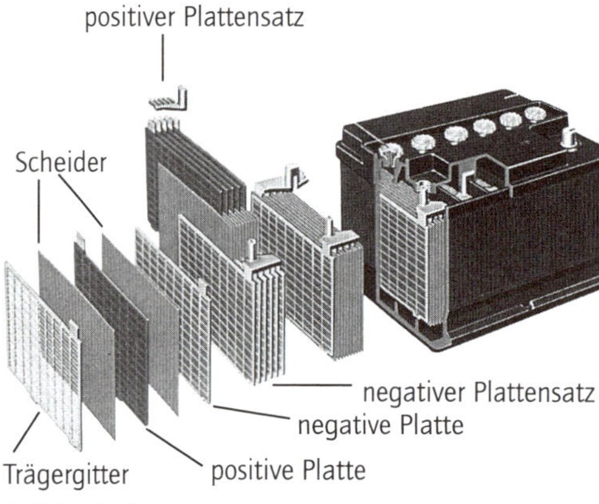

Autobatterie

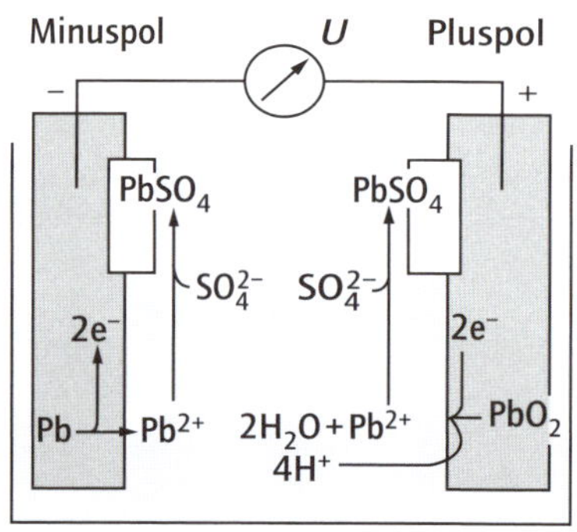

Entladen eines Blei-Akkumulators

Brennstoffzellen

Brennstoffzellen liefern nur dann Strom, wenn die Brennstoffe, die in einer Verbrennungsreaktion Energie liefern, kontinuierlich zugeführt werden. Die **Knallgaszelle** ist eine Wasserstoff/Sauerstoff-Brennstoffzelle.

Die exotherme Reaktion der beiden Elemente bei der Bildung von Wasser wird zur Stromerzeugung genutzt. Mit Kalilauge als Elektrolyt werden die beiden Reaktionspartner in zwei Zellen getrennt. Die Gase umspülen dabei z. B. Nickeldrahtnetze, die dann als Elektroden fungieren. Folgende Reaktionen laufen ab:

- Minus-Pol: $2\,H_2 + 4\,OH^- \rightarrow 4\,H_2O + 4\,e^-$
- Plus-Pol: $O_2 + 2\,H_2O + 4\,e^- \rightarrow 4\,OH^-$
- Gesamtreaktion: $2\,H_2 + O_2 \rightarrow 2\,H_2O$

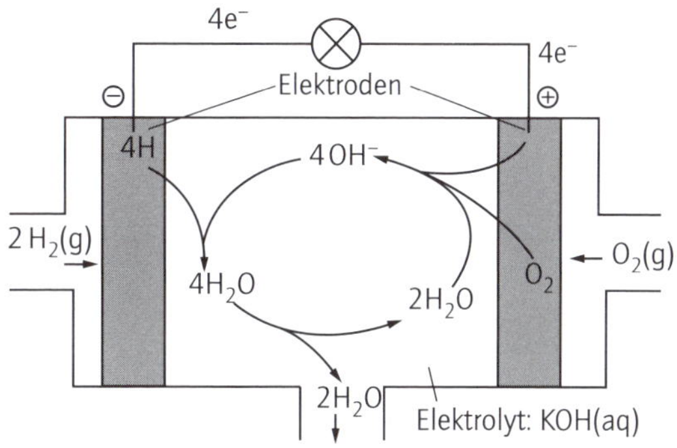

Solche Brennstoffzellen liefern Wasser als Endprodukt und können ohne Aufladen ständig betrieben werden. Sie gelten als die Stromerzeuger der Zukunft.

ÜBERSICHT ▪ Gebräuchliche Batterien und Akkumulatoren

Typ	Zink/ Kohle	Alkali/ Mangan	„Mercury"	„Lithium"	Bleiakku	Nickel/ Cadmium
Spannung	1,5 V	1,5 V	1,4 V	3 V	2 V	1,2 V
Minus-Pol	Zink	Zink	Zink	Lithium	Blei	Cadmium
Plus-Pol	Braunstein	Braunstein	Quecksilberoxid	Braunstein	Bleioxid	Nickelhydroxid
Elektrolyt	Ammoniumchlorid	Kalilauge	Kalilauge	Lithiumperchlorat	Schwefelsäure	Kalilauge
Merkmale	auslaufsicher, preiswert	haltbar, auslaufsicher, hohe Leistung, teuer	langfristig konstante Spannung, langlebig, umweltbelastend	sehr langlebig, geringe Umweltbelastung, teuer	hoch belastbar, selbstentladend, schwer	sehr oft wieder aufladbar, geringe Selbstentladung
Einsatz	Taschenlampen	Elektrogeräte	Hörgeräte Uhren Fotoapparat	Herzschrittmacher	Kfz-Bereich	statt Einwegbatterien
Handelsform	verschiedene Größen	verschiedene Größen	Knopf- und Rundzellen		verschiedene Formen	verschiedene Größen

Elektrolyse

Elektrolysezellen stellen die Umkehr eines galvanischen Elements dar. Durch eine dazugeschaltete Stromquelle wird die Reaktion zwischen den Halbzellen umgekehrt. Elektrolysen sind also **erzwungene Redoxreaktionen**. Einige Begriffe müssen daher neu zugeordnet werden: Die **Anode**, an der immer die **Oxidation** stattfindet, ist bei der Elektrolyse der **positive Pol** – zu ihm wandern die **Anionen**; die **Kathode**, an der immer die **Reduktion** stattfindet, ist bei der Elektrolyse der **negative Pol** – zu ihm wandern die **Kationen**.

Wenn man die Elektrolyse **quantitativ** betrachten möchte, so muss man die **Faraday**-Gesetze anwenden. **Faraday** (1791 – 1867) hat einen Zusammenhang zwischen der **Elektrizitätsmenge** und der bei der Elektrolyse **abgeschiedenen Stoffmenge** hergestellt, z. B.:

Cu^{2+} +	$2\,e^-$	$\rightarrow$	Cu
1 mol Cu^{2+}	2 mol e^-	1 mol Cu = 63,55 g Cu	

Dabei entspricht 1 mol e^- einem Faraday [F]. Um 1 mol Kupfer aus Kupfersulfat-Lösung zu erhalten, sind also 2 F nötig.
Die benötigte **Elektrizitätsmenge** Q berechnet sich aus der Zeit und der Stromstärke und trägt die Einheit **Coulomb** [C]: $Q = I \cdot t$ [As] = [C]

MERKE ▪ Faraday-Gesetze

1. Faraday-Gesetz: **Die elektrolytisch abgeschiedenen Stoffmengen sind der durch den Elektrolyten geflossenen Ladung(smenge) proportional.**
   $Q \sim n$ **bzw.** $I \cdot t \sim n$
   Das heißt, dass in der doppelten Zeit oder bei doppelter Strommenge die doppelte Ladung fließt.
2. Faraday-Gesetz: **Zur elektrolytischen Abscheidung von 1 mol Teilchen eines Stoffes ist die Ladung $Q = 1\ \text{mol} \cdot z \cdot F$ erforderlich, wobei z der Ionenladung entspricht und F die Faraday-Konstante (96487 C/mol) darstellt.**

Allgemein gilt: $n = \frac{I \cdot t}{z \cdot F} = \frac{Q}{z \cdot F}$

ZUR VERTIEFUNG ▪ Technische Anwendung der Elektrolyse

Herstellung von Aluminium aus Bauxit ($Al_2O_3 \cdot H_2O$ bzw. $AlO(OH)$)

Nach Umwandlung von Bauxit zu Aluminiumoxid (Al_2O_3) wird dieses unter Zusatz von Kryolith (Na_3AlF_6) zur Schmelzpunktserniedrigung [von 2045 °C (reines Aluminium) auf ca. 1000 °C (im bestimmten Gemisch mit Kryolith)] in einer als Kathode dienenden, mit Kohle ausgekleideten Eisenwanne erhitzt. In die Schmelze tauchen Graphitblöcke, die als Anode fungieren.

Während der Schmelzflusselektrolyse wird an der Kathode Aluminium reduziert (negativer Pol). An den Anodeblöcken wird Kohlenstoff oxidiert und mit den Oxid-Ionen zu Kohlenstoffdioxid.

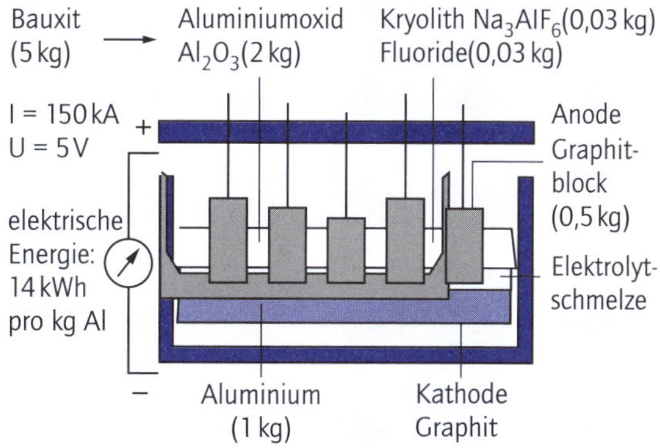

Kathode:	$4\,Al^{3+} + 12\,e^-$	$\rightarrow$	$4\,Al$
Anode:	$3\,C + 6\,O^{2-}$	$\rightarrow$	$3\,CO_2 + 12\,e^-$
Gesamtreaktion:	$2\,Al_2O_3\,(s) + 3\,C\,(s)$	$\rightarrow$	$4\,Al\,(s) + 3\,CO_2\,(g)$;
			$\Delta_R H_m^0 = 2160\,kJ \cdot mol^{-1}$

CHECKLISTE

5 Oxidation und Reduktion

- Bei einer Oxidation werden Elektronen abgegeben, bei einer Reduktion werden Elektronen aufgenommen. Beide Reaktionen sind immer gekoppelt zu einer Redoxreaktion.
- Oxidationszahlen sind fiktive Größen, die das Aufstellen einer Redoxgleichung erleichtern.
- Korrespondierende Redoxpaare werden nach ihrem Reduktionsvermögen und ihrem Redoxpotential in einer Spannungsreihe angeordnet.
- Galvanische Elemente liefern Strom. Der Plus-Pol ist die Kathode, der Minus-Pol die Anode. An der Anode findet immer die Oxidation statt.
- Bei der Elektrolyse wird durch Stromzufuhr eine Redoxreaktion erzwungen. Der Plus-Pol ist jetzt die Anode, der Minus-Pol die Kathode.

6 Säuren und Basen

Ursprünglich galt, dass alles, was sauer schmeckt, eine Säure ist. Seifige Stoffe nannte man Basen, in Lösung Laugen. Im 17. Jahrhundert entdeckte Glauber, dass Säuren und Basen gegensätzlich wirken und zusammen Salze bilden. Lavoisier stellte mehr als 100 Jahre später fest, dass Nichtmetalloxide in Wasser Säuren bilden. Seither werden Säuren als Verbindungen mit wenigstens einem ersetzbaren Wasserstoff-Atom definiert. Basen entstehen bei Reaktionen von Metalloxiden mit Wasser. Sie können Protonen aufnehmen.

6.1 Definition

Brönsted stellte die heute gültige Säure-Base-Definition im Jahre 1923 auf.

> **MERKE ▪ Säure-Base-Definition nach Brönstedt**
>
> **Säuren sind Protonendonatoren, sie besitzen mindestens ein Wasserstoff-Atom, das abgegeben werden kann, wobei es sein Elektron zurücklässt. Diese Reaktion nennt man Protolyse. Mit Wasser als Protonenakzeptor bilden Säuren Oxonium-Ionen (H_3O^+).**
>
> **Allgemeine Gleichung: $HA + H_2O \rightleftharpoons H_3O^+ + A^-$**
>
> **Basen sind Protonenakzeptoren, sie besitzen ein freies Elektronenpaar, das eine Atombindung zu einem freien Proton eingehen kann. Mit Wasser als Protonendonator bilden Basen Hydroxid-Ionen (OH^-).**
>
> **Allgemeine Gleichung: $B + H_2O \rightleftharpoons HB^+ + OH^-$**
>
> **Teilchen, die sowohl als Säuren als auch als Basen reagieren können nennt man Ampholyte (Beispiel: H_2O, NH_3, $H_2PO_4^-$)**

Bei einer Säure-Base-Reaktion findet immer ein **Protonenübergang** statt. Sind die Säuren und Basen schwach, das heißt nicht vollständig dissoziiert, so handelt es sich dabei um **Gleichgewichtsreaktionen**. Die Säure wird dabei durch Protonenabgabe zur Base, die Base wird durch Protonenaufnahme zur Säure. Dies bezeichnet man als **korrespondierendes Säure-Base-Paar**.

Ein Beispiel für eine Säure-Base-Reaktion ist die Bildung von Nitrat- und Oxonium-Ionen, wenn Salpetersäure mit Wasser reagiert:

$$HNO_3 + H_2O \rightarrow NO_3^- + H_3O^+$$

Säure 1 Base 2 Base 1 Säure 2

korrespondierendes Säure-Base-Paar 1

korrespondierendes Säure-Base-Paar 2

Wenn die Säure und die reagierende Base stark, das heißt vollständig dissoziiert sind, so bildet sich in einer **Neutralisationsreaktion** ein Salz und Wasser. Voraussetzung ist, dass die Stoffmengen von Säure und Base gleich sind, bzw. bei mehrprotonigen Säuren die entsprechende Stoffmenge an Base vorhanden ist. Ein Beispiel dafür ist die Bildung von Natriumchlorid bzw. hydratisierten Natrium- und Chlorid-Ionen aus Salzsäure und Natriumhydroxid.

$$HC\ell + NaOH \rightarrow Na^+(aq) + C\ell^-(aq) + H_2O$$

Neutralisationsreaktionen nützt man in der **quantitativen Analyse** zur Bestimmung der Konzentration von Säuren oder Basen. Dazu **titriert** man z. B. eine saure Lösung unbekannter Konzentration mit einer alkalischen Maßlösung, von der die Konzentration der Base bekannt ist, bis zum Indikatorumschlag (→ Analysemethoden).

6.2 Der pH-Wert

Die Messgröße zur Bestimmung saurer oder alkalischer Lösungen ist der **pH-Wert**. Um die Definition für den pH-Wert herzuleiten, betrachtet man zuerst die **Autoprotolyse** des Wassers. Ampholytische Wassermoleküle können untereinander als Säure und Base reagieren.

$$H_2O + H_2O \rightleftharpoons H_3O^+ + OH^-$$

Das Gleichgewicht liegt dabei weit auf der linken Seite. Nach Anwendung des **Massenwirkungsgesetzes** (→ Seite 42) und unter der Voraussetzung, dass die Konzentration von Wasser sehr hoch ist und deshalb als konstant angesehen werden kann, erhält man den Ausdruck für das **Ionenprodukt des Wassers**.

$$K_W = c_{(H_3O^+)} \cdot c_{(OH^-)} = 10^{-14}\ mol^2/\ell^2$$

In neutralen Lösungen sind die Konzentrationen von Oxonium-Ionen und Hydroxid-Ionen gleich groß. In sauren Lösungen ist die Konzentration der Oxonium-Ionen größer als die der Hydroxid-Ionen. In alkalischen Lösungen überwiegen die Hydroxid-Ionen.

Um mit einfacheren Zahlenwerten als den Ionenkonzentrationen zu arbeiten, schlug **Sörensen** 1909 vor, eine neue Größe einzuführen. Dazu bildete er den **negativen dekadischen Logarithmus des Zahlenwertes der Oxonium-Ionen-Konzentration** und nannte diese Größe **pH-Wert** (*potentia hydrogenii:* Kraft des Wasserstoffs).

$$pH = -\lg c_{(H_3O^+)}$$

Die pH-Skala reicht von 0 bis 14. Eine neutrale Lösung hat einen pH-Wert von 7. Ist der pH-Wert kleiner als 7, so ist die Lösung sauer, ist er größer als 7, so reagiert die Lösung alkalisch.

Betrachtet man die Konzentration der Hydroxid-Ionen, so erhält man entsprechend den **pOH-Wert**. Die **Summe aus pOH-Wert und pH-Wert ist dabei der pK_W-Wert**. Für das Ionenprodukt des Wassers gilt demnach:

$$pH + pOH = pK_W = 14$$

$c\,(H_3O^+)$	1	10^{-1}	10^{-2}	10^{-3}	10^{-4}	10^{-5}	10^{-6}	10^{-7}	10^{-8}	10^{-9}	10^{-10}	10^{-11}	10^{-12}	10^{-13}	10^{-14}
$c\,(OH^-)$	10^{-14}	10^{-13}	10^{-12}	10^{-11}	10^{-10}	10^{-9}	10^{-8}	10^{-7}	10^{-6}	10^{-5}	10^{-4}	10^{-3}	10^{-2}	10^{-1}	1
pH	0	1	2	3	4	5	6	7	8	9	10	11	12	13	14
	stark sauer				schwach sauer			neutral	schwach basisch			stark basisch			

← Konzentration der H_3O^+-Ionen nimmt zu, pH-Wert wird kleiner

→ Konzentration der OH^--Ionen nimmt zu, pH-Wert wird größer

6.3 Stärke von Säuren und Basen

Starke **Säuren und Basen** liegen dann vor, wenn sie in verdünnter Lösung **vollständig dissoziiert** sind. Daher gilt in diesem Fall für die Berechnung des pH-Wertes: Die Ausgangskonzentration der Säure entspricht der Konzentration der Oxonium-Ionen. Entsprechendes gilt bei der pOH-Wert-Berechnung für die Basen- und Hydroxid-Ionen-Konzentration.

$pH = -\lg c_{(H_3O^+)}$ $\quad c_{(H_3O^+)} = c_{(Säure)}$

$pOH = -\lg c_{(OH^-)}$ $\quad c_{(OH^-)} = c_{(Base)}$

BEISPIEL 1 ▪ Der pH-Wert einer Lösung von HCℓ mit der Konzentration 10^{-2} mol/ℓ beträgt: $pH = -\lg c_{HCℓ} = -\lg 10^{-2} = 2$.

Schwache Säuren und Basen zeichnen sich dadurch aus, dass sie **nicht vollständig dissoziieren**, sondern sich in einem **dynamischen Gleichgewicht** befinden. Es liegen also immer sowohl Säure (Base) als auch Oxonium-Ionen (Hydroxid-Ionen) vor. Um in diesem Fall den pH-Wert (pOH-Wert) zu berechnen, muss man das **Massenwirkungsgesetz** (→ Seite 42) anwenden.

MERKE ▪ Man erhält dann den Ausdruck für die Säure- bzw. Basenkonstante K_S bzw. K_B.

$$K_S = \frac{c_{(H_3O^+)} \cdot c_{(A^-)}}{c_{(HA)}} \qquad K_B = \frac{c_{(HB^+)} \cdot c_{(OH^-)}}{c_{(B)}}$$

Zur Vereinfachung der Werte nimmt man den negativen dekadischen Logarithmus und erhält den pK_S- bzw. pK_B-Wert.

Es gilt dabei: $pK_S + pK_B = pK_W = 14$

Nun lässt sich anhand folgender Formeln der pH- bzw. pOH-Wert berechnen. $pH = \frac{1}{2}(pK_S - \lg c_{(Säure)})$

$$pOH = \frac{1}{2}(pK_B - \lg c_{(Base)})$$

BEISPIEL 2 ▪ Der pH-Wert einer Lösung von Blausäure HCN ($pK_S = 9{,}4$) mit der Konzentration 0,1 mol/ℓ beträgt:

$$pH = \frac{1}{2}(9{,}4 + 1) = 5{,}2.$$

Dabei gilt, dass zu schwachen Säuren immer starke korrespondierende Basen gehören und umgekehrt. Ab einem pK_S- bzw. pK_B-Wert größer als vier rechnet man mit der Formel für schwache Säuren bzw. Basen.

INSIDER-TIPP

- **In der Praxis ist es wichtig, den pH-Wert bestimmen zu können, denn viele Reaktionen verlaufen bei verschiedenen pH-Werten unterschiedlich. Manche Partner reagieren nur bei einem bestimmten pH-Wert.**
- **Im Abitur sind Säure-Base-Reaktionen oft in der Aufgabe „versteckt" (z. B. in der organischen Chemie). Deshalb ist es wichtig, eine solche Reaktion am Protonenübergang erkennen zu können.**

$HClO_4$	⇌	$ClO_4^- + H^+$
HCl	⇌	$Cl^- + H^+$
H_2SO_4	⇌	$HSO_4^- + H^+$
HNO_3	⇌	$NO_3^- + H^+$
$HClO_3$	⇌	$ClO_3^- + H^+$
H_3O^+	⇌	$H_2O + H^+$
H_2SO_3	⇌	$HSO_3^- + H^+$
H_3PO_4	⇌	$H_2PO_4^- + H^+$
$[Fe(H_2O)_6]^{3+}$	⇌	$[Fe(H_2O)_5(OH)]^{2+} + H^+$
HF	⇌	$F^- + H^+$
CH_3COOH	⇌	$CH_3COO^- + H^+$
H_2CO_3	⇌	$HCO_3^- + H^+$
H_2S	⇌	$HS^- + H^+$
HSO_3^-	⇌	$SO_3^{2-} + H^+$
$H_2PO_4^-$	⇌	$HPO_4^{2-} + H^+$
$HClO$	⇌	$ClO^- + H^+$
NH_4^+	⇌	$NH_3 + H^+$
HCO_3^-	⇌	$CO_3^{2-} + H^+$
HPO^{2-}_4	⇌	$PO_4^{3-} + H^+$
HS^-	⇌	$S^{2-} + H^+$
H_2O	⇌	$OH^- + H^+$
OH^-	⇌	$O_2 + H^+$

Säure-Base-Reihe: Die Stärke der Säuren nimmt von oben nach unten ab, die Stärke der korrespondierenden Basen nimmt von oben nach unten zu.

$HA(aq) \rightleftharpoons H^+(aq) + A^-(aq)$		**pKs**
Oxalsäure	$(COOH)_2$	1,1
Schweflige Säure	$SO_2 + H_2O$	1,8
Hydrogensulfat-Ion	HSO_4^-	1,8
Phosphorsäure	H_3PO_4	2,0
Fluorwasserstoff	HF	3,05
Salpetrige Säure	HNO_2	3,2
Ameisensäure	$HCOOH$	3,65
Essigsäure	CH_3COOH	4,65
Kohlensäure	$CO_2 + H_2O$	6,3
Schwefelwasserstoff	H_2S	6,9
Hydrogensulfit-Ion	HSO_3^-	6,9
Dihydrogen-phosphat-Ion	$H_2PO_4^-$	6,9
Borsäure	H_3BO_3	9,1
Ammonium-Ion	NH_4^+	9,37
Cyanwasserstoff	HCN	9,21
Hydrogen-carbonat-Ion	HCO_3^-	10,1
Hydrogen-phosphat-Ion	HPO_4^{2-}	11,7
Hydrogensulfid-Ion	HS^-	12,6

pK_S-Werte einiger Säuren bei 25 °C

6.4 Indikatoren

Um den pH-Wert einer Lösung zu erkennen bzw. um halbquantitativ zu bestimmen, ob eine saure, alkalische oder neutrale Lösung vorliegt, verwendet man **Indikatoren** (lat.: *indicare* = anzeigen). Der Indikator reagiert als Säure oder Base und ändert dabei seine Farbe.

$$\text{H-Ind} + H_2O \rightleftharpoons H_3O^+ + \text{Ind}^-$$

$$K_{S(\text{H-Ind})} = \frac{c_{(H_3O^+)} \cdot c_{(\text{Ind}^-)}}{c_{(\text{H-Ind})}}$$

Für den Umschlagsbereich eines Indikators gilt dabei:

$$pH = pK_{S(H\text{-}Ind)} +/- 1$$

ÜBERBLICK ▪ Farben und Umschlagsbereiche einiger Indikatoren

Indikator	Umschlagsbereich pH	Farbe Indikatorsäure	Farbe Indikatorbase
Thymolblau	1,2 – 2,8	rot	gelb
Methylorange	3,1 – 4,4	rot	gelb-orange
Kongorot	3,0 – 5,2	blau	rot
Methylrot	4,4 – 6,2	rot	gelb
Lackmus	5,0 – 8,0	rot	blau
Phenolphthalein	8,0 – 9,8	farblos	rot-violett
Thymolphthalein	9,3 – 10,6	farblos	blau

6.5 Puffersysteme

Der pH-Wert einer **Pufferlösung** bleibt bei Zugabe von Säuren oder Basen konstant. Puffersysteme bestehen immer aus einer **schwachen Säure (oder Base) und ihrer korrespondierenden Base (bzw. Säure)**. Jede Pufferlösung kann je nach der Stärke der gewählten Säure oder Base in einem ganz bestimmten pH-Bereich (**Pufferbereich**) wirken. Ein Beispiel für ein häufig angewendetes Puffersystem ist der Essigsäure/Acetat-Puffer (CH_3COOH/CH_3COO^-). Bei Säurezusatz wird das Acetat-Ion protoniert und fängt die Oxonium-Ionen ab. Bei Basenzugabe deprotoniert die Essigsäure und neutralisiert das Hydroxid-Ion.

Säurezusatz: $H_3O^+ + CH_3COO^- \rightleftharpoons CH_3COOH + H_2O$

Basenzusatz: $CH_3COOH + OH^- \rightleftharpoons CH_3COO^- + H_2O$

Stellt man eine Lösung mit äquimolaren Mengen dieser Säure und ihres Salzes her, so erhält man eine Pufferlösung mit dem pH-Wert 4,56. Der pH-Wert entspricht dem pK_S-Wert der Essigsäure. Der Pufferbereich reicht von je einer pH-Einheit über bis zu einer pH-Einheit unter diesem Wert. Bei einem **äquimolaren Mischungsverhältnis** von Säure und Salz wird diese **maximale Pufferkapazität** erreicht. Zur Berechnung zieht man die **Henderson-Hasselbalch-**Gleichung heran:

$$pH = pK_S + \lg \frac{c_{(Salz)}}{c_{(Säure)}}$$

Man erkennt, dass der pH gleich dem pK_S-Wert wird, wenn die Konzentrationen von Salz und Säure gleich groß sind.

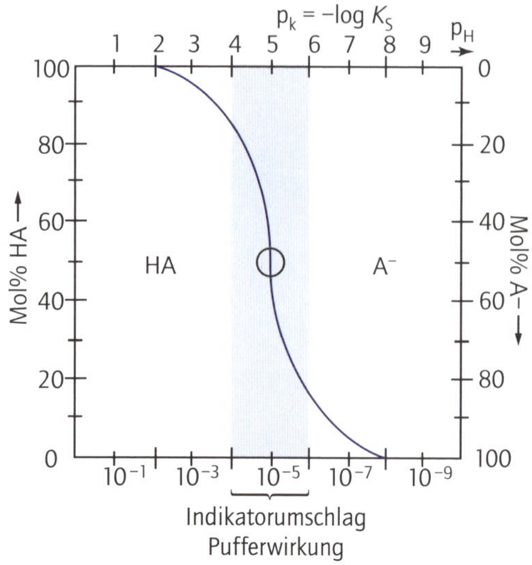

Allgemeine Pufferungskurve für $K_S = 10^{-5}$

Wichtige Säuren und Basen und ihre Ionen

Name der Säure		Name der korrespondieren Base	
Molekülformel	**Strukturformel**	**Molekülformel**	**Strukturformel**
Salzsäure HCl	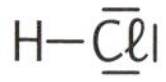	Chlorid-Ion Cl^-	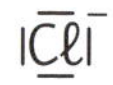
Salpetersäure HNO_3	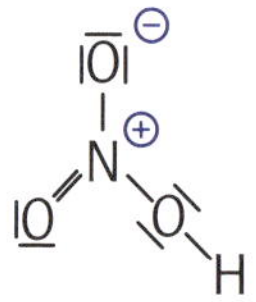	Nitrat-Ion NO_3^-	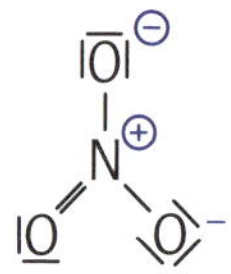
Salpetrige Säure HNO_2	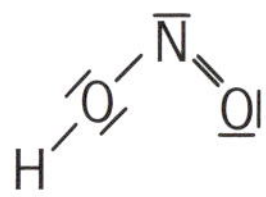	Nitrit-Ion NO_2^-	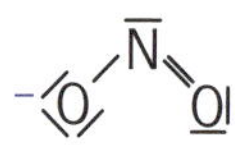
Schwefelsäure H_2SO_4	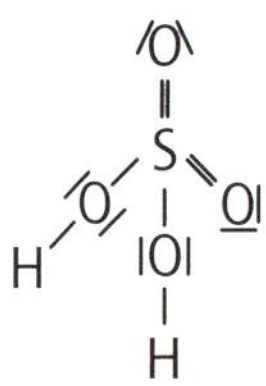	Hydrogensulfat-Ion HSO_4^-	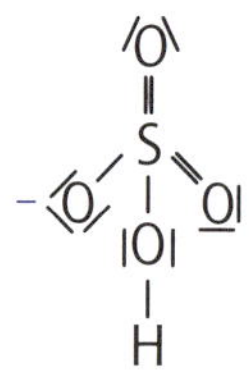
		Sulfat-Ion SO_4^{2-}	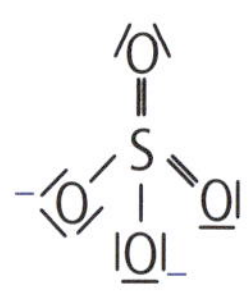

Schwefelige Säure H_2SO_3	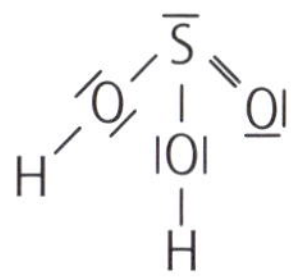	Hydrogensulfit-Ion HSO_3^-	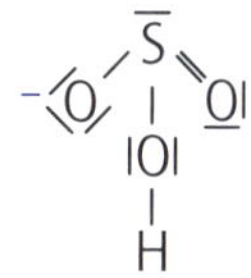
		Sulfit-Ion SO_3^{2-}	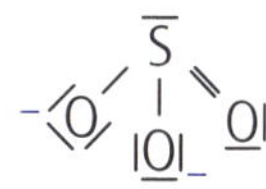
Kohlensäure H_2CO_3	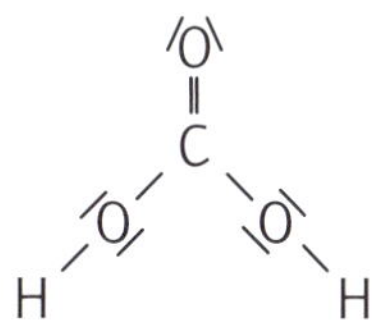	Hydrogencarbonat-Ion HCO_3^-	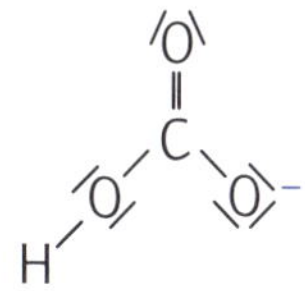
		Car onat-Ion CO_3^{2-}	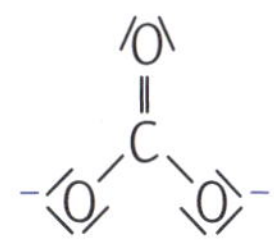
Phosphorsäure H_3PO_4	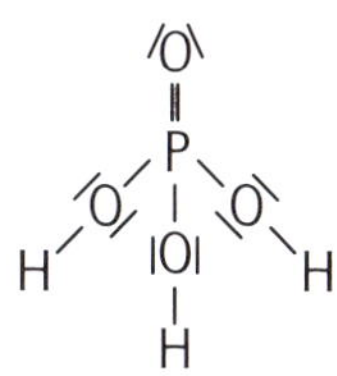	Dihydrogenphosphat-Ion $H_2PO_4^-$	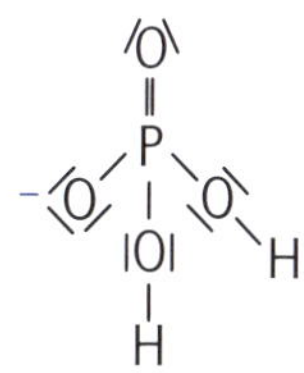
		Hydrogenphosphat-Ion HPO_4^{2-}	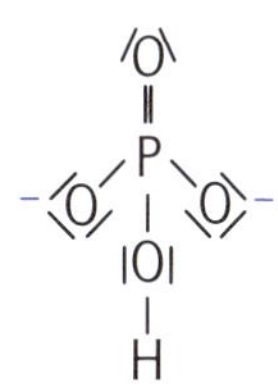
		Phosphat-Ion PO_4^{3-}	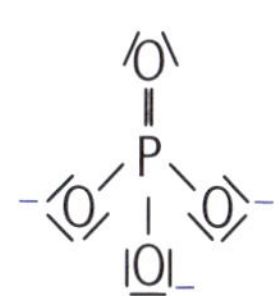

Name der Base		Name der korrespondieren Säure	
Molekülformel	**Strukturformel**	**Molekülformel**	**Strukturformel**
Natriumhydroxid $NaOH$	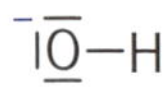	Wasser H_2O	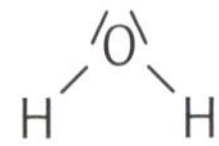
Kaliumhydroxid KOH	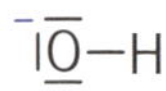		
Barytwasser $Ba(OH)_2$	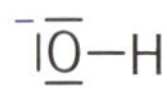		
Kalkwasser $Ca(OH)_2$	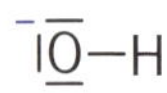		
Ammoniak NH_3	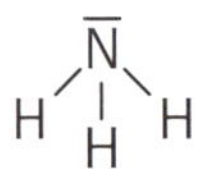	Ammonium-Ion NH_4^+	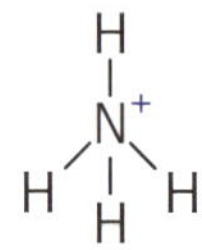

CHECKLISTE

6 Säuren und Basen

- Nach Brönsted sind Säuren Protonendonatoren und Basen Protonenakzeptoren. Teilchen, die beide Reaktionsmöglichkeiten haben, nennt man Ampholyte.
- Bei einer Protolysereaktion entsteht die korrespondierende Säure und Base.
- In einer Neutralisationsreaktion entsteht ein Salz und Wasser.
- Maßeinheit für saure und alkalische Lösungen ist der pH- bzw. der pOH-Wert. Er lässt sich für starke und schwache Säuren bzw. Basen berechnen.
- Indikatoren zeigen saures, neutrales oder alkalisches Milieu an.
- Puffersysteme bestehen aus einer schwachen Säure und ihrer korrespondierenden Base.

7 Komplexchemie

Alfred Werner (1866–1919) erkannte, dass Hydrate und Doppelsalze Verbindungen mit exaktem geometrischem Bau sind. Er schuf durch seine Untersuchungen zum räumlichen Bau der Komplexe Grundlagen für die anorganische Stereochemie.

7.1 Zusammensetzung und Bau von Komplexen

Zusammensetzung und Nomenklatur

Komplexe bestehen immer aus einem **Zentral-Ion**, das von mehreren **Liganden** umgeben ist. Dabei weist das positiv geladenen Zentral-Teilchen einen **Elektronenmangel** auf. Die Liganden besitzen **freie Elektronenpaare** welche sie für die Komplexbindung einsetzen. Die **Komplexbindung** ist also eine Atombindung, bei der das bindende Elektronenpaar nur von einem Bindungspartner beigesteuert wird (→ Kapitel 3).

Bei der Schreibweise und **Nomenklatur** der Komplexe gibt es einige Regeln zu beachten. Zuerst schreibt man das Zentral-Ion, dahinter stehen die Liganden. Das Komplexteilchen wird in eckige Klammern gesetzt und evtl. eine Ladung als Hochzahl hinzugefügt, z. B.: $[Cu(NH_3)_4]^{2+}$ $[CoC\ell_4]^{2-}$

Beim Schreiben der Gegen-Ionen muss man nun zwischen komplexen Kationen und Anionen unterscheiden. Die Gegen-Ionen positiv geladener Komplexe stehen hinter dem Komplexteilchen, die negativ geladener Komplexe davor, z. B.: $[Cu(NH_3)_4]C\ell_2$ oder $Na_2[CoC\ell_4]$.

Zur Benennung verwendet man folgendes Vokabular: Die Anzahl der Liganden wird in griechischen Zahlwörtern angegeben. Negativ geladene Liganden erhalten die Endung „o“, neutrale Liganden erhalten besondere Eigennamen. Das Zentralteilchen in kationischen Komplexen behält seine bekannte Bezeichnung (Eisen, Silber, ...), in anionischen Komplexen wird an den lateinischen Namen die Endung „at“ angehängt.

Nomenklatur

Zahlen		negative Liganden		neutrale Liganden		Zentralionen in anion. Komplexen	
1	mono	O^{2-}	oxo	H_2O	aqua	Hg	mercurat
2	di	F^-	fluoro	NH_3	amin	Cu	cuprat
3	tri	OH^-	hydroxo	CO	carbonyl	Ag	argentat
4	tetra	$S_2O_3^{2-}$	thiosulfato	NO	nitrosyl	Fe	ferrat
5	penta	CN^-	cyano			Co	cobaltat
6	hexa	CO_3^{2-}	carbonato				
7	hepta	SCN^-	thiocyano				
8	octa	Cl^-	chloro				
9	nona						
10	deca						

Schließlich gibt man die **Oxidationsstufe** des Zentral-Ions an, indem man sie in römischen Zahlen hinter den Namen des Teilchens schreibt.

$[Fe(H_2O)_6]Br_3$ Hexaquaeisen(III)bromid
$K_2[HgI_4]$ Kaliumtetraiodomercurat(II)

Bei **kationischen Komplexen** wird erst das Gegen-Ion, dann das Komplex-Ion benannt, bei **anionischen Komplexen** ist es umgekehrt. Die Liganden stehen in der Nomenklatur immer vor dem Zentral-Ion. Ihre Anzahl gibt die **Koordinationszahl** des Komplexes an. Der Hexaquaeisen(III)-Komplex hat die Koordinationszahl sechs, der Tetraiodomercurat(II)-Komplex die Koordinationszahl vier.

Räumlicher Bau

In Abhängigkeit von der **Koordinationszahl** findet man eine unterschiedliche räumliche Anordnung der Liganden, die stets möglichst weit voneinander entfernt sein müssen. Die Koordinationszahl zwei bedeutet eine lineare Anordnung der Liganden. Bei der Koordinationzahl vier besteht die Möglichkeit zur Bildung eines **Tetraeders** oder einer **quadratisch planaren** Anordnung um das Zentral-Ion. Sehr häufig findet man **oktaedrisch** gebaute Komplexe mit der Koordinationszahl sechs.

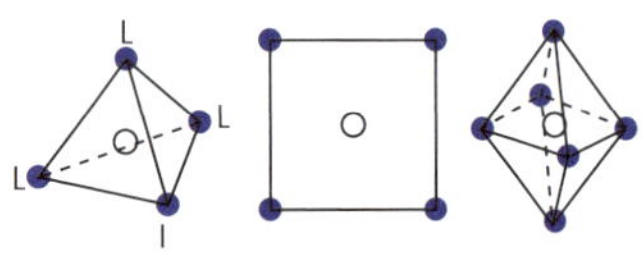

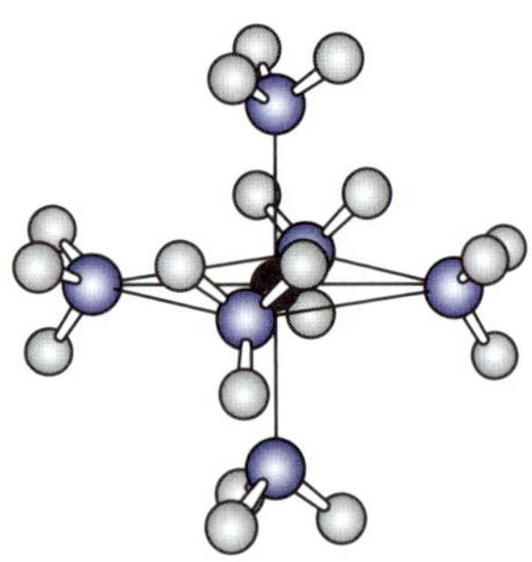

$[Ni(NH_3)_6]^{2+}$-Ion

7.2 Ligandenaustauschreaktionen

Typische Reaktionen von Komplexen sind der Austausch von Liganden in einer **Gleichgewichtsreaktion**. Die Reaktion ist meist mit einem typischen Farbwechsel verbunden, z. B.:

Löst man Eisen(III)chlorid in Wasser, bildet sich eine gelbe Lösung.

$$FeC\ell_3 + 6\ H_2O \rightleftharpoons \underset{\text{gelb}}{[Fe(H_2O)_6]^{3+}} + 3\ C\ell^-$$

Gibt man etwas Ammoniumthiocyanat zu, färbt sich die Lösung rot.

$$\underset{\text{gelb}}{[Fe(H_2O)_6]^{3+}} + 3\ NH_4SCN \rightleftharpoons \underset{\text{rot}}{[Fe(H_2O)_3(SCN)_3]} + 3\ H_2O + 3\ NH_4^+$$

Versetzt man nun mit Natriumfluorid, so entfärbt sich die Lösung.

$$\underset{\text{rot}}{[Fe(H_2O)_3(SCN)_3]} + 6\ NaF \rightleftharpoons \underset{\text{farblos}}{[FeF_6]^{3-}} + 3\ SCN^- + 3\ H_2O + 6\ Na^+$$

In dieser letzten Reaktion liegt das Gleichgewicht ganz auf der Seite des Fluorokomplexes, da dieser äußerst stabil ist. Daher kann man keine weitere Ligandenaustauschreaktion am Eisen durchführen. Man bezeichnet das Eisen-Ion nun als maskiert. Von **Maskierung** spricht man, da sich die Lösung nun so verhält, als wären keine Eisen-Ionen darin enthalten. Diese Methode findet Anwendung in der **qualitativen Analyse**. Hier kann man bestimmte Metall-Ionen durch Komplexbildung maskieren, damit sie die Nachweisreaktionen für weitere in der Probe enthaltene Ionen nicht stören können. Auf welcher Seite sich jeweils das chemische Gleichgewicht befindet, hängt von der **Stabilitätskonstanten** der Komplexe ab. Diese lassen sich aus der Komplexbildungsgleichung mithilfe des **Massenwirkungsgesetzes** (→ Seite 42) ermitteln.

Komplex-Ion	Stabilitätskonstante K
$[Co(NH_3)_6]^{2+}$	$10^5\ mol^{-6}\cdot\ell^6$
$[Ag(NH_3)_2]^+$	$10^7\ mol^{-2}\cdot\ell^2$
$[Zn(NH_3)_4]^{2+}$	$10^{10}\ mol^{-4}\cdot\ell^4$
$[Cu(NH_3)_4]^{2+}$	$10^{13}\ mol^{-4}\cdot\ell^4$
$[Ag(S_2O_3)_2]^{3-}$	$10^{13}\ mol^{-2}\cdot\ell^2$
$[HgC\ell_4]^{2-}$	$10^{15}\ mol^{-4}\cdot\ell^4$
$[AlF_6]^{3-}$	$10^{20}\ mol^{-6}\cdot\ell^6$
$[Ag(CN)_2]^-$	$10^{20}\ mol^{-2}\cdot\ell^2$
$[Zn(CN)_4]^{2-}$	$10^{20}\ mol^{-4}\cdot\ell^4$
$[Au(CN)_2]^-$	$10^{21}\ mol^{-2}\cdot\ell^2$
$[HgBr_4]^{2-}$	$10^{21}\ mol^{-4}\cdot\ell^4$
$[HgI_4]^{2-}$	$10^{30}\ mol^{-4}\cdot\ell^4$
$[Co(NH_3)_6]^{3+}$	$10^{35}\ mol^{-6}\cdot\ell^6$
$[Fe(CN)_6]^{4-}$	$10^{35}\ mol^{-6}\cdot\ell^6$
$[Fe(CN)_6]^{3-}$	$10^{44}\ mol^{-6}\cdot\ell^6$

BEISPIEL

$$Ag^+(aq) + NH_3(aq) \rightleftharpoons [Ag(NH_3)]^+(aq);\ K_1 = \frac{c([Ag(NH_3)]^+)}{c(Ag^+)\cdot c(NH_3)}$$

$$[Ag(NH_3)]^+(aq) + NH_3(aq) \rightleftharpoons [Ag(NH_3)_2]^+(aq);\ K_2 = \frac{c([Ag(NH_3)]^+)}{c([Ag(NH_3)]^+)\cdot c(NH_3)}$$

7.3 Wichtige Komplexe

Chelatkomplexe

Kennzeichen der **Chelatkomplexe** sind Liganden, die **mehrere freie Elektronenpaare** besitzen und damit mehrere Komplexbindungen mit einem Zentralteilchen eingehen. Sie umgreifen das Ion also wie eine Schere (griech. *chele* = Schere). Am häufigsten findet man **zwei- und sechszähnige Liganden**, die entsprechend zwei bzw. sechs Bindungen eingehen können.

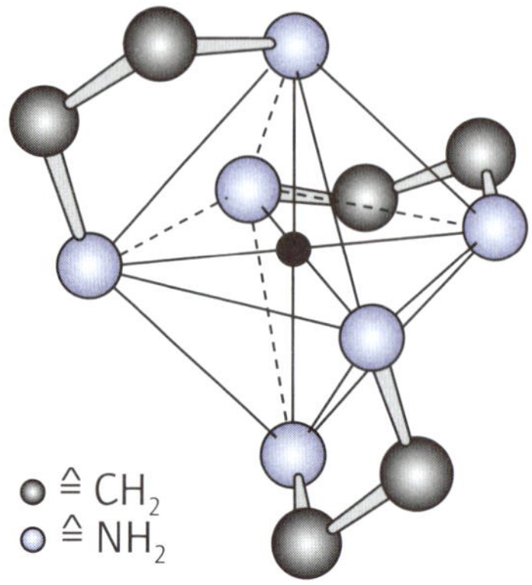

Nickel-Ion mit 1,2-Diaminethan-Molekülen als zweizähnigen Liganden

Chelatkomplexe sind stabiler als Komplexe mit einzähnigen Liganden. Nach der ersten Bindung ist jede weitere Bindung des Liganden erleichtert, da er sich bereits sehr nah am Zentral-Ion befindet. Zudem spielt der **Entropie-Effekt** (→ Seite 45) eine große Rolle. So wird beim Ligandenaustausch von z. B. einem Hexaqua-Komplex mit einem sechszähnigen Liganden die Entropie deutlich erhöht, da nach der Chelatbildung viel mehr freie Teilchen in Lösung sind als vorher.

Chelatkomplexe finden ein breites Anwendungsspektrum. Als Beispiel sei hier aus dem medizinischen Bereich die Bekämpfung von Schwermetallsalzvergiftungen genannt. Die Metall-Ionen können über Chelatkomplexe gebunden und dann ungefährdet ausgeschieden werden. Eine weitere wichtige Anwendung ist die komplexometrische Titration (→ Seite 89). Für diese Maßanalyse zur Bestimmung der Konzentration von Metall-Ionen in einer Lösung wird in der Regel der sechszähnige Ligand **Ethylendiamintetraessigsäure (EDTA)** verwendet. Dabei ist das $EDTA^{4-}$-Ion der eigentliche Ligand, der das Zentral-Ion oktaedrisch umgibt.

INSIDER-TIPP

Um sich den Bau von Komplexen besser vorstellen zu können, kann man sich selbst aus Knetmasse und Zahnstochern Modelle bauen, z. B. für Tetraeder und Oktaeder.

Komplexe in der Natur

Alle Lebewesen besitzen **Enzyme**, die die Stoffwechselvorgänge ermöglichen. Oft sind in diesen Biokatalysatoren und anderen wichtigen Bestandteilen des Organismus anorganische Metall-Ionen in Form von Komplexen gebunden. Die Ionen sind häufig an der vom Enzym katalysierten Reaktion beteiligt; Beispiele für biologisch wichtige Komplexe sind **Ferredoxin**, ein Eisen-Schwefel-Protein zur Elektronenübertragung. Auch Hämoglobin und Chlorophyll, zwei Porphyrinfarbstoffe, sind für Mensch bzw. Pflanze unentbehrlich: **Häm**, der rote Blutfarbstoff, besitzt ein Eisen(II)-Zentral-Ion, welches die Eigenschaft hat, ein Molekül Sauerstoff zu binden, und einen vierzähnigen Porphyrin-Ring als Liganden. Dieser Komplex ist mit der sechsten freien Bindungsstelle an das Eiweiß **Globin** gebunden. **Chlorophyll**, der grüne Blattfarbstoff, besitzt ein Magnesium(II)-Ion als Zentralteilchen und ebenfalls den vierzähnigen Porphyrin-Ring als Liganden.

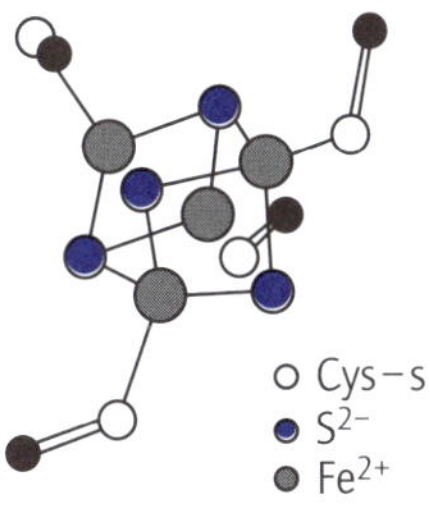

Ferredoxin

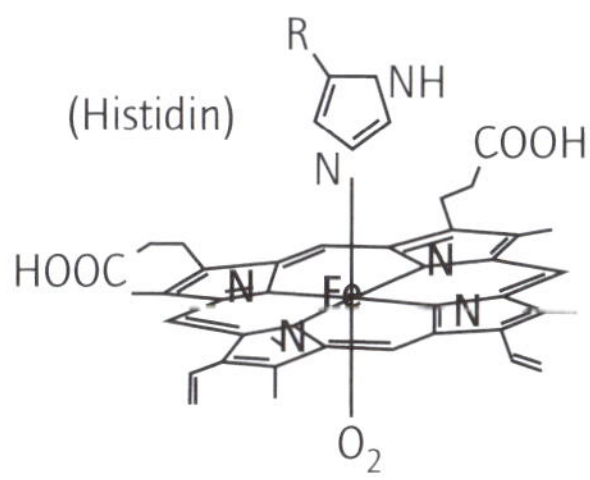

Hämoglobin

Chlorophyll a

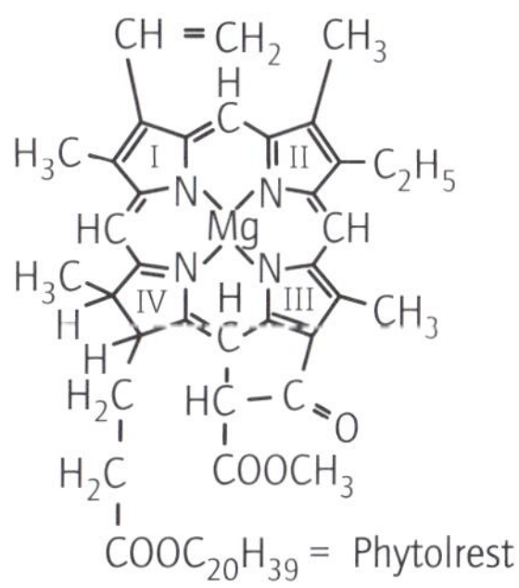

Chlorophyll

CHECKLISTE

7 Komplexchemie

- **Komplexe setzen sich aus einem Zentralteilchen (meist Metall-Ion) und Liganden zusammen.**
- **Die Bindung erfolgt über freie Elektronenpaare der Liganden.**
- **Zur Benennung verwendet man eine spezielle Nomenklatur.**
- **Die Liganden ordnen sich räumlich in den Ecken geometrischer Figuren um das Zentral-Ion an.**
- **In Abhängigkeit von der Komplexstabilität kann ein Ligandenaustausch stattfinden.**
- **Mit mehrzähnigen Liganden entstehen Chelatkomplexe.**

8 Analysemethoden

Hat man ein Gemisch aus verschiedenen Elementen oder Verbindungen vorliegen, so kann man zwischen homogenen und heterogenen Systemen unterscheiden. Homogene Systeme bestehen aus nur einer Phase, heterogene aus mehreren Phasen, das heißt hier kann man die einzelnen Komponenten äußerlich unterscheiden.
Möchte man solche Gemische analysieren, so kann dies quantitativ (auf die Menge bezogen) oder qualitativ (auf die Zusammensetzung bezogen) geschehen.

8.1 Wichtige Trennverfahren

Zerlegung heterogener Systeme

Sedimentation

Bei der Trennung heterogener Systeme kann man die **unterschiedlichen Dichten** der Stoffe ausnutzen. So trennt man eine Suspension (fest-flüssig), indem man den Feststoff absetzen lässt (**Sedimentieren**). Dies kann durch **Zentrifugation** beschleunigt werden. Zwei Flüssigkeiten kann man z. B. im Scheidetrichter trennen. Hier wird die schwerere Schicht abgelassen, nachdem sich zwei Phasen gebildet haben.

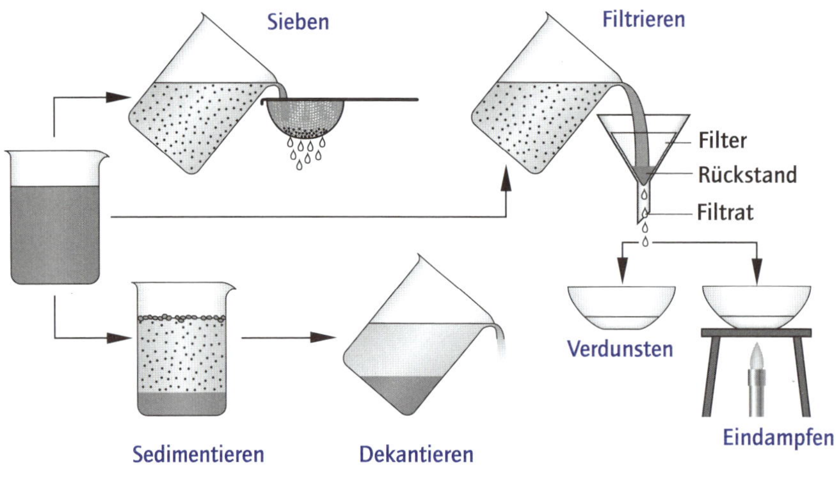

Filtration

Wenn möglich, kann man die **unterschiedlichen Teilchengrößen** ausnutzen. Eine **Suspension** kann somit auch durch Filtration getrennt werden. Möchte man diesen Vorgang beschleunigen, so kann man einen Unterdruck erzeugen und die Flüssigkeit schneller durch den Filter absaugen.

Zerlegung homogener Systeme

Bei homogenen Systemen kann man keine Phasen unterscheiden. Deshalb nutzt man die unterschiedlichen **Stoffeigenschaften** aus.

Destillation

Man kann z. B. ein Flüssigkeitsgemisch durch Ausnutzung der **unterschiedlichen Siedepunkte** der Komponenten **destillieren**. Man kann ebenso Gase durch **fraktionierte Kondensation** trennen oder bei Feststoffgemengen eine **fraktionierte Sublimation** anwenden.

Extraktion

Eine weitere Möglichkeit ist das Ausnutzen der **Löslichkeit** der Komponenten. Ein Stoff kann durch **Extraktion** aufgrund seiner besseren Löslichkeit vom anderen schwer- oder unlöslichen Stoff geschieden werden. Dabei kann es sich sowohl um lösliche Feststoffe als auch um ineinander lösliche Flüssigkeiten handeln.

Chromatographie

Ein wichtiges Trennverfahren ist die **Chromatographie**. Dabei werden die unterschiedlichen Polaritäten der Substanzen ausgenutzt. Man unterscheidet die **stationäre Phase** (das Material, über welches die Probe läuft) und die

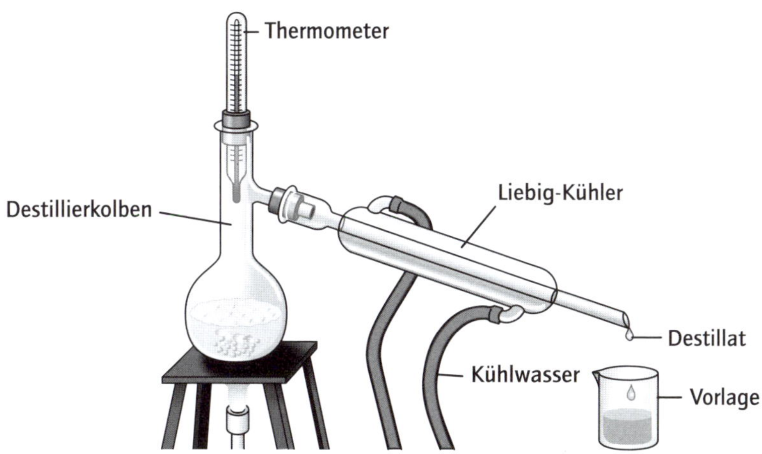

Destillation

mobile Phase (das Laufmittel, welches sich die stationäre Phase entlangzieht und dabei das Gemisch mitnimmt und auftrennt).

Eine einfache Form ist die **Papierchromatographie**, in der die stationäre Phase aus Cellulose besteht. Genauere Ergebnisse erzielt man mit der **Dünnschichtchromatographie**, bei der die stationäre Phase (Kieselgel, Aluminiumoxid) auf eine Glas- oder Kunststoffplatte gegossen wird. In beiden Fällen wandert die mobile Phase (ein Lösungsmittelgemisch aus polaren und unpolaren Stoffen) von unten nach oben die Platte entlang und nimmt die unten aufgetragene Probe mit. Dabei wandern unpolare Lösungsmittelteilchen schneller als polare. Dadurch, dass sich im unpolaren Lösungsmittel nur unpolare Komponenten des Gemisches lösen, werden diese schneller mitgerissen und so aufgetrennt. Diese Art der Chromatographie wird hauptsächlich zur Analyse verwendet, da die Stoffe nur schwer wieder von der stationäre Phase isoliert werden können. Nach der Auftrennung werden die einzelnen Komponenten oft durch bestimmte Farbreaktionen, Fluoreszenz oder andere chemische Nachweise sichtbar gemacht.

Wird die stationäre Phase nicht auf eine Fläche aufgetragen, sondern in ein Röhrchen gefüllt, so spricht man von der **Säulenchromatographie**. Das Prinzip ist jedoch dasselbe wie bereits beschrieben, nur dass hier die Schwerkraft ausgenutzt wird und das Laufmittel von oben nach unten die Säule durchläuft. Die verschiedenen Fraktionen werden dann aufgefangen. Somit hat man am Ende die Komponenten getrennt in Lösung vorliegen.

Möchte man ein Gasgemisch trennen, so verwendet man einen **Gaschromatographen**, in dem sich eine adsorbierende Substanz befindet. Das Gasgemisch und ein inertes Trägergas werden als mobile Phase durch das Gerät geschickt, wobei die Gaskomponenten unterschiedlich stark adsorbiert werden. Entsprechend verlassen die weniger stark adsorbierten Komponenten das Gerät früher wieder als die stärker anhaftenden.

Die **Ionenaustausch-Chromatographie** beruht auf dem Prinzip, dass Oxonium- oder Hydroxid-Ionen elektrostatisch an funktionelle Gruppen organischer Verbindungen gebunden sind. Die geladenen Teilchen werden dann in einer Gleichgewichtsreaktion durch Kationen (**Kationentauscher**, H_3O^+) oder Anionen (**Anionentauscher**, OH^-) der Probelösung ausgetauscht. Mit diesem Verfahren kann man z. B. eine Probe durch die Kationentauscherchromatographiesäule laufen lassen. Man erhält dann ein Eluat, welches Oxonium-Ionen und Anionen enthält. Die Kationen der Probe hängen am Chromatographiematerial und können in einem weiteren Schritt mit entsprechenden Salzlösungen eluiert werden.

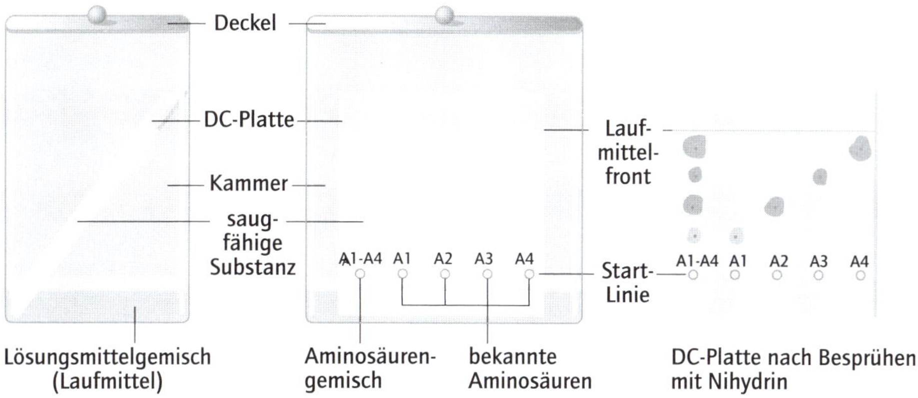

eindimensionale Dünnschichtchromatografie

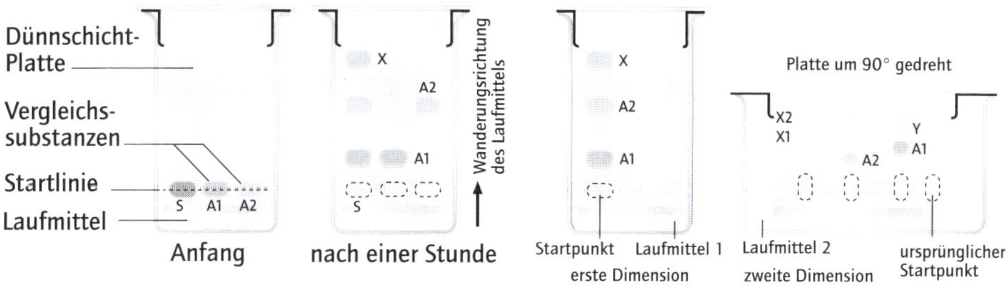

zweidimensionale Dünnschichtchromatografie

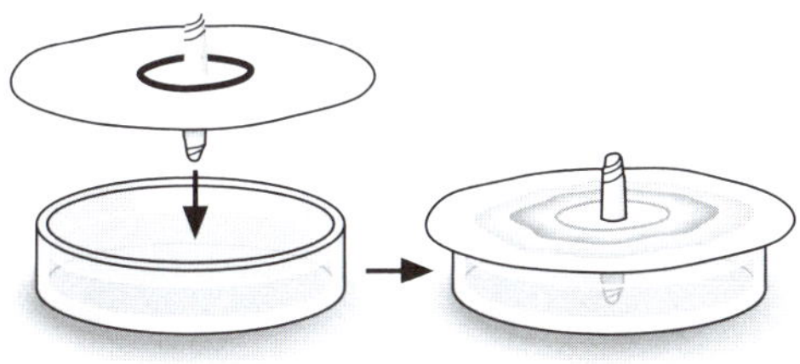

Papierchromatografie

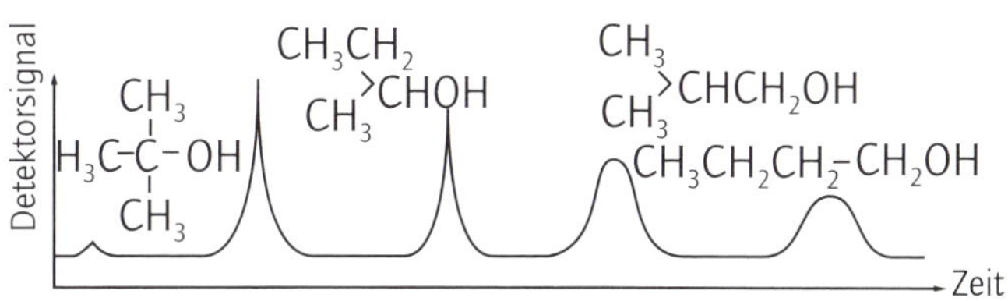

Gaschromatogramm

Chromatografie

INSIDER-TIPP

**Trennmethoden wenden wir selbst täglich an, z. B.
mit Extraktion beim Tee- oder Kaffeekochen oder
mit Filtration beim Abgießen fertig gekochter Nudeln durch ein Sieb.**

8.2 Chemische Analysemethoden

Qualitative Analyse

Möchte man die chemische Zusammensetzung der Komponenten eines Gemisches nachweisen, so wendet man verschiedene Nachweisverfahren an. In Vorversuchen können z. B. Metall-Ionen durch Flammenfärbung nachgewiesen werden. Anschließend ist es nötig, eine genaue Trennung vorzunehmen. Dabei werden typische Nachweisreaktionen für die verschiedenen Metalle und Nichtmetalle durchgeführt. Sind viele Komponenten im Gemisch enthalten und damit keine klare Aussage möglich, muss zuerst ein Trennungsgang vorgenommen werden. Dabei werden die Metall-Ionen jeweils bei unterschiedlichen pH-Werten durch Sulfid-Fällung aus dem Gemisch entnommen. Mit den erhaltenen Proben können dann die Einzelnachweise durchgeführt werden. Entsprechende Nachweisreaktionen gibt es auch für die Nichtmetall-Komponenten.

Quantitative Analyse

Oft ist es nötig zu wissen, welche Menge eines bestimmten Stoffes in einer Probe enthalten ist. Dafür hat man prinzipiell zwei Möglichkeiten. Bei der **Gewichtsanalyse oder Gravimetrie** wird der zu bestimmende Stoff in eine unlösliche Verbindung überführt und nach Aufreinigung und Trocknung gewogen. Bei der **Maßanalyse oder Titration** wird die Menge eines gelösten Stoffes mithilfe einer Lösung bekannten Titers (Gehaltes) bestimmt. Man benötigt dazu eine Bürette, die die **Maßlösung** mit bekannter Konzentration enthält. Die **Probelösung** unbekannter Konzentration, die in einem genau bekannten Volumen in ein Becherglas abgefüllt wurde, wird schrittchenweise mit der Maßlösung versetzt, bis eine Reaktion eintritt. Wenn die Reaktion nicht durch Farbumschlag oder ähnliches verfolgt werden kann, ist es nötig einen **Indikator** zuzusetzen.

Voraussetzung für die Berechnung ist immer, dass am Endpunkt der Titration genau so viel Äquivalente der Maßlösung zugegeben wurden, dass alle nachzuweisenden Äquivalentteilchen in der Probelösung reagiert haben. Da Volumen und Konzentration der Maßlösung, sowie das Volumen der Probelösung bekannt sind, ergibt sich folgende einfache Berechnung:

$$n_{\text{Probe}} = n_{\text{Maßlösung}}$$

$$c_{\text{Probe}} \cdot V_{\text{Probe}} = c_{\text{Maßlösung}} \cdot V_{\text{Maßlösung}}$$

Dies gilt jedoch nur, wenn man die **Äquivalentstoffmengen** einsetzt, ansonsten müssen die Stoffmengen aufeinander abgeglichen werden.

Je nach ablaufender chemischer Reaktion unterscheidet man mehrere Titrationsarten.

Säure-Base-Titration oder Neutralisationstitration

Voraussetzung für diese Art der Titration ist die Neutralisationsreaktion zwischen Oxonium- und Hydroxid-Ionen (→ Seite 67). Man wendet sie an, um den Gehalt an Oxonium-Ionen einer Säure zu bestimmen, indem man mit einer Base bekannter Konzentration titriert bzw. umgekehrt. Dazu ist immer der Zusatz eines Indikators nötig. Dabei gilt es zu beachten, in welchem pH Bereich der Endpunkt der Titration (**Äquivalenzpunkt**) und damit der Umschlagspunkt des Indikators liegen soll. Bei der Titration starker Basen mit starken Säuren wird dies immer bei $pH = 7$ sein. Möchte man die Konzentration einer schwachen Säure bestimmen, so liegt der Endpunkt der Titration im leicht alkalischen Bereich. Hier wäre z. B. Phenolphthalein (Umschlagsbereich farblos – rot bei pH 8,2 bis 10) als Indikator angebracht.

BEISPIEL 1 ▪ Titration von 50 ml verdünnter Schwefelsäure mit Natronlauge der Konzentration $c = 0{,}1\ \text{mol}/\ell$. Es werden 30 ml Maßlösung verbraucht. Als Indikator dient Bromthymolblau.

Neutralisationsgleichung:

$$H_2SO_4 + 2\,NaOH \rightarrow Na_2SO_4 + 2\,H_2O$$

Stoffmengenverhältnis:

$$n_{(H_2SO_4)} : n_{(NaOH)} = 1:2 \Rightarrow n_{(H_2SO_4)} = \frac{1}{2} n_{(NaOH)}$$

Berechnung der Konzentration der Schwefelsäure:

$$c_{(H_2SO_4)} = \frac{c_{(NaOH)} \cdot V_{(NaOH)}}{2 \cdot V_{(H_2SO_4)}} = \frac{0{,}1\ \text{mol}/\ell \cdot 0{,}03\ \ell}{2 \cdot 0{,}05\ \ell} = 0{,}03\ \text{mol}/\ell$$

Trägt man den pH-Wert der Probelösung gegen das zugegebene Volumen an Maßlösung auf, so erhält man eine **Titrationskurve**. Dabei erkennt man deutlich den Äquivalenzpunkt als Wendepunkt in der Kurve. Er wird erreicht, wenn Säure und Base in äquivalenten Mengen vorliegen. Dabei fällt auf, dass in diesem Bereich bereits ganz geringe Volumina Säure oder Base aus der Maßlösung einen großen pH-Sprung auslösen. Vor und nach dem Umschlagspunkt ändert sich der pH-Wert nur relativ langsam. Aus diesem Grund ist eine Äquivalenzpunktbestimmung durch Farbumschlag möglich. Bei mehrprotonigen Säuren kann man entsprechend mehrere pH-Sprünge beobachten.

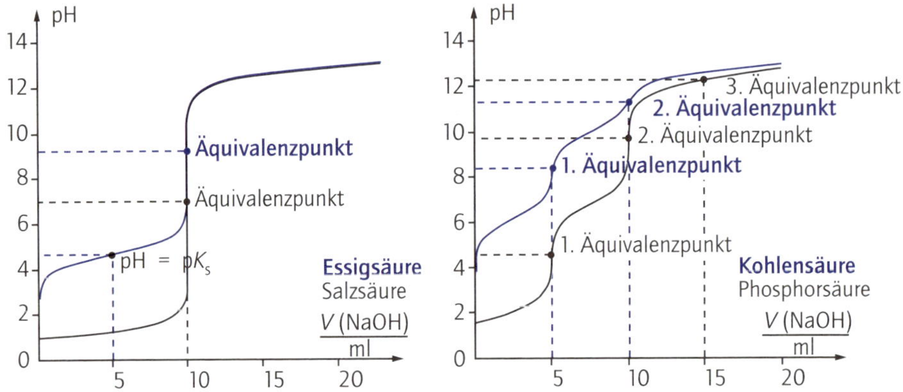

Titrationskurven für die Titration verschiedener Säuren mit Natronlauge

Fällungstitration

Dieses Titrationsverfahren beruht auf der Bildung eines **schwerlöslichen Niederschlags** aus den Komponenten der Maß- und der Probelösung. Den Äquivalenzpunkt erkennt man daran, dass sich die Lösung beim Zutropfen nicht weiter trübt. Sicherer erkennt man ihn jedoch durch Zugabe eines Stoffes, der mit der Maßlösung einen charakteristisch gefärbten Niederschlag bildet, sobald diese nicht mehr mit der Probelösung reagieren kann.

Ein bekanntes Beispiel ist die Bestimmung von Chlorid-Ionen in neutraler Lösung nach **Mohr**. Hier wird zu einer Probelösung mit unbekanntem Chlorid-Ionen-Gehalt Silbernitrat-Lösung von bekannter Konzentration getropft.
Dabei bildet sich ein Niederschlag aus Silberchlorid:

$$Ag^+ + C\ell^- \rightarrow AgC\ell\downarrow.$$

Vor Beginn der Titration wurde der Probelösung Kaliumchromat zugegeben. Wenn sämtliche Chlorid-Ionen als Niederschlag vorliegen, werden freie Silber-

Ionen mit den Chromat-Ionen einen schwerlöslichen rotbraunen Niederschlag bilden, der den Endpunkt der Titration erkennen lässt:

$$2\ Ag^+ + CrO_4^{2-} \rightarrow Ag_2CrO_4\downarrow.$$

Konduktometrie

Der **Leitwert** einer Elektrolytlösung hängt von der **Ionenkonzentration** und der **Ionenbeweglichkeit** ab. Dabei ist der Leitwert G definiert als Kehrwert des elektrischen Widerstandes $\left(G = \frac{1}{R}\right)$.

Bei der konduktometrischen Titration wird die Veränderung des Leitwertes während der Tiration verfolgt und die **Stromstärke** kontinuierlich abgelesen. Daraus kann man den Äquivalenzpunkt bestimmen.

Grafisch trägt man die Stromstärke gegen das zugegebene Volumen an Maßlösung auf. Der Äquivalenzpunkt ist als deutlicher Knick in der Kurve erkennbar. Man kann die Konduktometrie bei Neutralisations- und Fällungsreaktionen anwenden, da sich hier jeweils die Ionenkonzentrationen deutlich verändern und auch die Beweglichkeiten der Ionen aus der Probe- und der Maßlösung sich deutlich unterscheiden. Als Beispiel ist in der Abbildung die Titration von Salzsäure mit Natronlauge angegeben.

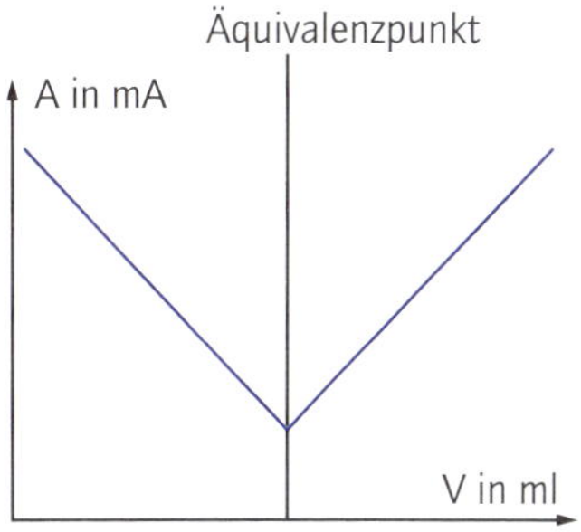

Leitwertskurve

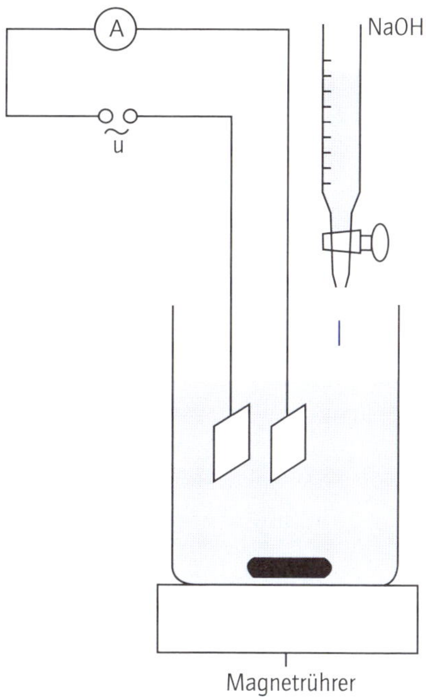

Konduktometrische Titration

Redoxtitration

Bei einer Redoxtitration wird die zu bestimmende Substanz mit einer **oxidierend** oder **reduzierend** wirkenden Maßlösung umgesetzt. Dabei kann der Äquivalenzpunkt oft durch eine **charakteristische** Farbreaktion bestimmt werden.

Manganometrie

Als Maßlösung wird Kaliumpermangant-Lösung verwendet, wobei die Permanganat-Ionen als Oxidationsmittel wirken und je nach pH-Wert zu Mangan(II)-Ionen (sauer) oder zu Mangan(IV)-Ionen (alkalisch) reduziert werden. Dabei entfärbt sich die violette Permanganat-Lösung. Ist die nachzuweisende Komponente der Probelösung vollkommen oxidiert, so ist der Äquivalenzpunkt an der Violettfärbung der Probelösung durch unverbrauchte Permanganat-Ionen erkennbar.

$MnO_4^- + 8\,H_3O^+ + 5\,e^- \rightarrow Mn^{2+} + 12\,H_2O$ U = 1,51 V

Da das Redoxpotential des Redoxpaares MnO_4^-/Mn^{2+} sehr hoch ist, lassen sich viele Reduktionsmittel manganometrisch bestimmen.

Redoxsystem	U_H^0
$2\,CO_2 + 2\,H^+ + 2\,e^- \rightleftharpoons H_2C_2O_2$	0,49 V
$S_4O_6^{2-} + 2\,e^- \rightleftharpoons 2\,S_2O_3^{2-}$	+ 0,08 V
$SO_4^{2-} + 2\,H^+ + 2\,e^- \rightleftharpoons SO_3^{2-} + H_2O$	+ 0,17 V
$I_2(s) + 2\,e^- \rightleftharpoons 2\,I^-$	**+ 0,54 V**
$O_2(g) + 2\,H^+ + 2\,e^- \rightleftharpoons H_2O_2$	+ 0,68 V
$Fe^{3+} + e^- \rightleftharpoons Fe^{2+}$	+ 0,77 V
$NO_3^- + 2\,H^+ + 2\,e^- \rightleftharpoons NO_2^- + H_2O$	+ 0,94 V
$IO_3^- + 6\,H^+ + 6\,e^- \rightleftharpoons I^- + 3\,H_2O$	+ 1,09 V
$BrO_3^- + 6\,H^+ + 6\,e^- \rightleftharpoons Br^- + 3\,H_2O$	+ 1,44 V
$MnO_4^- + 8\,H^+ + 5\,e^- \rightleftharpoons Mn^{2+} + 4\,H_2O$	**+ 1,51 V**

Iodometrie

Das Redoxpaar I_2/I^- nimmt mit einem Redoxpotential von 0,54 V eine Mittelstellung ein und kann damit sowohl zur Bestimmung von Reduktions- als auch von Oxidationmitteln verwendet werden. $I_2 + 2\,e^- \rightarrow 2\,I^-$

Bei der Bestimmung von Reduktionsmitteln wird als Maßlösung die bräunliche Iod-Kaliumiodid-Lösung verwendet. Bei der Reaktion mit der Probelösung entfärbt sie sich, da farblose Iodid-Ionen entstehen. Erst am Äquivalenzpunkt tritt die bräunliche Färbung durch unverbrauchte Maßlösung auf. Alternativ kann man auch durch Zugabe von Stärke das Vorhandensein von Iod-Molekülen nachweisen, da diese mit dem Riesenmolekül eine charakteristische Blaufärbung eingehen (→ Seite 137).

Bei der Bestimmung von Oxidationsmitteln gibt man Kaliumiodid-Lösung im Überschuss zu der Probelösung und titriert anschließend das entstandene Iod mit einer Thiosulfatlösung zurück:

$$I_2 + 2\,S_2O_3^{2-} \rightarrow 2\,I^- + S_4O_6^{2-}$$

Den Endpunkt erkennt man an der Entfärbung von Iod-Stärke, die vorher zugesetzt wurde.

Chelatometrie oder komplexometrische Titration

Bei dieser Maßanalyse werden Metall-Ionen durch starke Komplexbildner gebunden und damit ihre Konzentration bestimmt. Besonders gut eignen sich hierfür Chelatkomplexe (→ Seite 78), z. B. EDTA. Der Endpunkt der Titration wird dabei durch den Farbumschlag eines zugegebenen Indikators sichtbar gemacht.

Spektroskopische Verfahren

Röntgenstrukturanalyse

Röntgenstrahlen werden beim Durchtritt durch einen Kristall gebeugt, da die Abstände der Atome im Kristallgitter in derselben Größenordnung liegen wie die Wellenlänge der Röntgenstrahlen. Strahlen, die an Elektronen gestreut werden, überlagern sich, wobei je nach Richtung die Intensität verstärkt oder abgeschwächt wird. Das Beugungsmuster erhält man, indem die gebeugten Röntgenstrahlen auf einen Film geleitet werden.

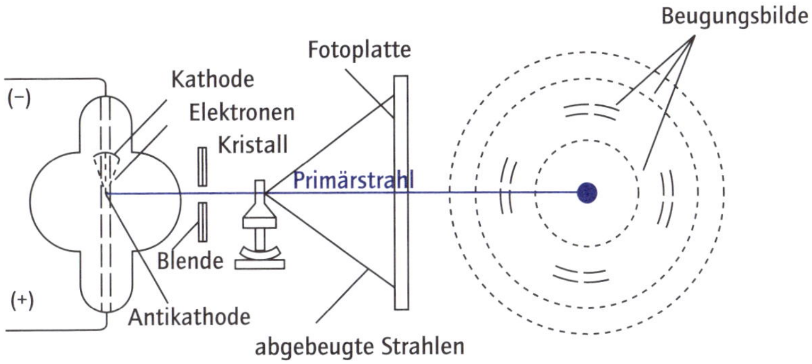

Kristallstrukturanalyse mithilfe von Röntgenstrahlen (Laue-Verfahren)

Magnetische Kernresonanzspektroskopie *(nuclear magnetic resonance spectroscopy)*, NMR-Spektroskopie

Die Substanz wird einem konstanten magnetischen und einem elektromagnetischen Wechselfeld ausgesetzt. Dabei entstehen magnetische Kernresonanzspektren, die über die Art und Anordnung z. B. von funktionellen Gruppen bei organischen Molekülen Aufschluss geben.

Massenspektrometrie

Bei diesem Verfahren werden Atome oder Moleküle ionisiert und anschließend durch elektrische Felder beschleunigt. Dabei misst man die Ablenkungswinkel im elektrischen und magnetischen Feld und kann so die absolute Masse der Teilchen berechnen.

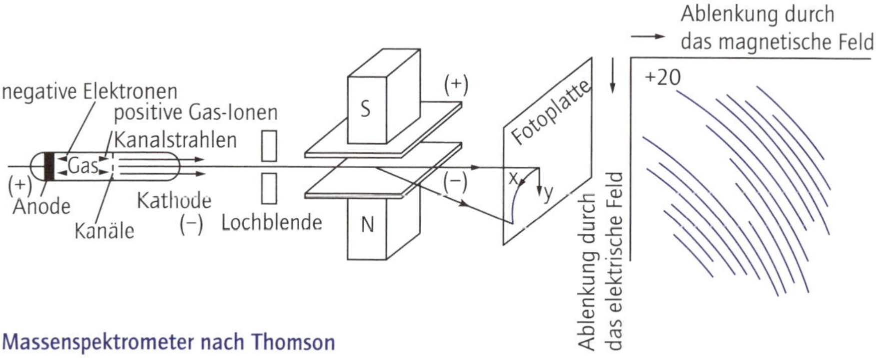

Massenspektrometer nach Thomson

CHECKLISTE

8 Analysemethoden

- **Heterogene Systeme lassen sich mit unterschiedlichen Methoden in die verschiedenen Phasen auftrennen.**
- **Zur Trennung homogener Systeme nützt man die unterschiedlichen physikalischen Eigenschaften der Komponenten.**
- **Bei der Chromatographie wird das Gemisch mithilfe der mobilen Phase an der stationären Phase aufgetrennt.**
- **Zur qualitativen Analyse von Ionen bedient man sich verschiedener Nachweisreaktionen.**
- **Für die quantitative Analyse sind im Labor verschiedene Titrationsmethoden die gängigsten Verfahren.**
- **Genaue Ergebnisse erhält man, wenn spektroskopische Verfahren angewandt werden.**

9 Homologe Reihen organischer Verbindungen

Man unterscheidet die organischen Verbindungen nach ihrer Zusammensetzung und der Anordnung der verschiedenen Atome in Stoffklassen, die sich durch spezielle funktionelle Gruppen auszeichnen. Dabei können Regelmäßigkeiten festgestellt werden. Die Vertreter mit einer bestimmten funktionellen Gruppe werden nach steigender Anzahl von Kohlenstoff-Atomen geordnet. Dies nennt man eine homologe Reihe. Die Benennung erfolgt in Ableitung vom Namen der einfachsten entsprechenden Verbindung, eines Alkans, wobei an den Wortstamm immer die spezifische Endung der entsprechenden funktionellen Gruppe gehängt wird.

9.1 Einfache Kohlenwasserstoffe

Organische Verbindungen sind ausschließlich Moleküle, die das Element Kohlenstoff enthalten. Zusätzlich besitzen organische Verbindungen auch meist Wasserstoff-Atome. Die einfachsten Vertreter der organischen Verbindungen sind die Kohlenwasserstoffe – Moleküle, die nur aus diesen beiden Elementen bestehen. In diese Aufzählung werden die Halogenkohlenwasserstoffe mit aufgenommen. Hier sind ein oder mehrere Wasserstoff-Atome durch Halogen-Atome ersetzt.

Alkane

Alkane zeichnen sich dadurch aus, dass jedes Kohlenstoff-Atom voll **gesättigt** ist, das heißt, dass es jeweils vier Bindungen zu vier anderen Atomen eingeht. Das können sowohl Kohlenstoff- als auch Wasserstoff-Atome sein.

Molekülbau – das sp^3-hybridisierte Kohlenstoffatom

Der einfachste Vertreter der Alkane ist das Methan CH_4. Das Molekül besteht aus einem Kohlenstoff-Atom, welches vier gleichwertige Atombindungen zu vier Wasserstoff-Atomen eingeht. Räumlich gesehen bildet es ein Tetraeder. Um die **Bindungsverhältnisse** zu verstehen, muss man sich das **Orbitalmodell** des Kohlenstoff-Atoms genauer ansehen. Im zweiten Hauptenergieniveau befinden sich vier **Valenzelektronen**.

Zwei befinden sich im 2s-Orbital, zwei in zwei der drei 2p-Orbitale. Um nun vier gleichwertige Orbitale zu erhalten, verschmelzen das 2s- und die 2p-Orbitale miteinander und bilden vier energetisch gleichwertige einfach besetzte **Hybridorbitale**. In jeden dieser neu gebildeten Räume kann nun ein weiteres Elektron, welches das Wasserstoff-Atom liefert, aufgenommen werden. Somit erhält man vier gleichwertige **Molekülorbitale**. Da bei der Hybridisierung ein s- und drei p-Orbitale miteinander kombiniert werden, spricht man von einer **sp^3-Hybridisierung**.

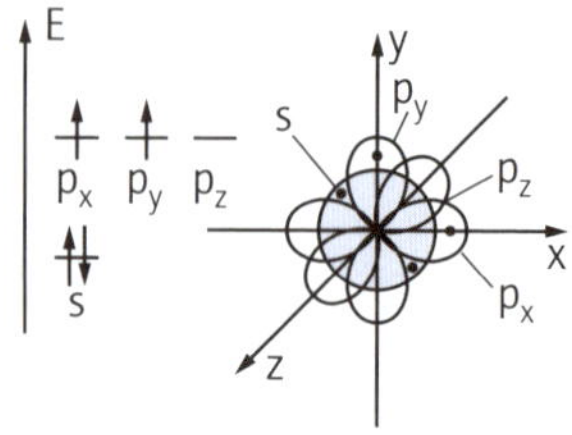

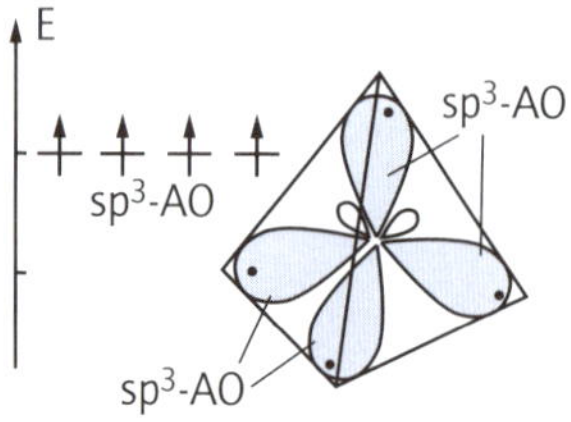

Jedes dieser Hybridorbitale hat räumlich die Form einer halben Hantel (die Hälfte eines p-Orbitals) mit einer kleinen Kugel nach dem Knotenpunkt. Die vier neuen Orbitale ordnen sich so an, dass sie möglichst weit voneinander entfernt sind. Dabei ist die **tetraedrische Anordnung** die beste. Überlappen nun die s-Orbitale der Wasserstoff-Atome mit den sp^3-Hybridorbitalen des Kohlenstoff-Atoms, so bildet sich eine besondere Atombindung, die sogenannte **σ-Bindung** aus.

Der nächste Vertreter der homologen Reihe der Alkane ist das Ethan C_2H_6. Es besteht aus zwei Kohlenstoff-Atomen, von denen jedes mit drei Wasserstoff-Atomen verbunden ist. Auch zwischen den beiden Kohlenstoff-Atomen finden wir eine σ-Bindung durch Überlappung von zwei Hybridorbitalen. Diese Bindung verbindet die zwei Tetraeder miteinander.

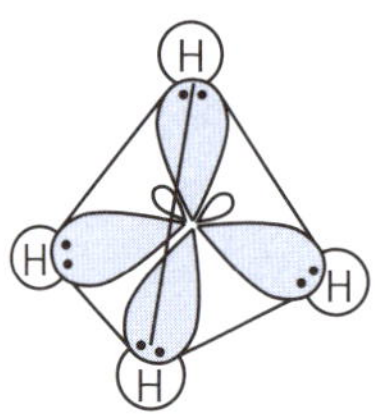

Das Methanmolekül

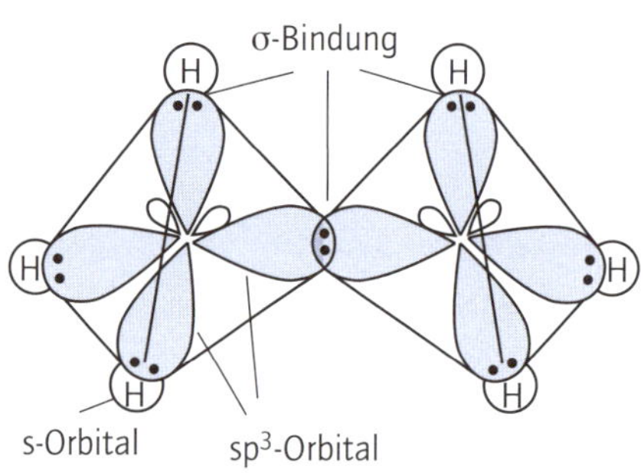

Das Ethanmolekül

Vertreter der Alkane – die Nomenklatur

Von den Alkanen leiten sich die Benennungen der weiteren homologen Reihen ab. Die ersten vier Vertreter bilden immer eine Ausnahme, alle weiteren werden mit griechischen Zahlwörtern entsprechend ihrer Kohlenstoffanzahl bezeichnet. Die typische Endung für die Alkane ist -an.

Allgemeine Summenformel: C_nH_{2n+2}

Für die Schreibweise gibt es verschiedene Möglichkeiten. Das Kalottenmodell a) ist besonders realistisch, einfacher zu zeichnen ist jedoch eine räumliche Zickzackkette b) oder die weniger räumliche Schreibweise der Strukturformel c). Keine Bindungen werden bei der vereinfachten Strukturformel d) gezeichnet.

Methan	CH_4
Ethan	C_2H_6
Propan	C_3H_8
Butan	C_4H_{10}
Pentan	C_5H_{12}
Hexan	C_6H_{14}
Heptan	C_7H_{16}
Octan	C_8H_{18}
Nonan	C_9H_{20}
Decan	$C_{10}H_{22}$
Tetradecan	$C_{14}H_{30}$
Eicosan	$C_{20}H_{42}$

a)

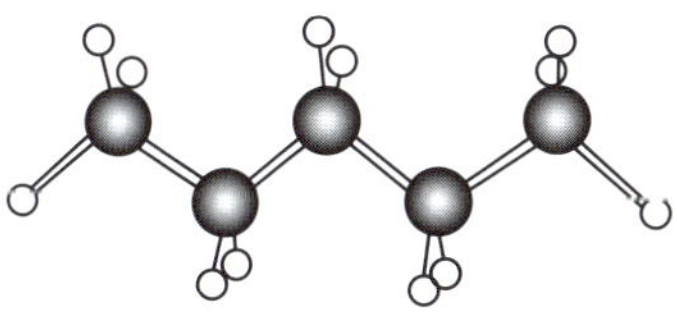

Kugelstäbchen-Modell

b)

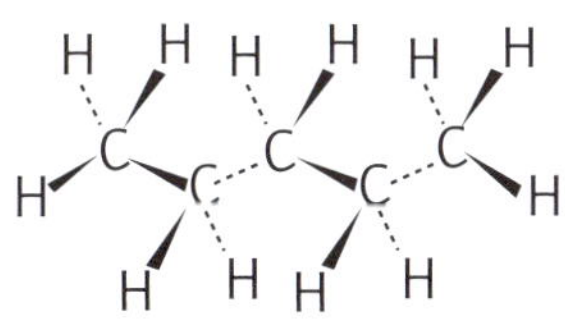

räumliche Struktur

c)

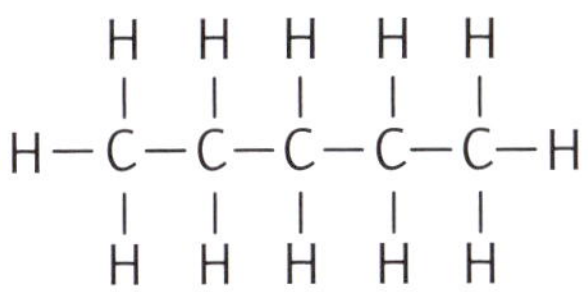

Strukturformel

d)

$CH_3CH_2CH_2CH_2CH_3$

oder

$CH_3(CH_2)_3CH_3$

vereinfachte Strukturformel

Eigenschaften der Alkane

Da die Elektronegativitäten von Kohlenstoff und Wasserstoff sehr ähnlich sind, sind die gesättigten Kohlenwasserstoffe **unpolare Moleküle**. Aus diesem Grund wirken zwischen den Molekülen **Van-der-Waals-Kräfte**. Diese sind wiederum abhängig von der Größe der Oberfläche, sie nehmen also mit ansteigender Kettenlänge zu. Damit erhöhen sich auch die Schmelz- und Siedepunkte, je weiter man in der homologen Reihe voranschreitet. So sind Methan bis Butan gasförmig, Pentan bis Heptan leicht flüchtige Flüssigkeiten, Octan bis Hexadecan hochviskose Flüssigkeiten, sogenannte Paraffinöle, und alle folgenden Vertreter (bis $C_{70}H_{142}$) wachsartige Feststoffe (Paraffin). Entsprechend ihrer unpolaren Eigenschaften lösen sich Alkane nicht in polaren Lösungsmitteln, z. B. in Wasser, sondern nur in anderen unpolaren Flüssigkeiten, z. B. in Öl.

MERKE ▪ Nomenklatur nach IUPAC

(IUPAC: International Union of Pure and Applied Chemistry)

Man unterscheidet zwischen unverzweigten Alkanen und Alkanen, bei denen die Kette noch einen oder mehrere Seitenarme besitzt. Diese verzweigten Moleküle nennt man Iso-Alkane. Bei der Benennung geht man folgendermaßen vor:

1. **Man sucht sich die längste Kohlenstoff-Kette und bildet so den entsprechenden Stammnamen.**
2. **Nun nummeriert man vom verzweigungsnächsten Ende her die Kohlenstoff-Atome durch.**
3. **Die Seitenketten werden als Alkylreste benannt und mit der Nummer der Verzweigungsatome versehen.**
4. **Liegen mehrere Seitenketten vor gelten folgende Regeln: Die Anzahl gleicher Seitenketten wird mit di-, tri-, tetra-, ... benannt. Unterschiedliche Seitenketten werden in alphabetischer Reihenfolge angegeben.**

Beispiel:

zu 1. und 2.

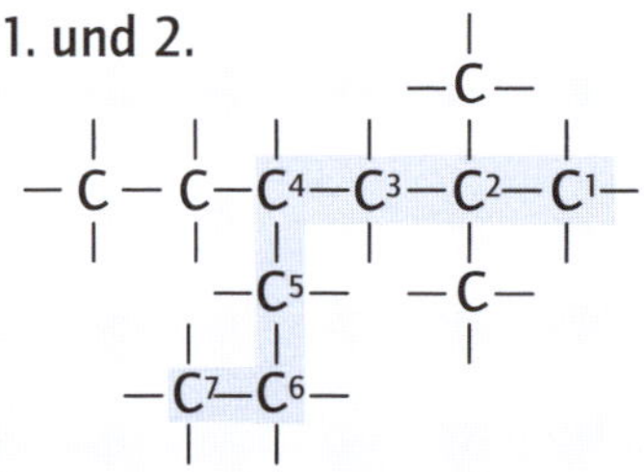

4-Ethyl-2,2-dimethylheptan

zu 3.

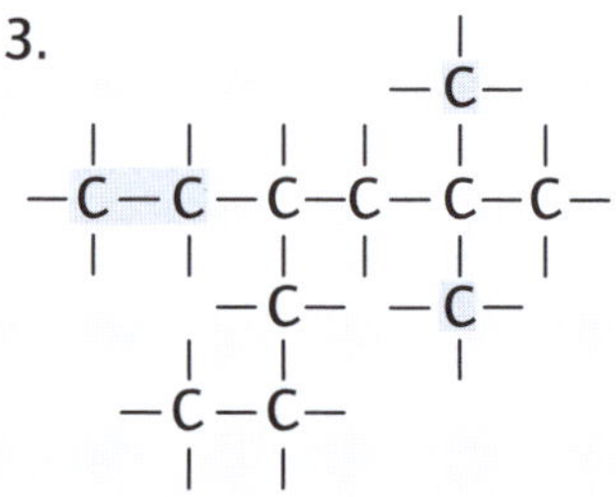

4-Ethyl-2,2-dimethylheptan

zu 3.

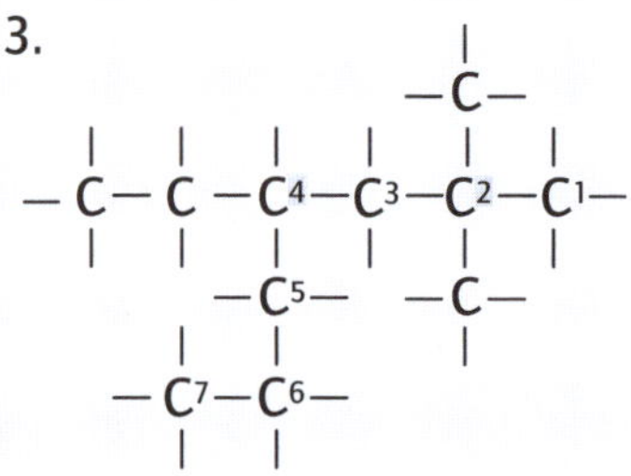

4-Ethyl-2,2-dimethylheptan

zu 4.

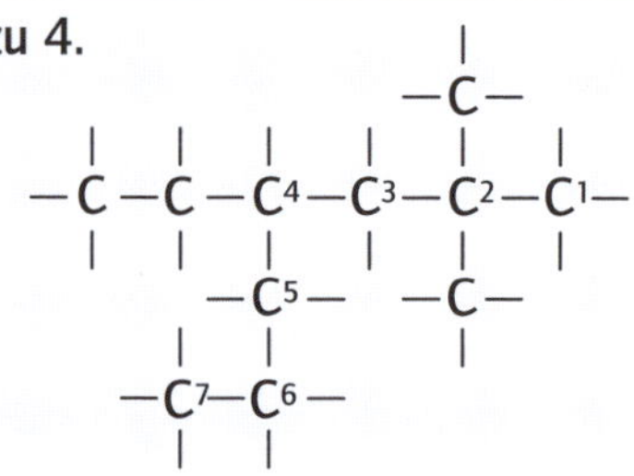

4-Ethyl-2,2-dimethylheptan

Cycloalkane

Es ist möglich, dass die Alkane keine gerade Kette bilden, sondern dass durch einen **Ringschluss** ein **Cycloalkan** entsteht. Die **Summenformel lautet C_nH_{2n}**. Solche Ringe sind erst ab fünf Kohlenstoffatomen stabil, da ansonsten die Spannung im Ring zu groß wird. Cyclopropan und Cyclobutan sind somit instabil, Cyclopentan und Cyclohexan stellen sehr stabile Vertreter dar.

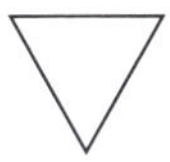

Cyclopropan

Cyclobutan

instabil

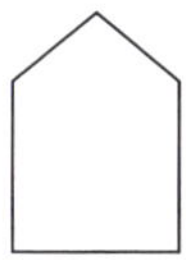

Cyclopentan

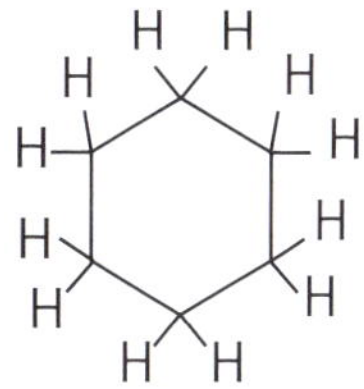

Cyclohexan

Halogenalkane

Alkane, in denen ein oder mehrere Wasserstoff-Atome durch Halogen-Atome ersetzt sind, sind aufgrund ihrer Reaktivität sehr interessante **Ausgangsprodukte** für chemische Reaktionen. Zudem finden sie in vielen Gebieten direkt Anwendung, z. B. als Feuerlösch-, Narkose-, Kälte-, Treib- und Lösungsmittel. Die Benennung der Halogenalkane folgt besonderen Regeln. Man unterscheidet zunächst die **Frigene** (Fluorchloralkane) und die **Halone**, welche auch Brom enthalten. Die Benennung zeichnet sich durch eine bestimmte Ziffernfolge aus. Frigene werden durch eine dreistellige* Zahl charakterisiert. Die erste Zahl entspricht der um eins verminderten Anzahl der Kohlenstoff-Atome, die zweite der um eins erhöhten Zahl der Wasserstoff-Atome und die dritte der Anzahl der Fluor-Atome im Molekül. Alle restlichen Atome sind Chlor-Atome. Beispiele:

$CC\ell_3F$	Frigen 11	$CC\ell_2F_2$	Frigen 12
$C_2C\ell_3F_3$	Frigen 113	$C_2H_3C\ell_2F$	Frigen 141

Bei den fünfstelligen* Ziffern der Halone gibt jede Zahl die Anzahl der folgenden Atome an. 1. C, 2. F, 3. Cℓ, 4. Br, 5. I; also z. B.:

$CF_2C\ell Br$ Halon 1211

* eine etwaige Null entfällt

Problematisch ist der Einsatz von **FCKW** (Fluorchlorkohlenwasserstoffen), wenn diese in die Atmosphäre gelangen können. Erreichen sie die **Ozonschicht**, reagieren sie in einer **radikalischen Reaktion** mit Ozon und zerstören dieses. Besonders gefährlich ist die lange Lebensdauer der FCKW von über

100 Jahren. Selbst nach vollständigem Stopp der FCKW-Freisetzung wird die Ozonschicht noch über 100 Jahre lang abgebaut.

Bildungsreaktion von Ozon in der Stratosphäre: Ein Sauerstoff-Molekül wird durch UV-Licht in zwei Sauerstoff-**Radikale** (sehr reaktive Teilchen mit mindestens einem ungepaarten Elektron) gespalten. Diese reagieren mit einem weiteren Sauerstoff-Molekül unter Energiefreisetzung zu Ozon. Durch UV-Licht findet die Rückreaktion statt.

$$O_2 \xrightarrow{\text{UV-Licht}} 2\cdot O\cdot$$
$$\cdot O\cdot + O_2 \longrightarrow O_3 + \text{Wärme}$$
$$O_3 \xrightarrow{\text{UV-Licht}} O_2 + \cdot O\cdot$$

photostationäres Gleichgewicht

Störung des Gleichgewichts durch FCKW: Durch Licht wird von einem FCKW-Molekül ein Chlor-Radikal abgespalten, welches für die Zerstörung von Ozon verantwortlich ist, da es mit diesem ein Chloroxid-Radikal bildet. In einem weiteren Schritt erfolgt das Wegfangen des Sauerstoff-Radikals und somit die Verhinderung der Bildung eines neuen Ozon-Moleküls.

$$CCl_3F \xrightarrow{\text{Licht}} CCl_2F + Cl\cdot$$
$$Cl\cdot + O_3 \rightarrow ClO\cdot + O_2$$
$$ClO\cdot + \cdot O\cdot \rightarrow Cl\cdot + O_2$$

Auf diese Weise wird die Ozonschicht allmählich abgebaut und kann ihre Filterwirkung für UV-Strahlen nicht mehr ausüben. Folgen sind unter anderem eine deutliche Erhöhung des Hautkrebsrisikos.

Beispiele für wichtige Halogenalkane:

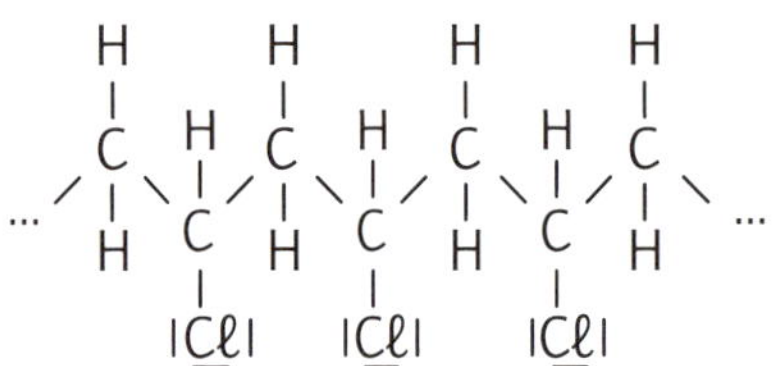

PVC

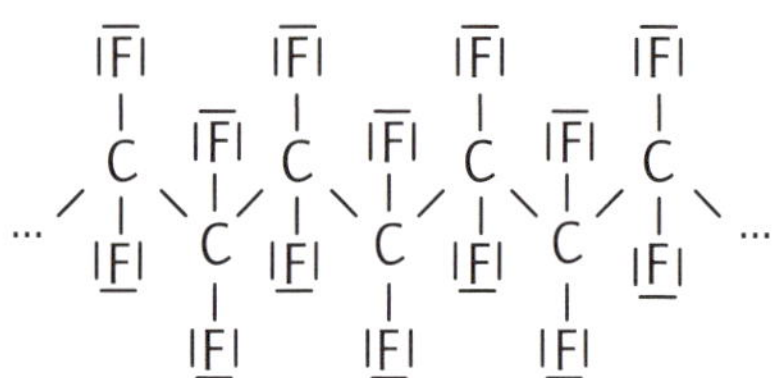

Teflon

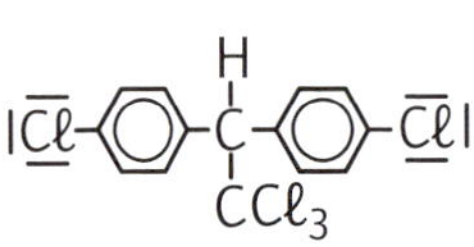

DDT

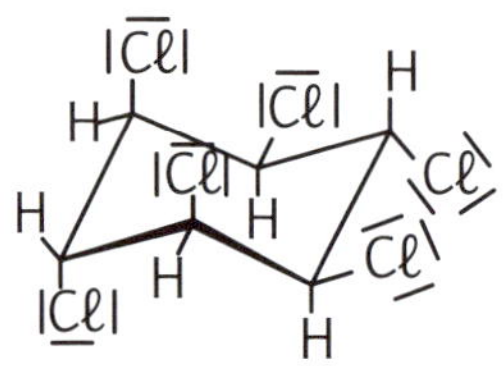

Lindan

Alkene

Alkene sind ungesättigte Kohlenwasserstoffe, das heißt die Kohlenstoff-Atome sind nicht mit vier Bindungspartnern gesättigt. Alkene zeichnen sich durch eine oder mehrere Doppelbindungen aus.

Molekülbau – das sp^2-hybridisierte Kohlenstoff-Atom: Das einfachste Alken ist Ethen C_2H_4. Das Kohlenstoff-Atom ist in diesem Fall **sp^2-hybridisiert**. Das 2s-Orbital ist mit zwei 2p-Orbitalen verschmolzen. Somit haben sich **drei Hybridorbitale** gebildet, die sich **trigonal-planar** zueinander anordnen. Das übrige p-Orbital ragt senkrecht dazu oben und unten aus der Ebene hinaus. Durch die Überlappung der beiden Hybridorbitale zwischen den Kohlenstoff-Atomen bildet sich eine **σ-Bindung** aus. Zusätzlich überlappen jedoch auch die senkrecht stehenden p-Orbitale, wodurch eine **π-Bindung** entsteht. Die σ- und die π-Bindung stellen die Doppelbindung dar.

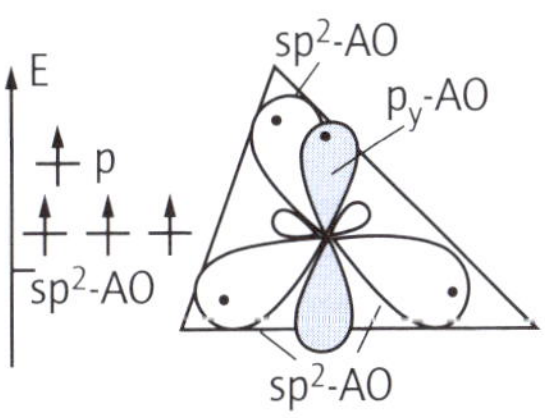

sp^2-Hybridisierung beim Kohlenstoff-Atom

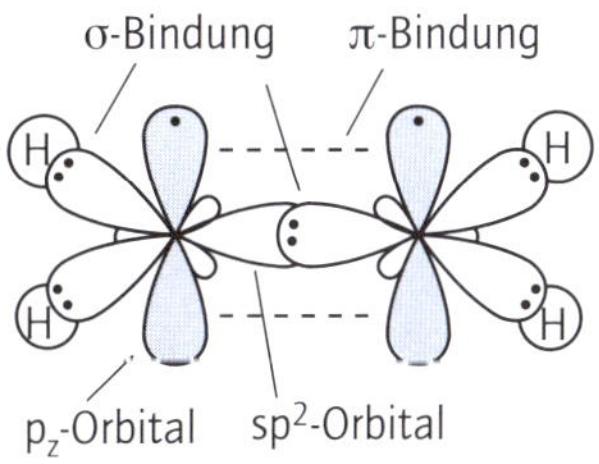

Überlappung der Atom-Orbitale im Ethen-Molekül

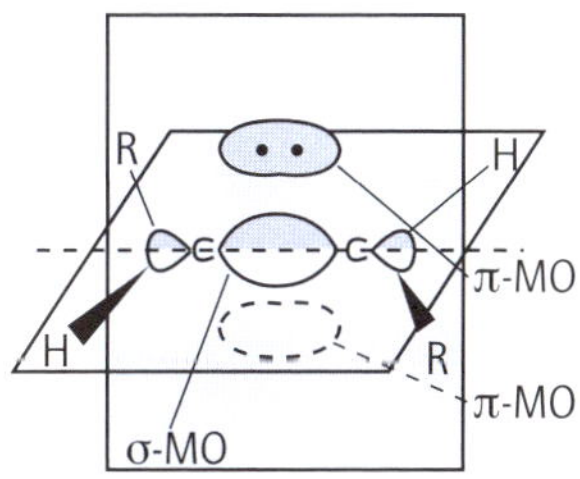

σ-π-Modell eines Alken-Moleküls

Homologe Reihe und Nomenklatur: Die Alkene erhalten denselben Wortstamm wie die Alkane, lediglich die Endung lautet auf **-en**.

Allgemeine Summenformel: C_nH_{2n}

Die allgemeine Summenformel entspricht derjenigen der Cycloalkane. Man spricht von einer Konstitutions-Isomerie (→ Seite 99). Die Lage der Doppelbindung wird bei der Benennung angegeben:

1-Buten oder But-1-en: $H_2C{=}CH{-}CH_2{-}CH_3$

2-Buten oder But-2-en: $H_3C{-}CH{=}CH{-}CH_3$

Ethen	C_2H_4
Propen	C_3H_6
Buten	C_4H_8
Penten	C_5H_{10}
Hexen	C_6H_{12}
Hepten	C_7H_{14}

Alkine

Auch die Alkine sind ungesättigte Kohlenwasserstoffe. Im Gegensatz zu den Alkenen findet man bei ihnen jedoch eine oder mehrere Dreifachbindungen.

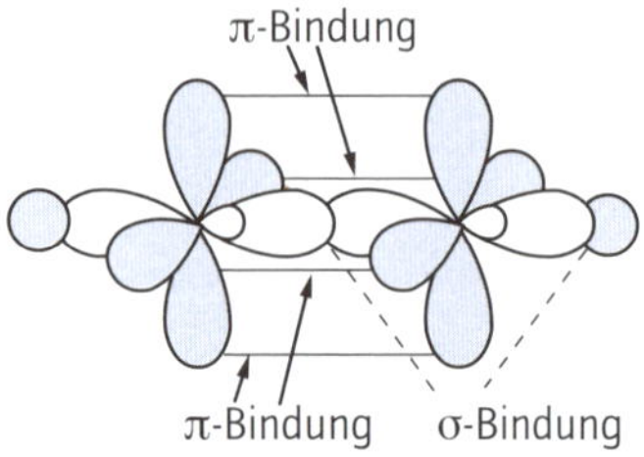

Molekülbau – das sp-hybridisierte Kohlenstoff-Atom: Um eine **Dreifachbindung** bilden zu können, verschmilzt im Kohlenstoff-Atom das 2s-Orbital mit einem 2p-Orbital. Diese **beiden sp-Hybridorbitale** liegen einander gegenüber. Die übrigen zwei 2p-Orbitale bilden mit den Hybridorbitalen eine Ebene bzw. stehen senkrecht dazu. Die Dreifachbindung entsteht durch Überlappen der Hybridorbitale (σ-Bindung) und der beiden p-Orbitale (π-Bindungen).

Homologe Reihe und Nomenklatur: Die ungesättigten Alkine erhalten den selben Wortstamm wie die Alkane, lediglich die Endung lautet auf **-in**.

Allgemeine Summenformel: C_nH_{2n-2}

Die Lage der Dreifachbindung wird bei der Benennung angegeben:

1-Butin oder But-1-in: $HC{\equiv}C{-}CH_2{-}CH_3$

2-Butin oder But-2-in: $H_3C{-}C{\equiv}C{-}CH_3$

Ethin (Acetylen)	C_2H_2
Propin	C_3H_4
Butin	C_4H_6
Pentin	C_5H_8
Hexin	C_6H_{10}
Heptin	C_7H_{12}

MERKE ▪ Bindungstypen bei Kohlenwasserstoffen

Symbol	C−C	C=C	C≡C
Hybridisierung	sp^3	sp^2	sp
Orbitalanordnung	tetraedrisch	planar	linear
Winkel zwischen Orbitalen	109°	120°	180°
Anzahl Hybridorbitale	4	3	2
Anzahl π-Bindungen	–	1	2
Bindungsabstand C-C [10^{-10} m]	1,56	1,33	1,21
Bindungsenergie [kJ/mol]	335	608	830

9.2 Isomerien

Isomerie bedeutet für zwei Moleküle, dass sie **dieselbe Summenformel** besitzen, jedoch **unterschiedliche Verbindungen** darstellen.

Isomerien – eine Übersicht

Konstitutions-Isomerie	Stereo-Isomerie
Verknüpfung der Atome ist unterschiedlich – Stellungs-Isomerie – Funktions-Isomerie – Tautomerie – Valenz-Isomerie	Verknüpfung der Atome gleich, räumliche Lage unterschiedlich – Konformations-Isomerie – Cis-trans-Isomerie – Spiegelbild-Isomerie

Konstitutions-Isomerie = Struktur-Isomerie

Stellungs-Isomerie: Anzahl und Art der vorhandenen Atome ist gleich, ihre **Verknüpfung** ist jedoch unterschiedlich. Es entsteht jeweils eine bestimmte räumliche Anordnung, die zu einer besonderen Gestalt des Moleküls führt.

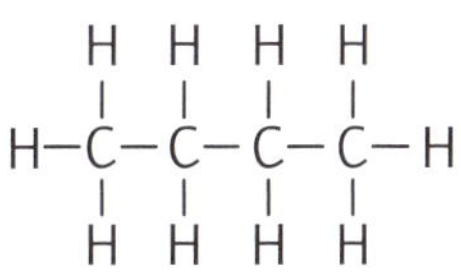

Butan:
n-Butan (normal)

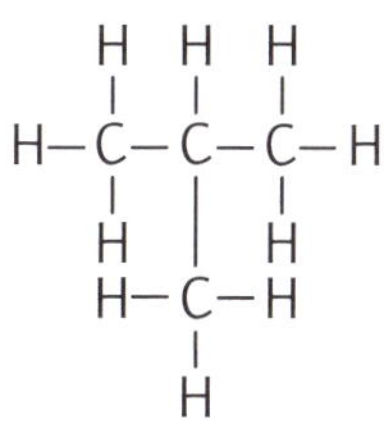

i-Butan (iso-)

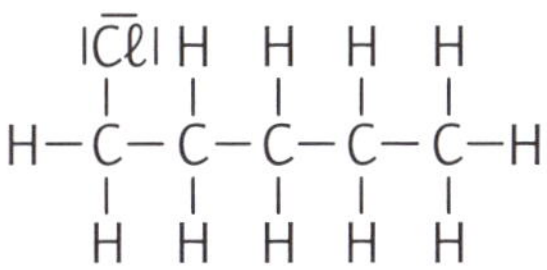

Chlorpentan:
1-Chlorpentan

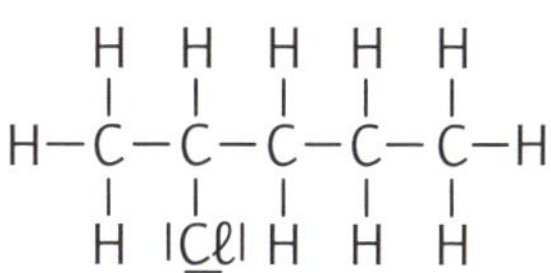

2-Chlorpentan

Funktions-Isomerie: Bei gleicher Anzahl an Atomen entstehen verschiedene **funktionelle Gruppen**.

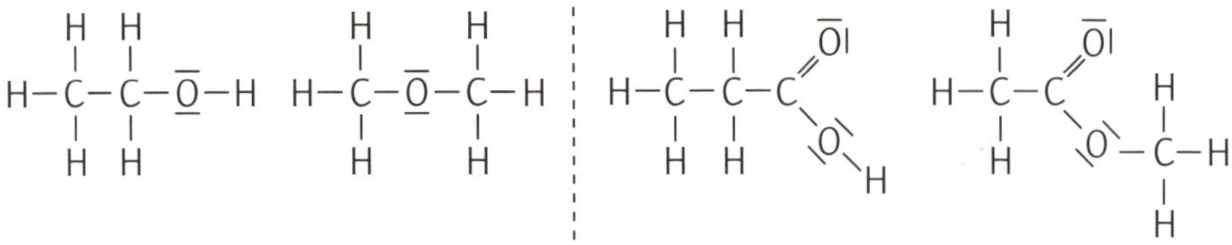

Ethanol | Dimethylether | Propansäure | Ethansäuremethylester

Tautomerie (Protonen-Isomerie): Ein **Proton** befindet sich an **verschiedenen Positionen** im Molekül.

Beispiel: Keto-Enol-Tautomerie bei Acetylaceton (Pentan-2,4-dion)

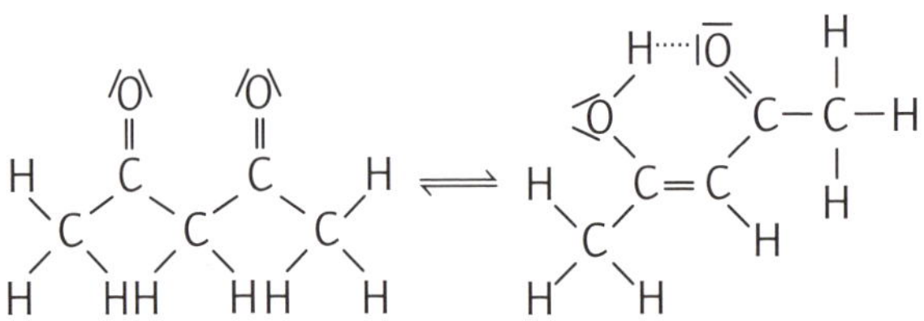

Keto-Form 15 %

Enol-Form 85 %
stabilisiert durch intramolekulare Wasserstoffbrückenbindung

Valenz-Isomerie: Zwei Verbindungen mit derselben Summenformel unterscheiden sich in der **Anzahl der Einfach- und Doppelbindungen**.

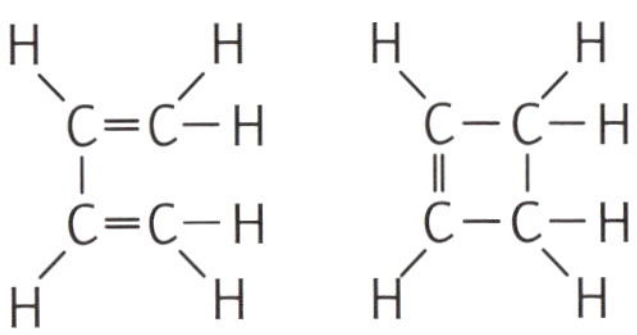

Buta-1,3-dien | Cyclobuten

INSIDER-TIPP

- **Wichtig ist es, dass man immer daran denkt, dass das Kohlenstoff-Atom 4 Valenzelektronen hat. Besser man zählt immer noch mal nach – das wird gerne aus Unkonzentriertheit falsch gemacht. Kontrolle ist hier sehr wichtig.**
- **Für die räumlich Vorstellung empfiehlt sich auch hier der Bau von Modellen mit Zahnstochern und Knetmasse- oder Styroporkugeln.**

Stereo-Isomerie

Konformations-Isomerie: Anzahl, Art und Verknüpfung der vorhandenen Atome ist gleich, ihre **genaue Stellung zueinander** ist jedoch unterschiedlich, da die Einfachbindung frei drehbar ist.
Ein Beispiel ist die Konformation am sp^3-hybridisierten, octaedrischen Kohlenstoff-Atom bei Ethan:

	Kugel-Stab-Modell	Keilstrich-Formel	Sägebock-Projektion
ekliptische Konformation (energetisch ungünstiger)	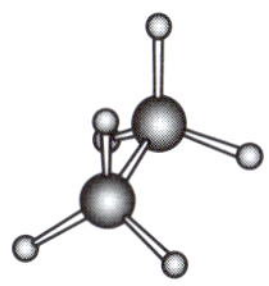		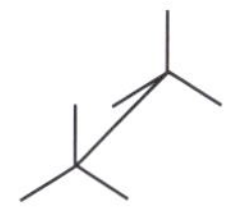
gestaffelte Konformation (energetisch günstiger)	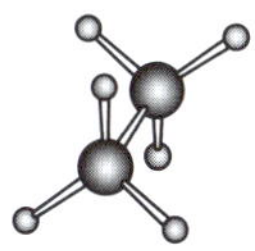		

Projektionsformel nach Newman für Ethan: Man blickt von vorne auf das Molekül, das erste Kohlenstoff-Atom ist als Punkt dargestellt, das zweite liegt genau dahinter und ist als Kreis abgebildet.

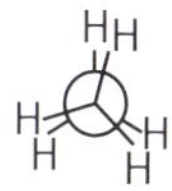

ekliptische Konformation

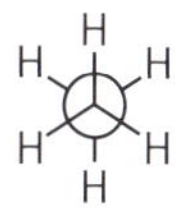

gestaffelte Konformation

Die Wasserstoff-Atome werden entsprechend ihrer Konformation angeordnet.

Auch bei Cycloalkanen finden wir die Konformations-Isomerie.
Beispiel: Cyclohexan

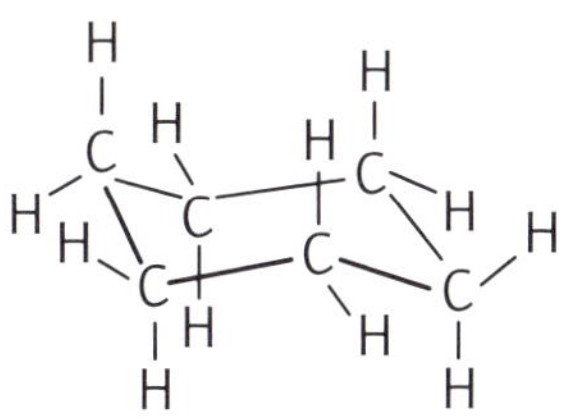

Sesselform (energetisch günstiger)

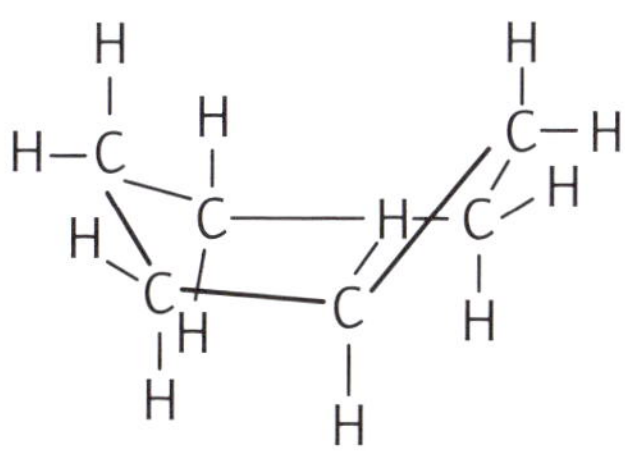

Wannenform (energetisch ungünstiger)

Cis-trans-Isomerie oder auch **Z/E-Isomerie:** Die Lage von zwei gleichartigen Atomen an der **Doppelbindung** ist unterschiedlich. Diese Isomerie kommt zustande, da die Doppelbindung im Gegensatz zur Einfachbindung **nicht frei drehbar** ist. Dabei gilt für die Benennung:

„cis" bzw. „Z": gleiche Atome oder Atomgruppen liegen auf derselben Seite; „trans" bzw. „E": beide liegen auf verschiedenen Seiten der Doppelbindung.

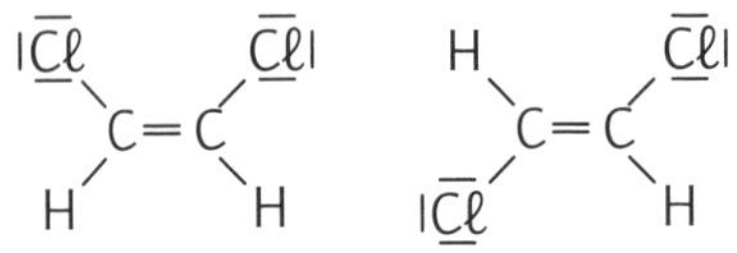

cis-1,2-Dichlorethen **trans-1,2-Dichlorethen**
Z-1.2-Dichlorethen **E-1.2-Dichlorethen**

Spiegelbild-Isomerie: Ein Kohlenstoff-Atom kann **vier verschiedene Bindungspartner** haben, welche eine unterschiedliche Orientierung aufweisen. Die beiden Isomere verhalten sich wie Bild und Spiegelbild, sind also nicht zur Deckung zu bringen, wie die linke und die rechte Hand. Man spricht von **chiralen** Molekülen (griech. *cheir* = Hand). Das entsprechende Kohlenstoff-Atom wird **asymmetrisches Kohlenstoff-Atom** oder **Asymmetriezentrum** oder **Chiralitätszentrum** genannt.

Die beiden Isomere werden auch als **Enantiomere** bezeichnet (griech. *enantios* = entgegengesetzt).

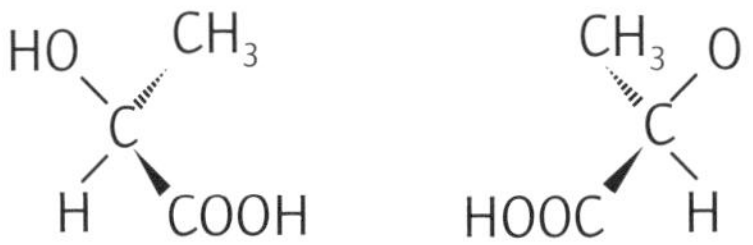

L-Milchsäure **D-Milchsäure**

Die Bezeichnung D- bzw. L-Milchsäure bezieht sich auf die Stellung der Hydroxyl-Gruppe in der Fischer-Projektion (→ Seite 129).

Chirale Moleküle haben die Eigenschaft, **die Ebene linear polarisierten Lichtes** um einen bestimmten Winkel zu drehen. Dabei dreht ein Enantiomer immer nach rechts, das andere um denselben Betrag nach links. Sie werden mit einem **(+) für rechtsdrehend** bzw. **(−) für linksdrehend** bezeichnet. Genauer müsste man also die Enantiomere der Milchsäure als D-(−)-Milchsäure (dreht um −3,8° nach links) und L-(+)-Milchsäure (dreht um +3,8° nach rechts) bezeichnen. Liegt ein 1 : 1-Gemisch aus zwei Enantiomeren vor, so dreht dieses die Ebene des polarisierten Lichtes nicht, da sich die Wirkungen beider Enantiomere aufheben. Ein solches Gemisch nennt man **Racemat**.

9.3 Alkanole (Alkohole)

Homologe Reihe und Nomenklatur

Die funktionelle Gruppe der Alkohole ist die **Hydroxyl-Gruppe (–OH)**. Der Name leitet sich vom Wortstamm des entsprechenden Alkans mit der Endung **-ol** ab.

Methanol	CH_3OH
Ethanol	C_2H_5OH

Ab Propanol gibt es mehrere Möglichkeiten, wo im Molekül sich die Hydroxyl-Gruppe befinden kann. So gibt es 1- und 2-Propanol, zwei **Konstitutions-Isomere**.

Je nachdem, wie viele Kohlenstoff-Atome mit dem die funktionelle Gruppe tragenden Kohlenstoff-Atom verbunden sind, unterscheidet man **primäre, sekundäre und tertiäre Alkohole**. Beispiel:

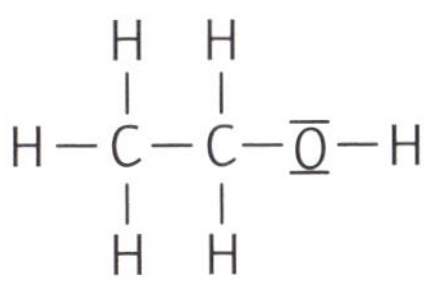

Ethanol
(primärer Alkohol)

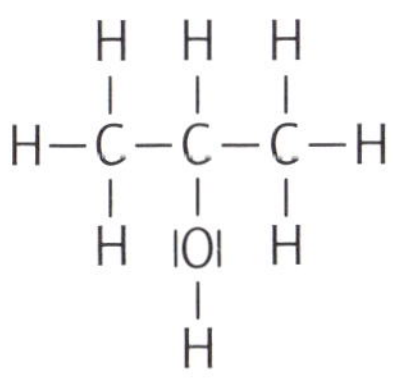

Propan-2-ol
(sekundärer Alkohol)

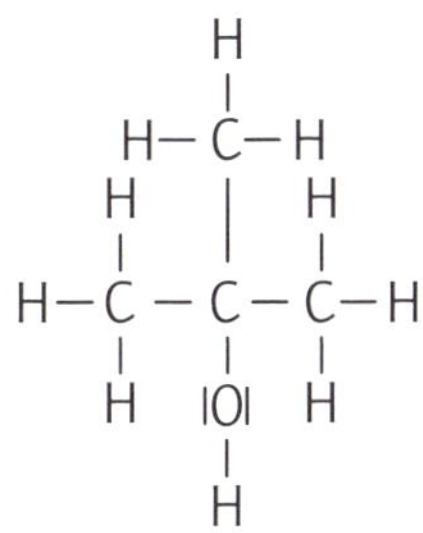

2-Methyl-propan-2-ol
(tertiärer Alkohol)

Je nachdem, wie viele Hydroxyl-Gruppen sich im Molekül befinden, unterscheidet man **einfache und mehrwertige Alkohole**. Beispiel:

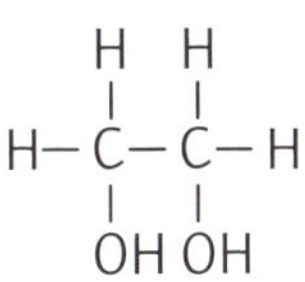

Ethylenglykol
Ethan-1,2-diol
(zweiwertig)

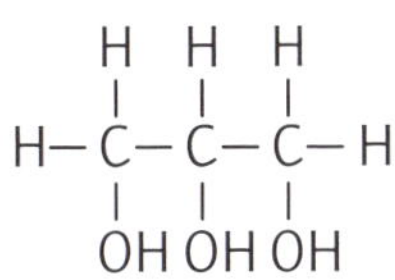

Glycerin
Propan-1,2,3-triol
(dreiwertig)

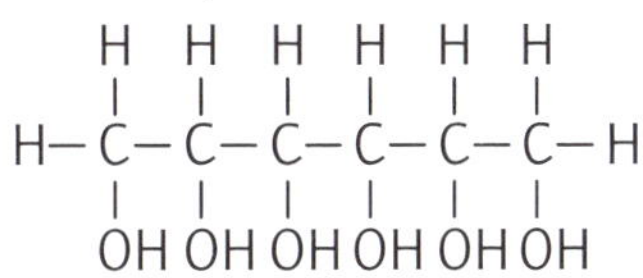

Sorbit
Hexan-1,2,3,4,5,6-hexol
(sechswertig)

Eigenschaften der Alkohole

Durch die **polare** funktionelle Gruppe ändern sich die Eigenschaften im Vergleich zu den entsprechenden Alkanen. Vor allem bei **kurzkettigen** Alkoholen fällt die Hydroxyl-Gruppe ins Gewicht. Der **Dipolcharakter** führt zur Ausbildung von **Wasserstoffbrücken**, die den Siedepunkt und die Viskosität der Verbindung im Vergleich zum Alkan entsprechenden Molekulargewichts erhöhen. Zudem sind kurzkettige Alkohole wegen der **hydrophilen**, polaren Hydroxyl-Gruppe gut mit Wasser mischbar. Je größer allerdings der **hydrophobe** Alkylrest wird, desto stärker prägen er und die **Van-der-Waals-Kräfte** die Eigenschaften des Moleküls.

Wichtige Reaktionen von Alkoholen

Alkoholatbildung mit Alkalimetallen

Vergleicht man die Reaktion von Natrium und Wasser mit der des Alkalimetalls mit Methanol, so findet man aufgrund des Dipolcharakters der beiden Moleküle gleiche Reaktionstypen.

Natrium reagiert mit Wasser unter Freisetzung von Wasserstoff zu Natrium- und Hydroxid-Ionen.
$2\ Na + 2\ H_2O \rightarrow H_2\uparrow + 2\ Na^+ + 2\ OH^-$

Natrium reagiert mit wasserfreiem Methanol unter Freisetzung von Wasserstoff zu Natrium- und Methanolat-Ionen.
$2\ Na + 2\ H_3COH \rightarrow H_2\uparrow + 2\ Na^+ + 2\ H_3CO^-$

Allgemein bildet sich bei der Reaktion von Alkalimetallen mit Alkoholen ein negativ geladenes **Alkoholat-Ion** und das Alkalimetall-Kation. Alkoholat-Ionen reagieren mit Wasser zum Alkohol zurück, während das Alkalimetall-Ion nun als Gegen-Ion zu den aus dem Wasser entstehenden Hydroxid-Ionen fungiert.
$R{-}CH_2O^- + H_2O \rightarrow R{-}CH_2OH + Na^+ + OH^-$

Oxidierbarkeit der Alkohole

Die funktionelle Gruppe der Alkohole lässt sich **oxidieren**. Bei einer leichten Oxidation (z. B. mit CuO als Oxidationsmittel) kann man anhand der Oxidationsprodukte unterscheiden, ob ein primärer, sekundärer oder tertiärer Alkohol vorlag.

Primäre Alkohole werden zu Aldehyden (→ Seite 107) oxidiert.

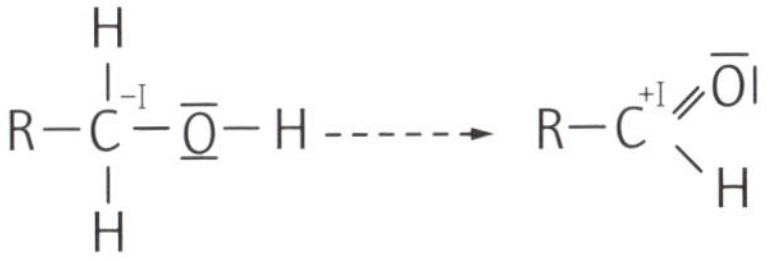

primärer Alkohol Aldehyd

Sekundäre Alkohole reagieren mit Oxidationsmitteln zu Ketonen (→ Seite 107).

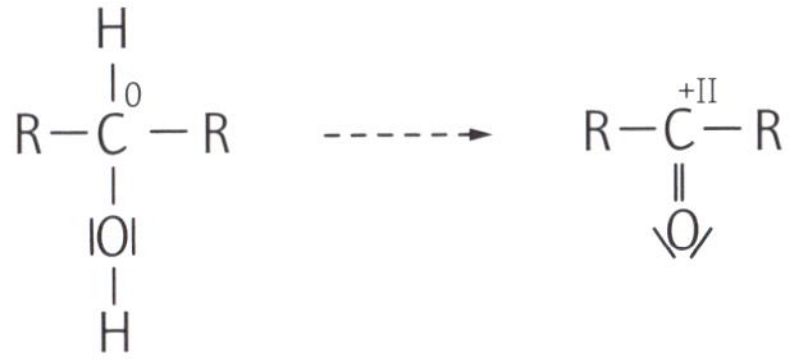

sekundärer Alkohol Keton

Tertiäre Alkohole können nicht oxidiert werden.

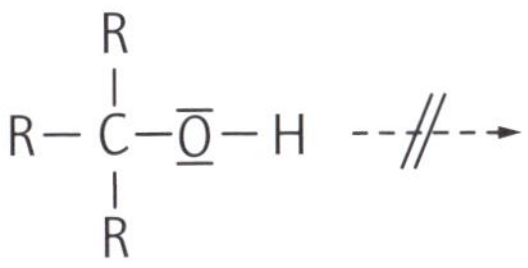

tertiärer Alkohol keine Oxidation

Durch eine starke Oxidation (z. B. mit $KMnO_4$ oder H_2SO_4 als Oxidationsmittel) werden primäre Alkohole zu Carbonsäuren (→ Seite 111) oxidiert.

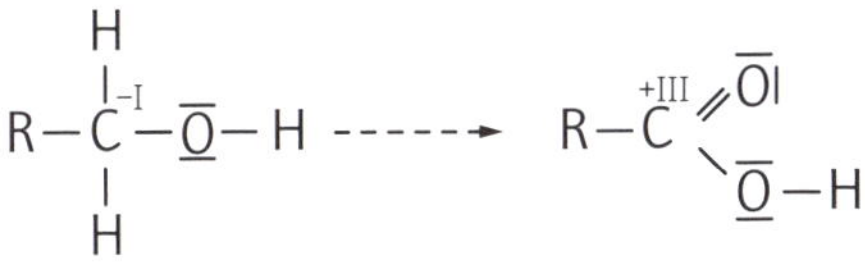

primärer Alkohol Carbonsäure

INSIDER-TIPP

Die Unterscheidung zwischen primärem, sekundärem und tertiärem Alkohol und die Formulierung der ablaufenden Reaktionen sind gerne gefragte Themen im Abitur.
Alkohole, Aldehyde und Ketone muss man sicher erkennen und mit Strukturformeln wiedergeben können.

9.4 Ether

Aufbau und Nomenklatur

Ether zeichnen sich durch ein Sauerstoff-Atom aus, welches jeweils zu zwei Kohlenstoff-Atomen eine σ-Bindung eingeht. Betrachtet man die Summenformel, so sind Ether **Konstitutionsisomere** zu den Alkoholen. Sie unterscheiden sich jedoch in ihren Eigenschaften. Da im Alkohol das Sauerstoff-Atom mit einem Wasserstoff-Atom verbunden ist, zeigt das Molekül einen Dipolcharakter und entsprechende Eigenschaften. Die Bindung von Sauerstoff und Kohlenstoff ist nicht polar und so können die Ether als **unpolare Moleküle** z. B. keine Wasserstoffbrücken bilden und sich auch nicht mit polaren Lösungsmitteln mischen.

Ether werden immer nach den beiden **Alkylresten** bezeichnet, die am Sauerstoff-Atom hängen.
Beispiel:

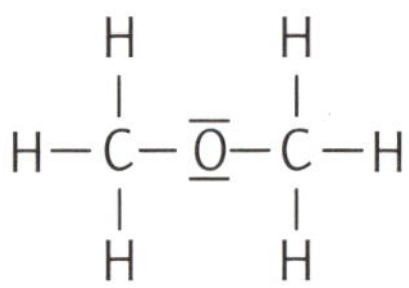

Dimethylether

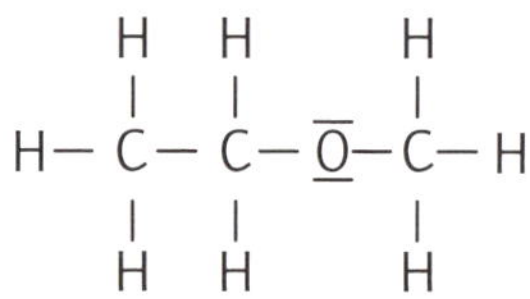

Ethylmethylether

Eigenschaften und Reaktionen der Ether

Im Vergleich zu den entsprechenden Alkoholen haben Ether wegen der fehlenden polaren Bindung einen niedrigeren Siedepunkt. Sie sind leicht entflammbar und bilden mit Luft explosive Gemische. Ether neigen in Gegenwart von Sauerstoff zur Selbstoxidation. Dabei bilden sich leicht zerfallende Peroxide, die für die hohe Explosivität der Ether mitverantwortlich sind.

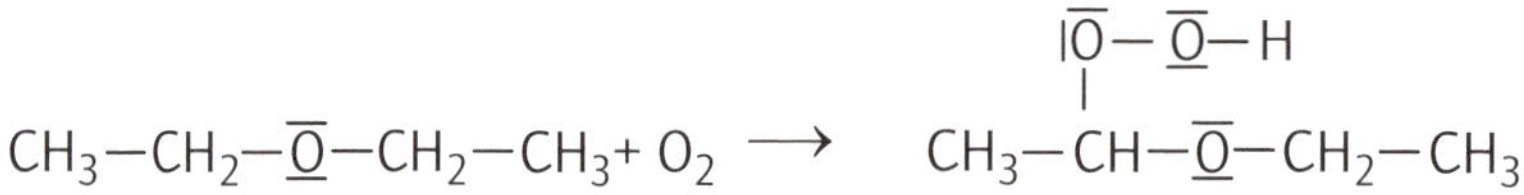

9.5 Alkanale (Aldehyde) und Alkanone (Ketone)

Homologe Reihe und Nomenklatur

Aldehyde und Ketone erhält man durch die Oxidation primärer bzw. sekundärer Alkohole (→ Seite 105). So kommt der Name Aldehyd auch von „**al**cohol **dehyd**rogenatus". Die funktionelle Gruppe der Aldehyde (**Aldehyd-Gruppe**) setzt sich aus einer **Carbonyl-Gruppe** (= **Oxo-Gruppe**), einem Wasserstoff-Atom und einem Alkylrest zusammen. Die Ketone zeichnen sich durch die **Keto-Gruppe**, eine Carbonyl-Gruppe mit zwei Alkylresten, aus.

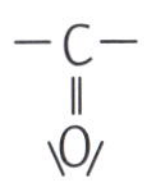

Carbonyl-Gruppe

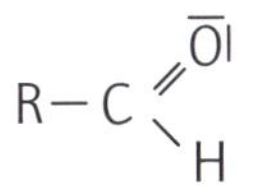

Aldehyd-Gruppe

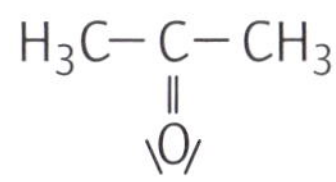

Keto-Gruppe

Die homologe Reihe der Aldehyde wird nach dem Wortstamm der entsprechenden Alkane und der Endung **-al** benannt. Dabei gibt es oftmals gern verwendete Trivialnamen.

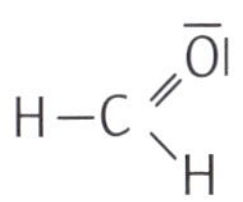

Methanal (Formaldehyd)

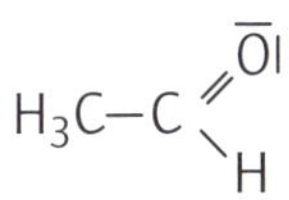

Ethanal (Acetaldehyd)

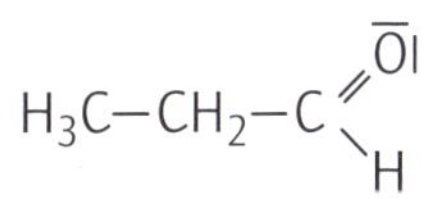

Propanal

Die Benennung der Ketone setzt sich aus dem Wortstamm des entsprechenden Alkans und der Endung **-on** zusammen. Dabei wird die Stellung der Carbonyl-Gruppe durch die Nummer des entsprechenden Kohlenstoff-Atoms wiedergegeben.

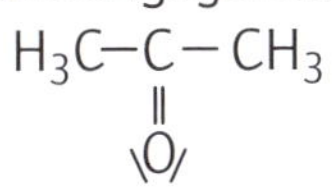

Propanon (Aceton)

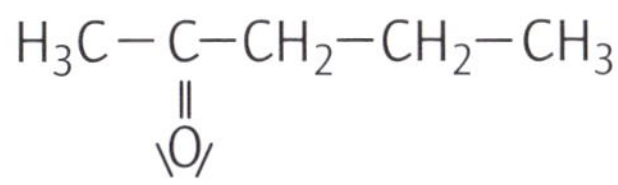

2-Pentanon

Eigenschaften

Da der Sauerstoff in der Carbonyl-Gruppe eine größere Elektronegativität besitzt als der Kohlenstoff, zieht er die Elektronen der Doppelbindung an sich. Dies führt zu einer **Polarisierung** mit einer negativen Teilladung am Sauerstoff- und einer positiven am Kohlenstoff-Atom. Das Wasserstoff-Atom in der Aldehyd-Gruppe kann daher leicht entfernt werden. Die Siedepunkte der kurzkettigen Aldehyde liegen aufgrund der auftretenden Partialladungen und der dadurch wirkenden zwischenmolekularen Anziehungskräfte deutlich über denen der Alkane mit vergleichbarer molarer Masse. Im Vergleich mit den Alkoholen liegen die Siedepunkte jedoch niedriger, da zwar Dipol-Dipol-Wechselwirkungen auftreten, aber von den Aldehyden und Ketonen keine Wasserstoffbrückenbindung gebildet werden kann.

Reaktionen von Aldehyden und Ketonen

Aldehyde als Reduktionsmittel – typische Nachweisreaktionen

Da Ketone nicht weiter oxidiert werden können, sind diese Nachweisreaktionen nur für Aldehyde positiv.

Fehling-Probe

Nachdem man **Fehling-Lösung I (Kupfersulfat-Lösung)** und **Fehling-Lösung II (alkalische Natrium-Kalium-Tartrat-Lösung)** gemischt hat, erhält man einen tiefblauen Kupfer(II)-Tartrat-Komplex. Nun wird der Aldehyd dazu gegeben und die Mischung vorsichtig erhitzt. Es entsteht ein **roter Niederschlag** und die Lösung entfärbt sich.

In einer Redoxreaktion wird der Aldehyd zur Carbonsäure (→ Seite 111) oxidiert und Kupfer(II)-Ionen werden zu Kupfer(I)oxid reduziert.

Reaktionsgleichung:

Oxidation: $$R-\overset{+I}{C}(=\overline{O}|)-H + 2\,OH^- \longrightarrow R-\overset{+III}{C}(=\overline{O}|)-OH + 2e^- + H_2O$$

Reduktion: $$2\,\overset{+I}{Cu}{}^{2+} + 2\,OH^- + 2e^- \longrightarrow \overset{+I}{Cu}{}_2O\downarrow + H_2O$$

Redox: $$2\,Cu^{2+} + R-C(=\overline{O}|)-H + 4\,OH^- \longrightarrow Cu_2O + R-C(=\overline{O}|)-OH + 2\,H_2O$$

Tollens'sche Probe, Silberspiegel-Probe

Zu einer **Silbersalzlösung** tropft man so lange verdünntes **Ammoniakwasser**, bis ein entstandener Niederschlag sich wieder auflöst. Es hat sich der lösliche **Silber(I)diammin-Komplex** gebildet. Nun wird der Aldehyd zugegeben und die Lösung evtl. erwärmt. Man beobachtet die Bildung eines metallischen Spiegels an der Reagenzglaswand, der von elementarem Silber herrührt.

Silber(I)-Ionen werden also zu elementarem Silber reduziert, während der Aldehyd zur Carbonsäure oxidiert wird.

Reaktionsgleichung:

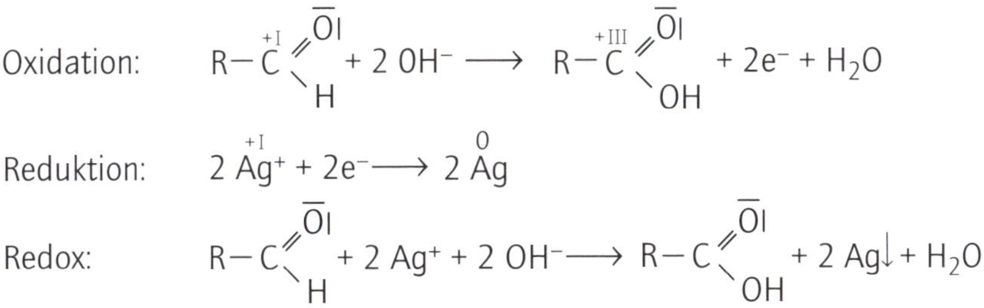

Additionsreaktionen

Aufgrund der polarisierten Carbonyl-Gruppe können **nucleophile** (kernsuchende) Agentien mit **freien Elektronen** sich leicht an das positivierte Kohlenstoff-Atom anlagern. Reaktionspartner können dabei z. B. Alkohole, Ammoniak, Wasser oder Cyanwasserstoff sein. Die **Additionsreaktion** erfolgt immer in Gegenwart von Oxonium- oder Hydroxid-Ionen als **Katalysator**.

Am bedeutendsten ist die Addition von Alkoholen an Aldehyde oder Ketone. Die Reaktion läuft nach dem Mechanismus einer **nucleophilen Addition** ab. Allgemein bildet sich bei der Reaktion von einem Aldehyd-Molekül mit einem Alkohol-Molekül ein **Halbacetal** und bei Addition eines weiteren Alkohol-Moleküls ein **Vollacetal**. Entsprechend erhält man bei der Reaktion eines Ketons ein **Halbketal** bzw. ein **Vollketal**.

Allgemeine Reaktionsgleichung:

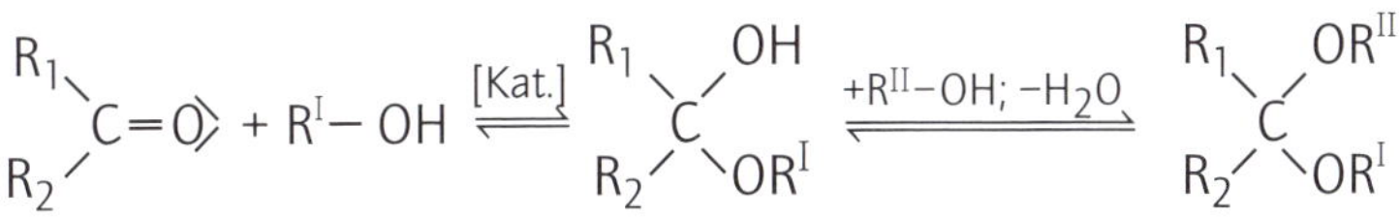

Halbacetal/-ketal Vollacetal/-ketal

Reaktionsmechanismus am Beispiel der Reaktion eines Aldehyds mit einem Alkohol

- Säurekatalyse
  Das Sauerstoff-Atom der Carbonyl-Gruppe wird protoniert.

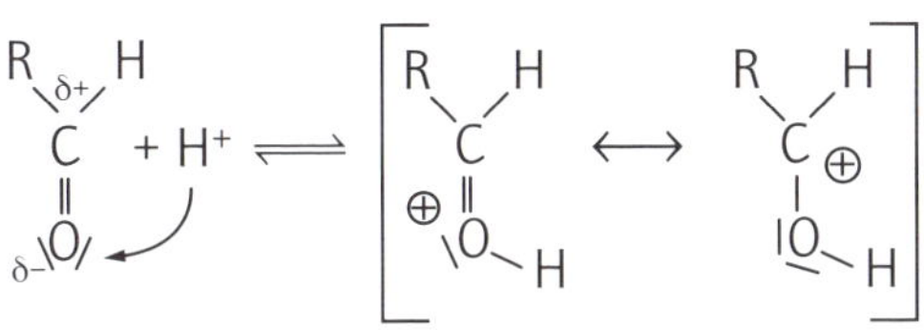

Das freie Elektronenpaar des Alkohols greift das Carbonyl-Kohlenstoff-Atom nucleophil an. Es entsteht ein Halbacetal.

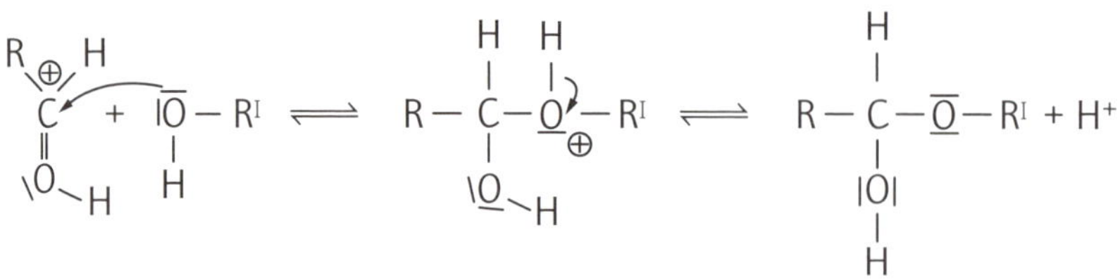

Die Hydroxyl-Gruppe des Halbacetals wird protoniert und Wasser wird unter Bildung eines Carbenium-Ions eliminiert.

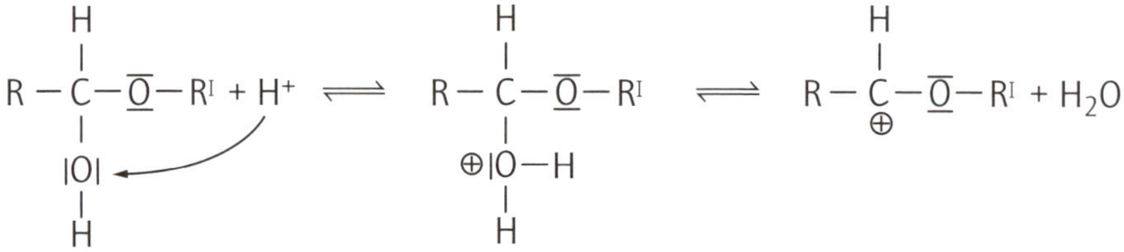

Ein zweites Alkohol-Molekül wird an das Carbenium-Ion addiert, wobei sich ein Vollacetal bildet.

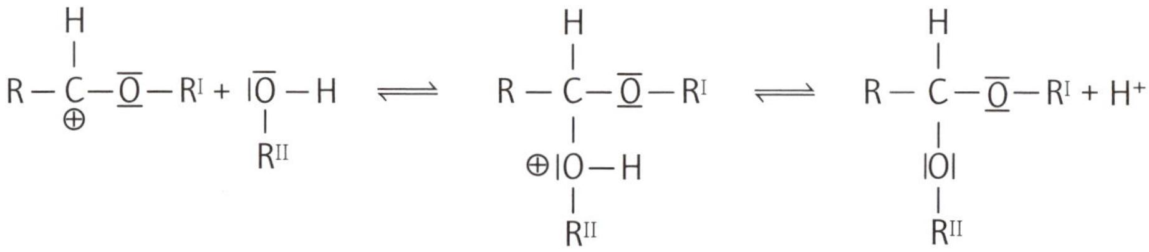

- Basenkatalyse
  Acetale sind gegenüber Basen inert. Es findet im Gegensatz zum letzten Schritt bei der Säurekatalyse keine Rückreaktion statt.

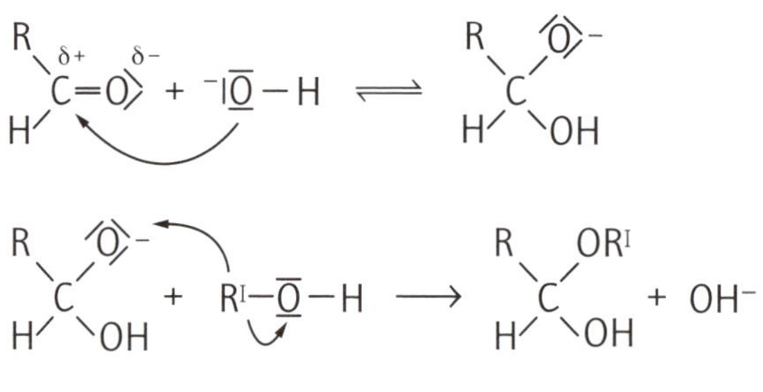

9.6 Carbonsäuren

Homologe Reihe und Nomenklatur

Die funktionelle Gruppe der Carbonsäuren ist die **Carboxyl-Gruppe**. Diese setzt sich aus einer **Carb**onyl- und einer Hydr**oxyl**-Gruppe zusammen.

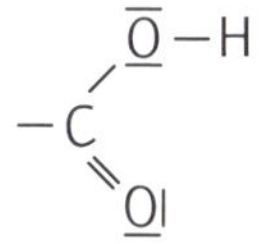

Carboxyl-Gruppe

Die homologe Reihe wird nach dem entsprechenden Alkan-Stamm mit der Endung **-säure** benannt. Bei den Carbonsäuren finden sich viele Trivialnamen.

Langkettige Carbonsäuren werden auch **Fettsäuren** genannt, da sie ein wichtiger Bestandteil von Fetten sind. Man unterscheidet dabei **gesättigte** (enthalten nur Einfachbindungen zwischen den Kohlenstoff-Atomen) und **ungesättigte** (enthalten auch eine oder mehrere Doppelbindungen) Fettsäuren.

Formel Säure	**Benennung**	**Formel Anion**	**Benennung Salz**
$H-COOH$	Methansäure, Ameisensäure	$H-COO^-$	Formiat
$H_3C-COOH$	Ethansäure, Essigsäure	H_3C-COO^-	Acetat
$H_3C\text{-}CH_2-COOH$	Propansäure, Propionsäure	$H_3C-CH_2-COO^-$	Propionat
$H_3C-CH_2-CH_2-COOH$	Butansäure, Buttersäure	$H_3C-CH_2-CH_2-COO^-$	Butyrat
$H_3C-(CH_2)_{14}-COOH$	Hexadecansäure, Palmitinsäure	$H_3C-(CH_2)_{14}-COO^-$	Palmitat
$H_3C-(CH_2)_{16}-COOH$	Octadecansäure, Stearinsäure	$H_3C-(CH_2)_{14}-COO^-$	Stearat

Eigenschaften

Aufgrund der **polaren Hydroxyl-Gruppe** sind kurzkettige Carbonsäuren gut mit Wasser mischbar. Je länger der Alkylrest jedoch wird, desto stärker überwiegen unpolare Eigenschaften des Moleküls. Mit größerer Kettenlänge steigen die Siedepunkte, und der Aggregatzustand geht von flüssig in fest über. Dabei gilt, dass ungesättigte Fettsäuren bei Raumtemperatur **flüssig** (Ölsäure, Linolsäure), gesättigte jedoch **fest** sind (z. B. Palmitin- oder Stearinsäure).

Reaktionen von Carbonsäuren mit Protonenakzeptoren

Carbonsäuren reagieren **sauer**, da das Proton der Hydroxyl-Gruppe leicht abgespalten werden kann. Im Gegensatz zu der funktionellen Gruppe der Alkohole finden wir in der Carboxyl-Gruppe einen **negativen Induktionseffekt (−I-Effekt)** durch das Carbonyl-Sauerstoff-Atom. Dieses zieht aufgrund seiner im Vergleich zum Kohlenstoff-Atom größeren Elektronegativität die Elektronen der Doppelbindung an sich. Dadurch wird der Elektronenabzug von der Hydroxyl-Gruppe verstärkt und das Wasserstoff-Atom ist nur schwach gebunden.

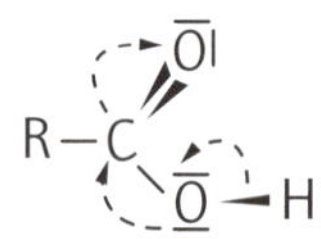

Carboxylat-Ionen sind **mesomeriestabilisiert**. Carboxyl-Gruppen sind daher eher bereit, ihr Proton abzugeben. Man kann zwei mesomere Grenzstrukturen zeichnen, der wahre Zustand liegt irgendwo dazwischen.

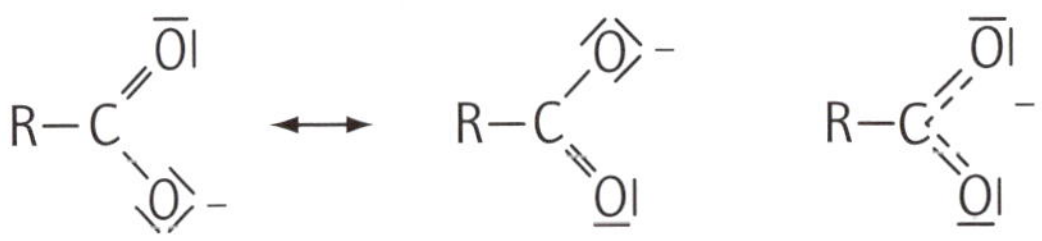

Reaktion einer Carbonsäure mit Wasser:

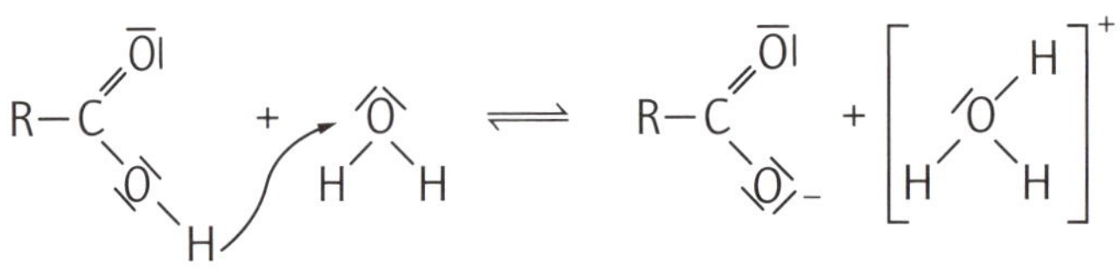

INSIDER-TIPP

Carbonsäuren sind wichtige Reaktionspartner bei vielen biologischen und technischen Prozessen. Entsprechend häufig und in unterschiedlichsten Zusammenhängen tauchen sie auch in Abituraufgaben auf. Hier lohnt sich ein Rückblick zu Kapitel 6, Säuren und Basen.

9.7 Ester

Nomenklatur

Die funktionelle Gruppe der Ester ist eine **Carbonyl-Gruppe in Verbindung mit einer Ether-Gruppe**. Es liegt somit ein Kohlenstoff-Atom vor, welches sowohl eine Doppelbindung als auch eine Einfachbindung zu je einem Sauerstoff-Atom aufweist. Am Carbonyl-Kohlenstoff und an einem Sauerstoff-Atom hängt jeweils noch ein Alkylrest (Ausnahme sind Ester der Methansäure).

Ester entstehen durch die Reaktion einer **Carbonsäure** mit einem **Alkohol**. Bei der Benennung von Estern werden die bei der Entstehung beteiligten Partner genannt und dann die Endung **-ester** angehängt. Manchmal erfolgt die Benennung auch nach dem Alkylrest des Alkohols und dem Salz der Carbonsäure.

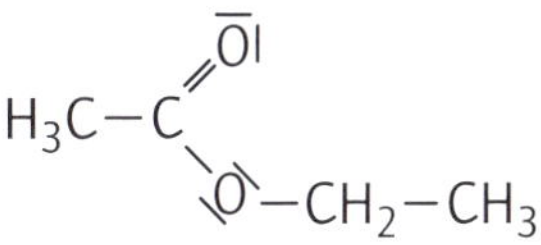

Ethansäureethylester (Ethylacetat)

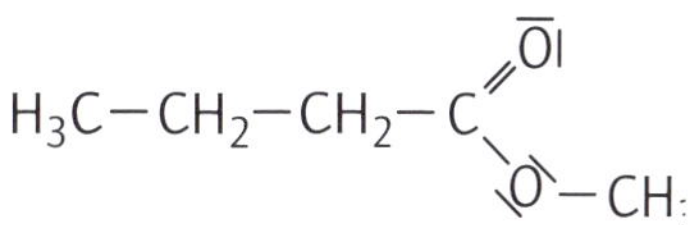

Butansäuremethylester (Methylbutyrat)

Eigenschaften

Aufgrund der fehlenden Wasserstoffbrücken sind Ester nur schwer mit Wasser mischbar. Es überwiegen die **lipophilen** Alkyreste. Ester mit kleiner Molekülmasse haben niedrige Siedepunkte und sind leicht flüchtig. Sie haben meist einen **aromatischen Geruch** und sind z. B. in vielen Obstsorten zu finden.

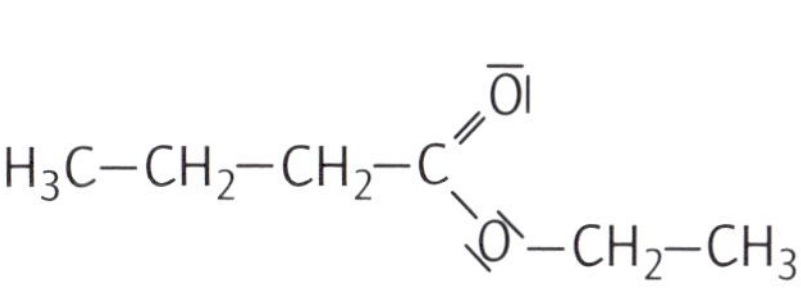

Ananasaroma: Buttersäureethylester

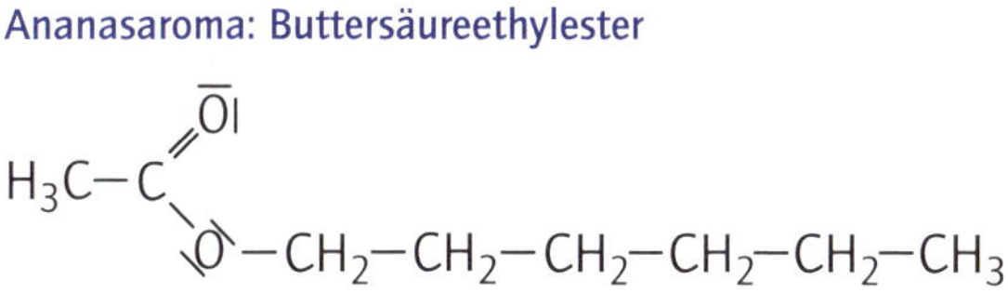

Birnenaroma: Essigsäurehexylester

Reaktionen von Estern

Ester bilden sich unter **Säurekatalyse** aus einer Carbonsäure und einem Alkohol. Dabei wird Wasser abgespalten, weshalb man bei der Veresterung auch von einer **Kondensationsreaktion** spricht.

Veresterung:

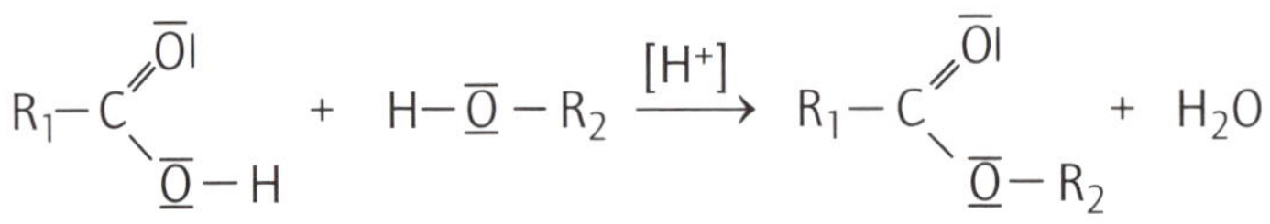

Entsprechend wird die Esterbindung durch Wasseranlagerung unter Säurekatalyse (**saure Hydrolyse**) wieder gespalten.

Esterhydrolyse:

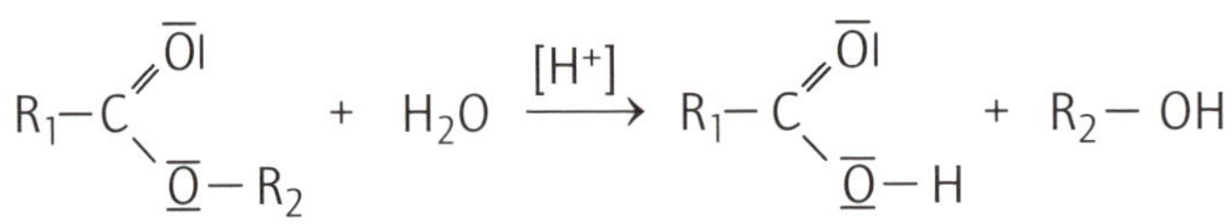

Die Esterbildung ist eine **reversible Reaktion**. Veresterung und Esterhydrolyse laufen ständig ab, die Reaktion befindet sich in einem **dynamischen Gleichgewicht**.

$$\text{Alkohol} + \text{Carbonsäure} \underset{\text{Esterhydrolyse}}{\overset{\text{Veresterung}}{\rightleftharpoons}} \text{Carbonsäurealkylester} + \text{Wasser}$$

Entsprechend kann man die **Esterausbeute** beeinflussen, indem man z. B. mehr Edukte einsetzt oder den Ester aus dem Gleichgewicht entfernt. Arbeiten bei niedriger Temperatur erhöht ebenfalls die Esterausbeute, da die Veresterung exotherm ist.

In alkalischer Lösung findet die Esterspaltung mithilfe von Hydroxid-Ionen (**alkalische Hydrolyse**) statt. Dabei entsteht der Alkohol und das **mesomeriestabilisierte Carboxylat-Ion**. Diese Reaktion ist daher nicht umkehrbar. Man kann auf diese Weise Ester **quantitativ** spalten.

Reagieren langkettige Fettsäuren mit dem dreiwertigen Alkohol Glycerin, so entstehen **Triglyceride** (Fette). **Öle** entstehen bei der Veresterung von Glycerin mit einer oder mehreren ungesättigten Fettsäuren (→ Lipide, Seite 139 ff.). Bei der alkalischen Hydrolyse von Triglyceriden erhält man die **Alkalisalze der Fettsäuren**. Diese werden auch als **Seifen** bezeichnet (→ Tenside, Seite 171 ff.).

CHECKLISTE

9 Homologe Reihen organischer Verbindungen

- **Man unterscheidet gesättigte und ungesättigte Kohlenwasserstoffe (KW).**

Merkmale	gesättigte KW	ungesättigte KW	
Nomenklatur	Alkan	Alken	Alkin
Summenformel	C_nH_{2n+2}	C_nH_{2n}	C_nH_{2n-2}
Bindung	Einfach-	Doppel-	Dreifach-
Bindungstyp	σ	σ und π	σ und 2 x π
Hybridisierung	sp^3	sp^2	sp

- **Bei den organischen Sauerstoffverbindungen unterscheidet man nach den funktionellen Gruppen.**

Name	funktionelle Gruppe	Strukturformel	Benennung
Alkohole/ Alkanole	Hydroxyl-Gruppe	$-\overline{O}-H$	Alkan + -ol
Ether	Ether-Gruppe	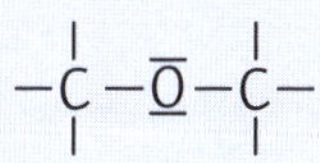	Alkylreste + -ether
Aldehyde/ Alkanale	Aldehyd-Gruppe	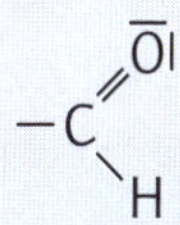	Alkan + -al
Ketone/ Alkanone	Keto-/Oxo-/Carbonyl-Gruppe	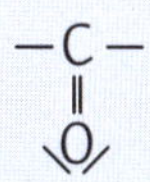	Alkan + -on
Carbonsäuren	Carboxyl-Gruppe	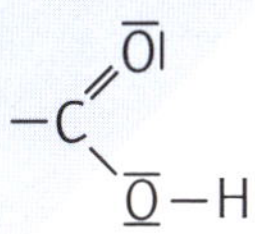	Alkan + -säure
Ester	Ester-Gruppe	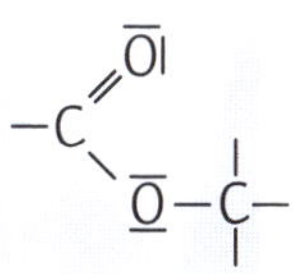	Carbonsäure + Alkylrest + -ester

10 Aromaten

Ursprünglich zählte man zu den Aromaten wohlriechende Verbindungen. Später wurde die Definition erweitert auf Verbindungen mit hohem Kohlenstoffgehalt. Schließlich galten Benzol und seine Derivate als Aromaten. Die heutige Definition bezieht sich auf das π-Elektronen-System in aromatischen Verbindungen.

10.1 Das aromatische System

Benzol und Mesomerie

Benzol ist eine stark lichtbrechende Flüssigkeit mit einem Siedepunkt von 80 °C. Es verbrennt mit stark rußender Flamme. In Wasser ist die Verbindung unlöslich, sie mischt sich jedoch gut mit unpolaren Lösungsmitteln. Benzoldämpfe sind **carcinogen** (krebserregend) und **mutagen** (erbgutschädigend). Benzol hat die **Summenformel** C_6H_6 und liegt als ungesättigtes System vor.

Kekulé schlug 1872 als Struktur einen **Sechsring** vor, der drei Kohlenstoff-Kohlenstoff-Doppelbindungen aufweist. Nach der Röntgenstrukturanalyse sind jedoch alle **Bindungsabstände** gleich lang (139 pm, zum Vergleich: C–C-Doppelbindung: 134 pm, C–C-Einfachbindung: 154 pm) und alle **Bindungswinkel** gleich 120°. Die von Kekulé vorgeschlagene Struktur kann daher nur eine **Grenzformel** sein. Der wahre Zustand liegt zwischen den darstellbaren Grenzformeln. Die Doppelbindungselektronen (π-Elektronen) sind **delokalisiert** und über den ganzen Ring verteilt. Entsprechend der senkrechten Stellung der p-Orbitale zum Ring befindet sich eine **Elektronenwolke** oberhalb und eine unterhalb des Rings. Durch die Delokalisierung wird das Molekül energieärmer und gewinnt an **Stabilität**.

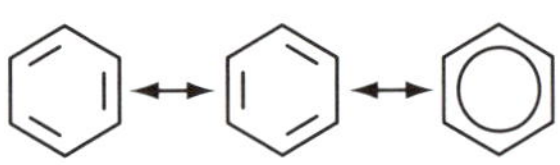

Mit den Kekulé-Formeln lassen sich folglich nur Grenzzustände darstellen. Der Atomverband kann durch mehrere Grenzformeln, die jedoch nicht den exakten Zustand wiedergeben, dargestellt werden. Dieses Phänomen nennt man **Mesomerie**.

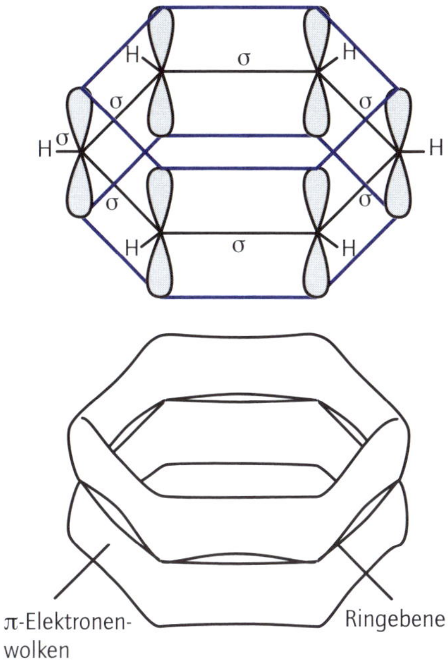

Die Elektronenwolken des Benzols

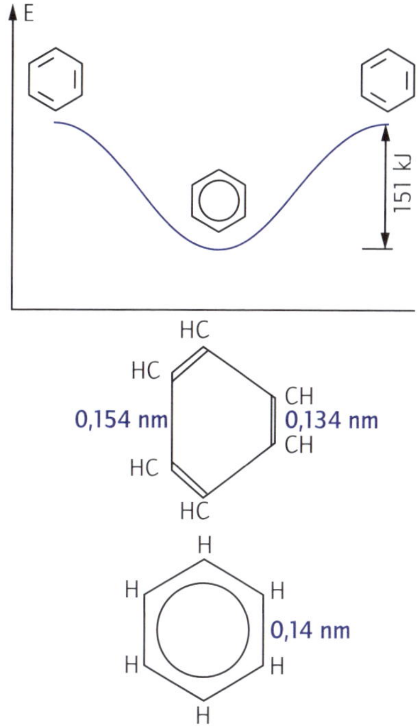

Tatsächlicher Zustand

Mesomerieenergie

Benzol ist sehr stabil, weil es eine große Mesomerieenergie besitzt. Der Wert dieser Energie ist die Differenz zwischen der Energie eines hypothetischen Grenzzustandes und dem tatsächlich existierenden Teilchen. Bestimmen lässt sich der Wert der Mesomerieenergie des Benzols, indem man die Energie ermittelt, die zur Hydrierung von Benzol nötig ist. Diesen Wert vergleicht man mit dem, der benötigt wird, um ein hypothetisches Cyclohexatrien oder drei mal Cyclohexen zu hydrieren. So erhält man einen Differenzbetrag bzw. eine Mesomerieenergie von 151 kJ/mol.

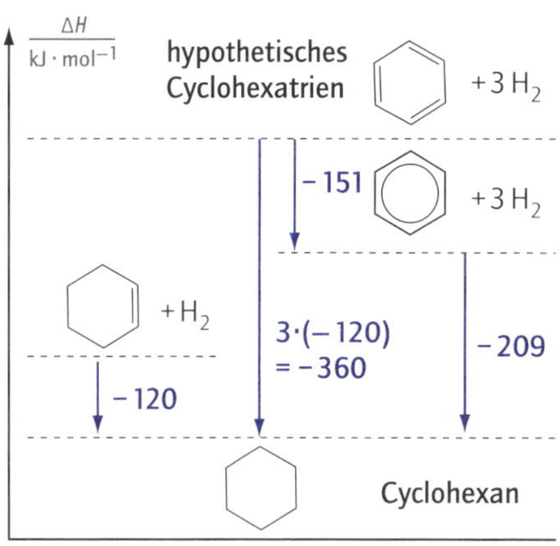

Neben Benzol gibt es weitere besonders stabile aromatische Systeme. Nach der **Hückel-Regel** sind solche aromatischen Systeme besonders stabil, wenn sie $4n + 2$ π-Elektronen besitzen, wobei *n* eine ganze Zahl ist.

Der aromatische Zustand und Nomenklatur

Zu den Aromaten zählt man derzeit cyclische Moleküle mit großer Mesomerieenergie. Alle Ringatome liegen dabei in einem System konjugierter Doppelbindungen vor, das heißt man hat immer abwechselnd eine Einfach- und eine Doppelbindung in den Grenzformeln. Der wahre Zustand stellt, wie beschrieben, immer ein delokalisiertes π-Elektronen-System dar.

Nach IUPAC werden mehrere Substituenten (andere Atome, die statt des Wasserstoffs an die Kohlenstoff-Atome gebunden sind) immer entsprechend ihrer Abstände zueinander bezeichnet. Dabei werden die Kohlenstoff-Atome durchnummeriert und die Substituenten mit den zugehörigen Zahlen versehen. Daneben exisitieren wiederum Trivialbezeichnungen. Man spricht von der **Ortho-**, der **Meta-** und der **Parastellung**.

Orthostellung	**Metastellung**	**Parastellung**
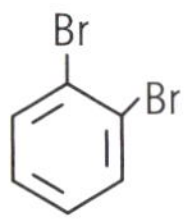	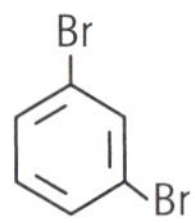	
1,2-Dibrombenzol ortho-Dibrombenzol o-Dibrombenzol	1,3-Dibrombenzol meta-Dibrombenzol m-Dibrombenzol	1,4-Dibrombenzol para-Dibrombenzol p-Dibrombenzol

10.2 Vertreter der Aromaten

Derivate des Benzols

Vom Benzol leiten sich viele wichtige aromatische Verbindungen ab, die zum Teil Trivialnamen tragen.

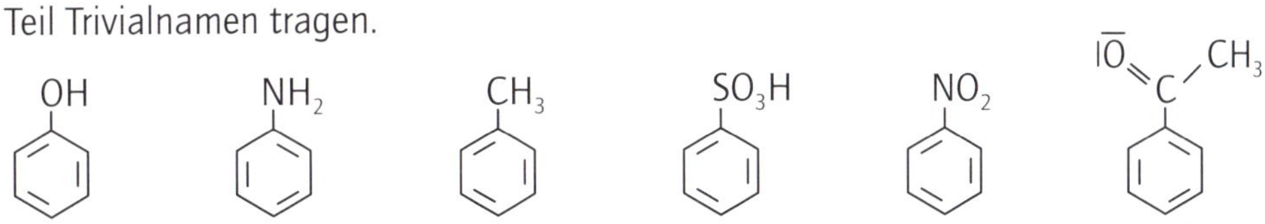

Phenol | Anilin | Toluol | Benzosulfonsäure | Nitrobenzol | Acetophenon

Phenol als aromatischer Alkohol: Phenol ist bei Raumtemperatur ein Feststoff, der farblose Nadeln von eigenartigem Geruch bildet, welche sich an der Luft rötlich färben. Der Schmelzpunkt liegt bei 41 ° C. Eine typische **Nachweisreaktion** ist die Bildung eines violetten Eisen-Inner-Komplexes nach Zugabe von Eisen(III)chlorid-Lösung in Wasser. Phenol hat die für die Alkohole typische funktionelle **Hydroxyl-Gruppe**. Die Acidität dieser aromatischen Verbindung ist jedoch höher als bei den aliphatischen Alkoholen. Der pK_S-Wert von Phenol liegt ungefähr bei 9, der von Ethanol bei ca. 17. Der Grund dafür ist die Bildung eines **mesomeriestabilisierten Phenolat-Ions**.

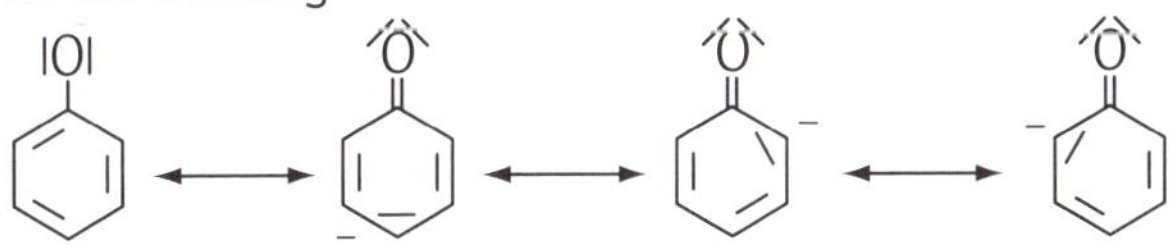

Grenzstrukturen des Phenolat-Ions

Mehrkernige Aromaten

Mehrkernige Aromaten sind Verbindungen mit mehreren Ringsystemen. Sie können entweder – wie das Biphenyl – über Einfachbindungen verknüpft sein oder aber aus **kondensierten Ringsystemen** bestehen, bei denen benachbarte Ringe jeweils zwei Kohlenstoff-Atome gemeinsam besitzen.

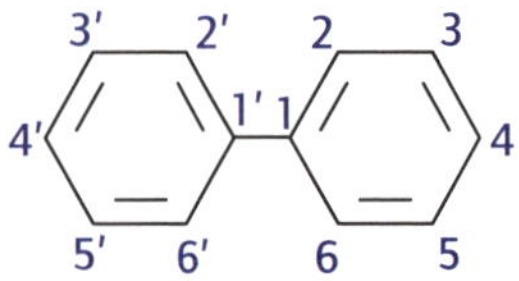

Biphenyl

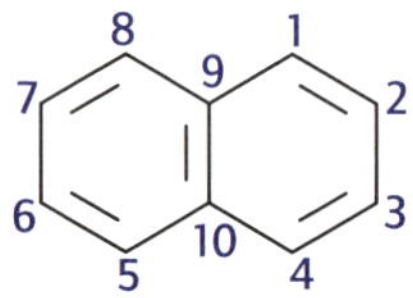

Naphthalin

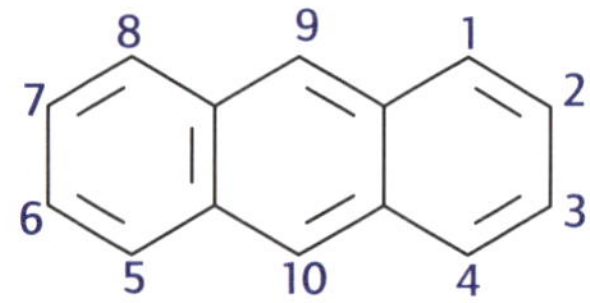

Anthracen

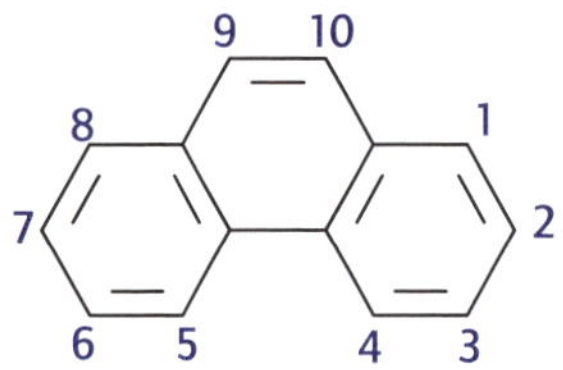

Phentanthren

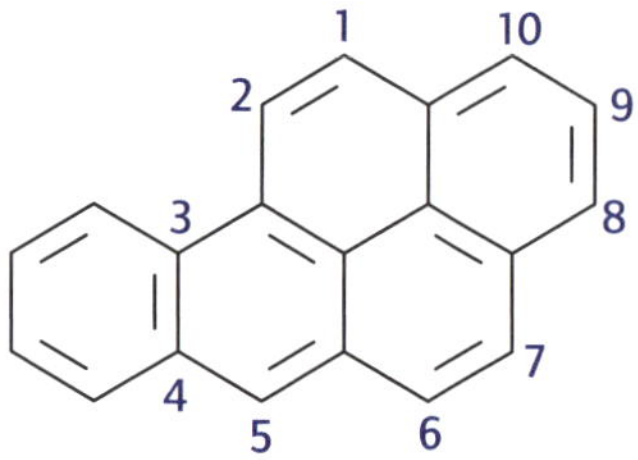

3,4-Benzpyren

INSIDER-TIPP

Bei der Benennung von Aromaten muss man sich sicher sein. Sicherheit bekommt man durch Übung! Oft werden in Aufgaben z. B. p-Dichlorbenzol und o-Dinitrobenzol angegeben, auf die Formel muss man dann selbst kommen.

Heteroaromaten

In den Benzolring können auch andere Atome als Kohlenstoff eingebaut sein. In diesem Fällen spricht man von **Hetero-** oder **Fremdatomen**. Ein typischer Vertreter eines **Heteroaromaten-Sechsrings** ist das Pyridin. Aufgrund der Stickstoff-Kohlenstoff-Bindung weist es im Vergleich zum Benzol eine gewisse Polarität auf. Das Pyrimidin mit zwei Stickstoff-Atomen im Ring ist das Grundgerüst für die Pyrimidin-Basen, die als Bausteine der DNA fungieren. Daneben findet man die Purin-Basen, die als Grundgerüst zwei kondensierte Ringsysteme mit je zwei Stickstoff-Atomen besitzen. Es paaren sich in der DNA immer eine Purin- und eine Pyrimidin-Base. Dabei bilden sich zwischen Adenin und Thymin zwei, zwischen Guanin und Cytosin drei Wasserstoffbrückenbindungen aus.

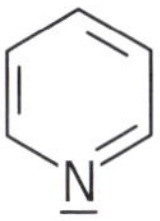

Pyridin

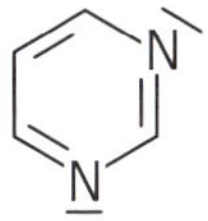

Purin

Pyrimidin

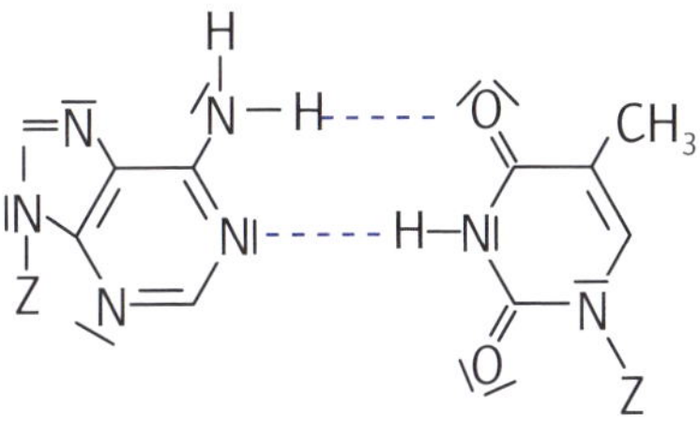

Adenin Thymin

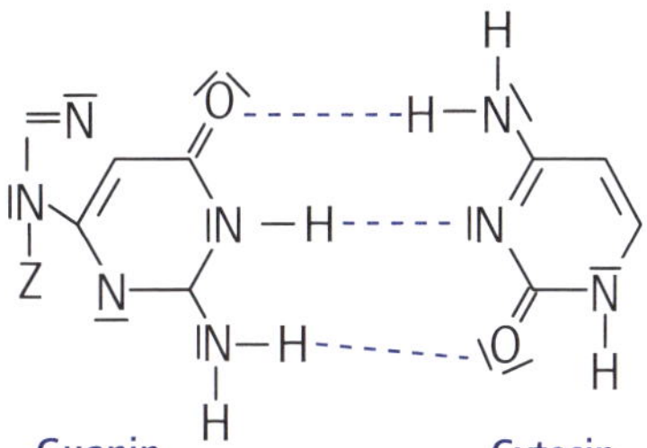

Guanin Cytosin

Man findet häufig auch **Fünfringe** mit Heteroatomen. Diese Atome zeichnen sich durch freie Valenzelektronen aus, von denen ein Paar in das π-Elektronensystem mit aufgenommen wird. Auch derartige Systeme erfüllen die Hückel-Regel und sind sehr stabil.

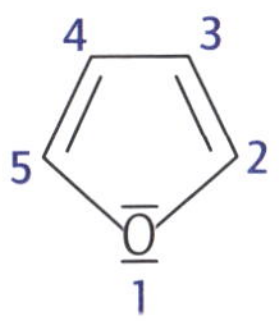

Furan

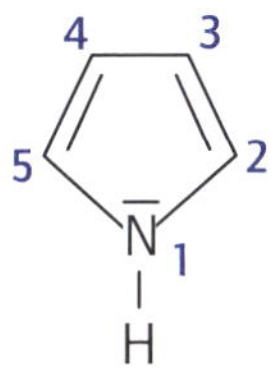

Pyrrol

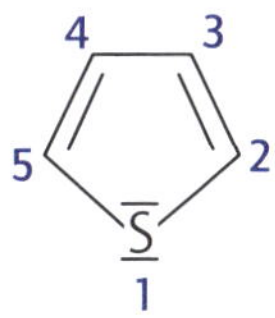

Thiophen

CHECKLISTE

10 Aromaten

- **Aromaten sind Verbindungen, die ein ringförmiges, delokalisiertes π-Elektronensystem besitzen. Dadurch erhalten sie eine hohe Mesomerieenergie.**
- **Die wichtigste aromatische Verbindung ist Benzol.**
- **Ersetzt man ein oder mehrere Wasserstoff-Atome des Benzols durch andere Atome oder Atom-Gruppen, so erhält man Derivate des Benzols.**
- **Verbindungen mit mehreren Ringsystemen bezeichnet man als mehrkernige Aromaten.**
- **Sind im Ringsystem andere Atome als Kohlenstoff eingebaut, so spricht man von Heteroaromaten.**

11 Reaktionsmechanismen

Der Reaktionsmechanismus soll über die während der Reaktion vorliegenden Verbindungen Aufschluss geben. Da man dabei mit Atom- und Bindungsmodellen argumentiert, hat auch der Reaktionsmechanismus nur Modellcharakter.
Man behilft sich damit, dass man versucht, möglicherweise auftretende „Zwischenprodukte" zu formulieren. Oft gelingt dies nur mithilfe von Andeutung einer Elektronenverlagerung in einer Bindung oder mit möglichen Anziehungskräften untereinander, die bildlich dargestellt werden. Man hat sich auf bestimmte Schreibweisen geeinigt, die für gängige Reaktionsmechanismen angewandt werden sollen.

11.1 Modellvorstellung eines Reaktionsmechanismus

Zur Beschreibung einer Reaktion werden bestimmte Stadien herausgegriffen und modellhaft dargestellt. Man unterscheidet zwischen **Übergangszuständen** (aktivierten Komplexen) und **Zwischenstufen**.

Ein Übergangszustand oder **Tradukt** ist eine **instabile** und sehr kurzlebige Verbindung, die sich auf einem „Energieberg" befindet. Sie stellt die wahrscheinlichste Hypothese für einen möglichen Zustand der Verbindung dar.

Eine Zwischenstufe oder **Interdukt** ist ebenfalls kurzlebig, aber **nachweisbar** und damit nicht nur eine Hypothese. Energetisch gesehen befindet sie sich in einem „Energietal" und kann so durch entsprechende Reaktionsbedingungen stabilisiert werden, obwohl sie sehr reaktiv ist.

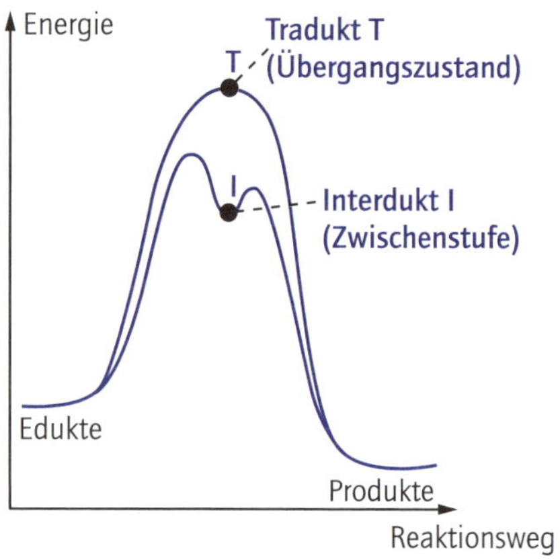

11.2 Radikalische Substitution

Ein typisches Beispiel für eine **radikalische Substitution** ist die Halogenierung eines Alkans. Substitution bedeutet dabei, dass ein Wasserstoff-Atom durch ein Halogen-Atom ersetzt wird. Dabei liegen die Halogen-Atome als äußerst reaktive Radikale vor.

Reaktionsmechanismus am Beispiel der Chlorierung von Methan

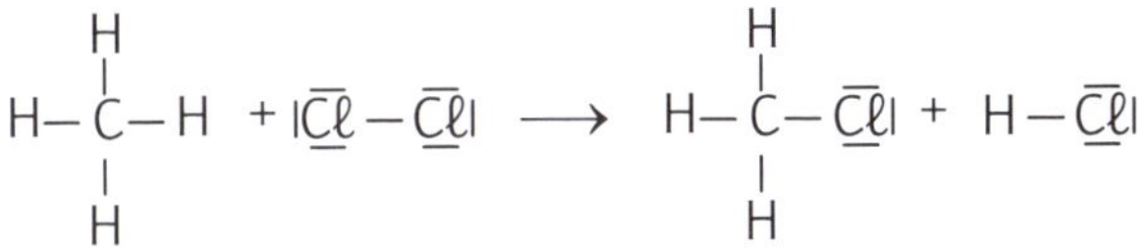

Methan + Chlor ⟶ Chlormethan + Hydrogenchlorid

Startreaktion: Mithilfe von UV-Licht wird ein Chlor-Molekül **homolytisch** in zwei Chlor-Atome gespalten. Da diese jeweils ein **freies ungepaartes Valenzelektron** aufweisen und deshalb sehr reaktiv sind, werden sie als Chlor-**Radikale** bezeichnet.

$$|\overline{\underline{Cl}}-\overline{\underline{Cl}}| \xrightarrow{h\cdot u} |\overline{\underline{Cl}}\cdot + \cdot\overline{\underline{Cl}}|$$

Kettenreaktion: Das Chlor-Radikal greift das Methan-Molekül an und entreißt ihm ein Wasserstoff-Atom. Dabei entsteht ein Methan-Radikal und Hydrogenchlorid.

$$H_3C-H + \cdot\overline{\underline{Cl}}| \longrightarrow H_3C\cdot + H-\overline{\underline{Cl}}|$$

Trifft nun ein Methan-Radikal auf ein weiteres Chlor-Molekül, so reißt das reaktive Methan-Teilchen ein Chlor-Atom an sich. Es bilden sich Chlormethan und ein Chlor-Radikal, welches wiederum mit einem Methan-Molekül reagieren kann und so die **Kettenreaktion** fortsetzt.

$$H_3C\cdot + |\overline{\underline{Cl}}-\overline{\underline{Cl}}| \longrightarrow H_3C-\overline{\underline{Cl}}| + \cdot\overline{\underline{Cl}}|$$

Abbruchreaktion: Die Kettenreaktion wird beendet, wenn zwei Chlor-Radikale zu einem Chlor-Molekül, zwei Methan-Radikale zu einem Ethan-Molekül oder aber ein Chlor-Radikal und ein Methan-Radikal zu einem Molekül Chlormethan reagieren.

$$H_3C\cdot + \cdot CH_3 \longrightarrow H_3C-CH_3$$

$$|\overline{\underline{Cl}}\cdot + \cdot\overline{\underline{Cl}}| \longrightarrow |\overline{\underline{Cl}}-\overline{\underline{Cl}}|$$

$$|\overline{\underline{Cl}}\cdot + \cdot CH_3 \longrightarrow |\overline{\underline{Cl}}-CH_3$$

Vergleich der verschiedenen Halogene

Während für die radikalische Substitution mit Chlor schon diffuses Tageslicht ausreicht und sie im Sonnenlicht explosionsartig abläuft, benötigt man für die Bromierung orange-gelbes Licht und beobachtet einen moderaten Verlauf der Reaktion. Iod hingegen ist so reaktionsträge, dass es als Radikalketteninhibitor eingesetzt wird.

	Chlor-Molekül	Brom-Molekül
molare Bindungsenergie	243 kJ/mol	193 kJ/mol
Wellenlänge des Lichtes, das zur homolytischen Spaltung nötig ist	490 nm	618 nm

11.3 Elektrophile Addition

Typisch für eine **elektrophile Addition** ist beispielsweise die Halogenierung eines Alkens. Ein **elektrophiles** (= elektronensuchendes, elektronenliebendes) Teilchen addiert an die elektronenreiche π-Bindung. Somit verschwindet die Doppelbindung und es entstehen zwei neue Einfachbindungen.

Reaktionsmechanismus am Beispiel der Bromierung von Ethen

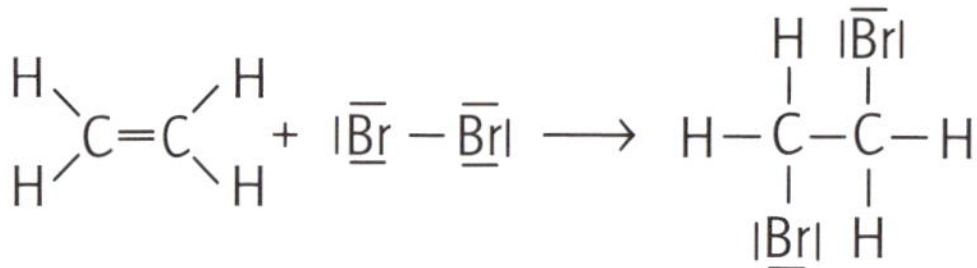

Ethen + Brom ⟶ 1,2-Dibromethan

- **1. Schritt:** Zwischen dem Ethen-Molekül und dem Brom-Molekül bildet sich als **Übergangszustand** ein **π-Komplex** aus. Dabei wird das Brom-Molekül polarisiert und greift die elektronenreiche π-Bindung an. Durch diesen **elektrophilen Angriff** wird das Brom-Molekül **heterolytisch** gespalten. Dabei entsteht in der **Zwischenstufe** als **σ-Komplex** ein cyclisches **Bromonium-Ion** und ein freies Bromid-Ion.

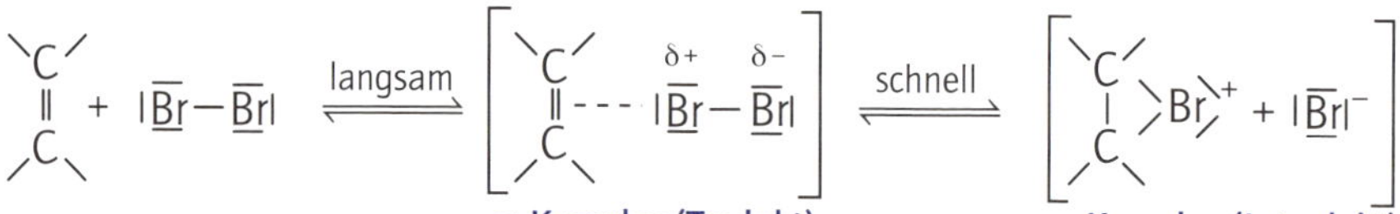

π-Komplex (Tradukt) σ-Komplex (Interdukt)

Ebenso kann man sich vorstellen, dass ein Carbenium-Ion als Zwischenstufe vorliegt, was jedoch meist bei Reaktionspartnern mit kleinerem Atomradius als beim Brom-Atom der Fall ist.

Da der elektrophile Angriff des polarisierten Brom-Moleküls der langsamste und damit **geschwindigkeitsbestimmende Schritt** aller ablaufenden Gleichgewichtsreaktionen ist, wird der Reaktionsmechanismus nach ihm benannt.

- **2. Schritt:** Das Bromid-Ion reagiert nun durch einen **nucleophilen (kernsuchenden) Rückseitenangriff** mit dem cyclischen Bromonium-Ion und es entsteht 1,2-Dibromethan.

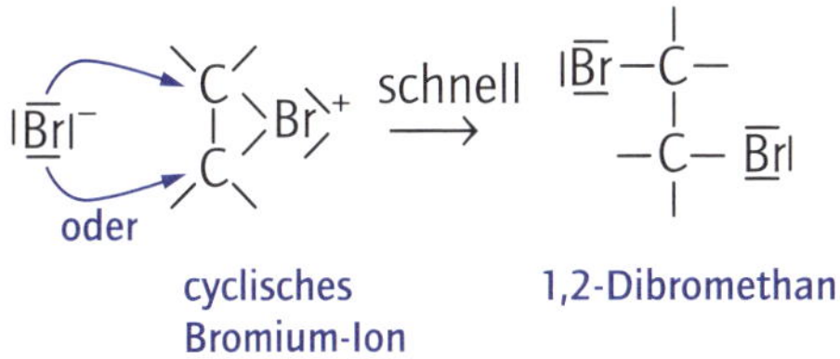

Energiediagramm

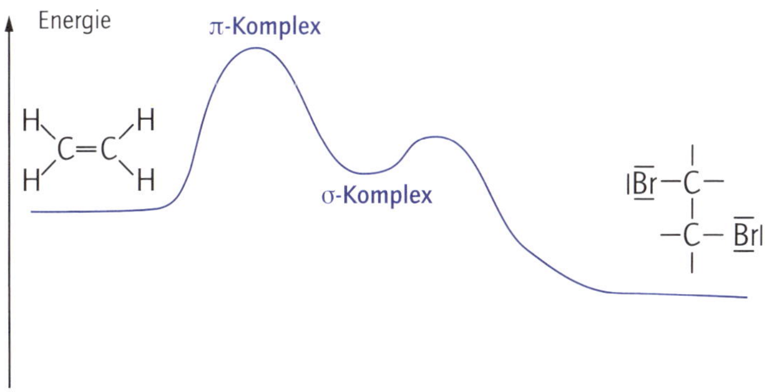

Einfluss der Reaktionsbedingungen: Die elektrophile Addition verläuft gut in **polaren Lösungsmitteln**, da hier die ionische Zwischenstufe stabilisiert wird. Allerdings darf nicht Wasser als Lösungsmittel verwendet werden, da sonst Hydroxid-Ionen anstelle der Bromid-Ionen addiert werden.

Einfluss von Substituenten: Befinden sich bereits Substituenten (andere Atome als Wasserstoff) an der π-Bindung, so üben diese einen Einfluss auf die Elektronendichte und damit auf den Reaktionsverlauf aus. Erstsubstituenten können entweder die Elektronendichte in der π-Bindung erhöhen, da sie einen **Elektronendruck** ausüben (**+I-Effekt**) oder auch erniedrigen, wenn sie einen **Elektronensog** hervorrufen (**−I-Effekt**).

Der +I-Effekt wird z. B. durch Alkylreste gefördert, welche eine positive Partialladung erhalten. Durch die Verstärkung der Elektronendichte kann ein elektrophiler Angriff viel leichter erfolgen.

Halogen-Atome als Substituenten bekommen durch ihre große Elektronegativität eine negative Partialladung und bewirken eine Polarisierung der Atombindung zum Kohlenstoff. Dies wirkt weiter elektronenziehend auf die π-Bindung (–I-Effekt) und erniedrigt dort die Elektronendichte im Molekülorbital. Dadurch wird ein elektrophiler Angriff erschwert.

INSIDER-TIPP

Reaktionsmechanismen kann man sich nur einprägen, wenn man sie schriftlich formuliert. Also einfach mal probieren, die Bromierung von Ethen ohne nachzuschauen zu durchdenken und dabei aufzuschreiben. Alle Reaktionsmechanismen schriftlich üben! Anschauen allein reicht nicht!

11.4 Elektrophile Substitution

Wie die Alkene haben auch **Aromaten** π-Bindungen mit einer hohen Elektronendichte. Aus diesem Grund reagieren sie mit elektrophilen Teilchen. Einer **Substitutionsreaktion** wird dabei im Gegensatz zur Additionsreaktion der Vorzug gegeben, da so das energetisch günstige aromatische System mit den π-Bindungen erhalten bleibt.

Reaktionsmechanismus am Beispiel der Bromierung von Benzol

Bei der Reaktion wird Eisen(III)bromid als **Katalysator** verwendet. Diese Verbindung bewirkt eine Polarisierung des Brom-Moleküls.

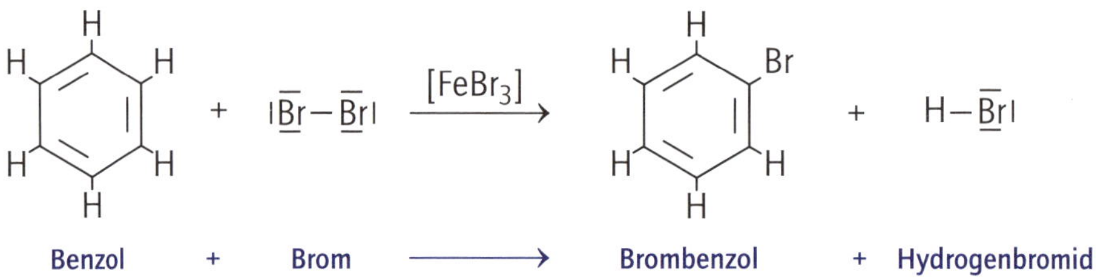

- **1. Schritt:** Das durch den Katalysator polarisierte Brom-Molekül bildet in einem langsamen Schritt mit dem π-Elektronensystem des Benzolrings einen **π-Komplex (Übergangszustand)**. Daraus entsteht schnell die **mesomeriestabilisierte Zwischenstufe** in Form eines **σ-Komplexes**. Die positive Ladung im Benzolring ist **delokalisiert**.

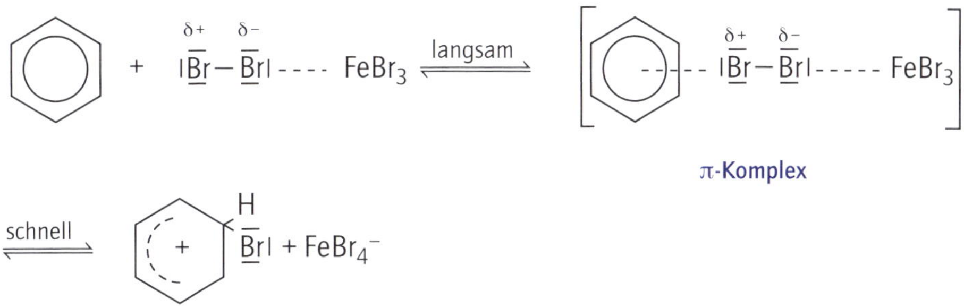

π-Komplex

σ-Komplex

- **2. Schritt**: Durch die Abspaltung des Protons bildet sich das **aromatische System** zurück. Dabei wird die Mesomerieenergie frei und es entstehen Brombenzol und Hydrogenbromid. Zudem wird der Katalysator zurückgewonnen.

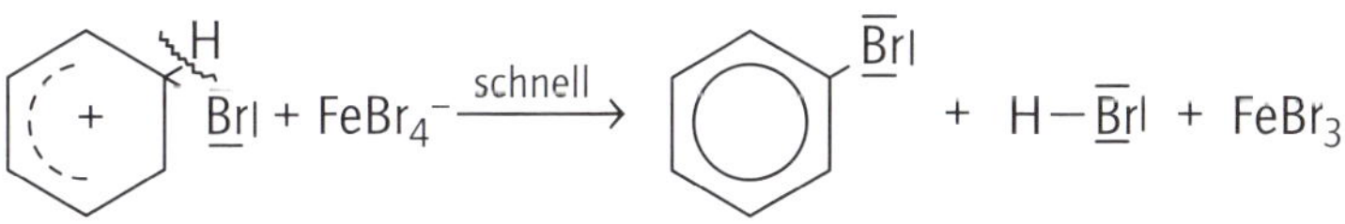

Alternativ könnte hier entsprechend der elektrophilen Addition der Alkene die Addition eines weiteren Bromid-Ions stattfinden. Dagegen sprechen jedoch folgende Faktoren:

- Die Abspaltung des Protons erfordert eine geringere **Aktivierungsenergie** als die Addition eines Bromid-Ions, dessen nucleophiler Angriff durch die delokalisierte positive Ladung im σ-Komplex erschwert wird.
- Die bei der **Rearomatisierung** frei werdende Energie wird zur Spaltung der Kohlenstoff-Wasserstoff-Bindung genutzt.
- Die **Entropie** (→ Seite 45) wird durch die Substitutionsreaktion erhöht, da zwei Produkte entstehen (Teilchenzahl bleibt gleich), von denen eines gasförmig ist. Bei der Addition dagegen würde nur ein flüssiges Reaktionsprodukt vorliegen (Teilchenzahl verringert sich).

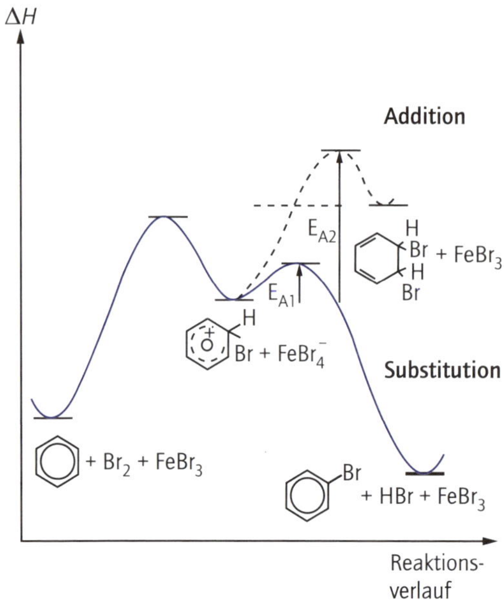

CHECKLISTE

11 Reaktionsmechanismen

- Reaktionsmechanismen geben den Verlauf einer Reaktion modellhaft wieder. Man unterscheidet dabei auftretende Zwischenstufen und Übergangszustände.
- Bei der radikalischen Substitution lösen reaktionsfreudige Radikale eine Kettenreaktion aus.
- Bei der elektrophilen Addition werden elektronensuchende Teilchen an eine bestehende Mehrfachbindung addiert.
- Bei der elektrophilen Substitution wird ein Substituent an einer Doppelbindung eines Aromaten ersetzt. Anschließend bildet sich das aromatische System zurück.

12 Biomoleküle

Kohlenhydrate, Proteine und Fette haben große Bedeutung für das Leben auf der Erde. Der menschliche Körper besteht zu fast einem Drittel aus diesen Biomolekülen. Die Zirka-Werte der Massenanteile betragen für Eiweißstoffe 17 %, für Fette 11 %, für Kohlenhydrate 1 %. Der Rest sind anorganische Verbindungen, nämlich zu 6 % Salze und 65 % Wasser.

12.1 Kohlenhydrate

Kohlenhydrate haben ihren Namen von ihrer Summenformel, die sich aus Kohlenstoff und den Elementen Wasserstoff und Sauerstoff im Verhältnis 2 : 1 zusammensetzt.

Übersicht und Darstellungsweise

Eingeteilt werden die Kohlenhydrate in **Monosaccharide** (Einfachzucker – kleine Moleküle), **Disaccharide** (Zweifachzucker – Molekül aus zwei Monosacchariden) und **Polysaccharide** (Mehrfachzucker – aus zahlreichen Monosaccharidbausteinen). Nach der Anzahl der Kohlenstoff-Atome unterscheidet man z. B. **Pentosen** (fünf Kohlenstoff-Atome) und **Hexosen** (sechs Kohlenstoff-Atome). Eine weitere Unterscheidung erfolgt über die funktionellen Gruppen. Zusätzlich zu den Hydroxyl-Gruppen kann man die Kohlenhydrate in **Aldosen** mit einer Aldehyd-Gruppe und **Ketosen** mit einer Keto-Gruppe einteilen. Nach der Stellung der Hydroxyl-Gruppe am **Chiralitätszentrum**, das am weitesten vom höchstoxidierten Kohlenstoff-Atom entfernt ist, teilt man die Moleküle in **D-Zucker** (*dexter* = rechts) und **L-Zucker** (*laevus* = links) ein.

Darstellungsweise: In der **Fischer-Projektion** schreibt man das höchstoxidierte Kohlenstoff-Atom nach oben und alle weiteren Kohlenstoff-Atome in einer Kette darunter. Die Hydroxyl-Gruppen und Wasserstoff-Atome werden entsprechend ihrer Konfiguration nach rechts oder links gezeichnet.
In der **Haworth-Projektion** wird das Kohlenhydrat ringförmig gezeichnet, wobei die Kohlenstoff-Atome wiederum eine Ebene ergeben. Die Hydroxyl-Gruppen und Wasserstoff-Atome stehen nach oben oder unten weg. Es gilt: Was in der Fischer-Projektion nach rechts zeigt, wird in der Haworth-Projektion nach unten gezeichnet (→ Beispiele in folgendem Abschnitt).

Monosaccharide

Glucose

Glucose oder **Traubenzucker** ist die wichtigste **Aldohexose**. Aufgrund der Aldehyd-Gruppe verläuft die Fehlingprobe positiv. Der süße Geschmack ist in den vielen Hydroxyl-Gruppen begründet. Diese sind zudem polar, was die gute Löslichkeit in Wasser erklärt. In der Natur findet man Traubenzucker immer nur als **D-Glucose**. Da das Molekül **vier Chiralitätszentren** besitzt, gibt es 2^n (n = Zahl der Chiralitätszentren) = **sechzehn Stereoisomere**. Man unterscheidet dabei die Spiegelbild-Isomere, also **Enantiomere** (D- und L-Glucose) und die **Diastereomere** zur Glucose mit den entsprechenden Enantiomeren (→ Isomerie, Seite 99 ff.).

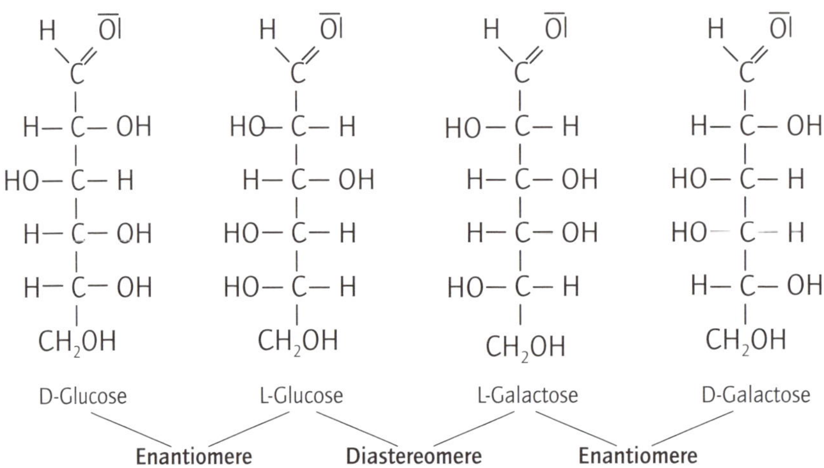

D-Glucose dreht die Ebene des polarisierten Lichtes nach rechts, sie wird deshalb auch **Dextrose** genannt.

Bereitet man eine Glucose-Lösung frisch zu, so beobachtet man einen Drehwinkel $\alpha = +112°$. Nach längerem Stehen hat sich dieser auf $+52°$ erniedrigt und bleibt dann konstant. Diese **kontinuierliche Änderung des Drehwinkels** in einer wässrigen Lösung bis zu einem konstanten Endwert nennt man **Mutarotation**.

Die Ursache dafür liegt darin begründet, dass Glucose im festen Zustand nicht in der offenen **Kettenform**, sondern in einer von zwei möglichen, geschlossenen **Ringformen** vorliegt, der α- oder der β-Form. Da Glucose sowohl eine Aldehyd-Gruppe als auch Hydroxyl-Gruppen besitzt, kann sich durch **intramolekulare nucleophile Addition** ein **Halbacetal** bilden.

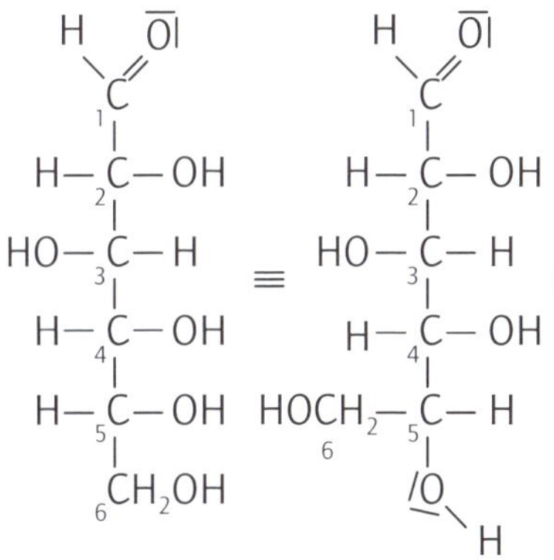

Fischer-Projektion
Kettenform (Aldehyd)

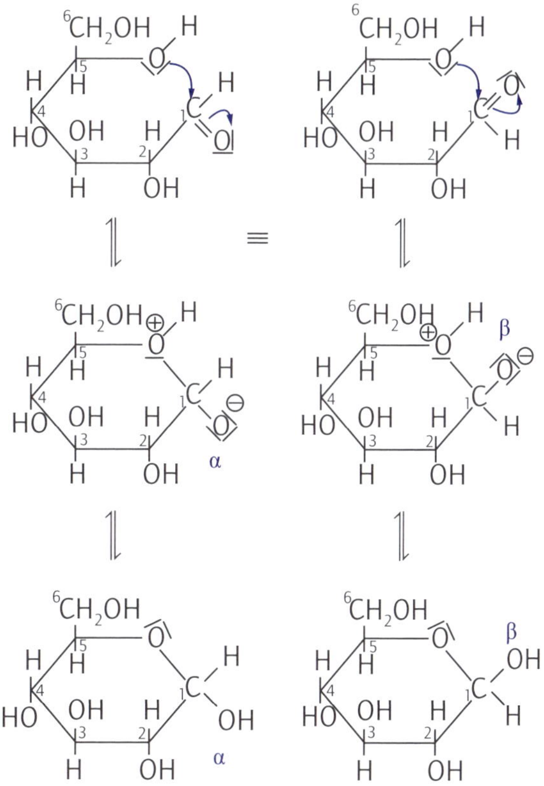

α-D-Glucose β-D-Glucose

Projektionsformen von D-Glucose

Haworth-Formel/Ringform (Halbacetal)

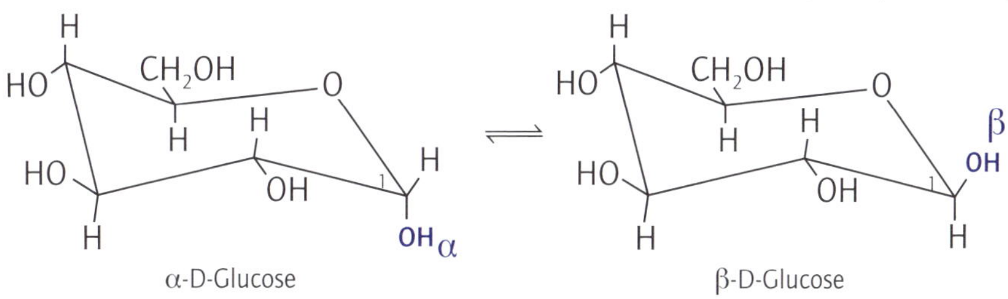

α-D-Glucose β-D-Glucose

Mutarotation bei Glucose

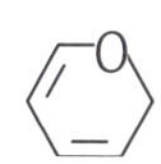

Pyran

Die Haworth-Projektion wird auch **Pyranose** genannt, nach dem Molekül Pyran, von dem sich diese Glucose-Darstellung ableitet. Bei der Halbacetalbildung entsteht ein neues Chiralitätszentrum am C1. Dieses Atom wird **anomeres Kohlenstoff-Atom** genannt.

Je nachdem, ob die Hydroxyl-Gruppe am anomeren Kohlenstoff-Atom nach unten oder nach oben zeigt, unterscheidet man **α- und β-Form**. Diese beiden **Isomere**, die sich nur durch die Konfiguration an dem Kohlenstoff-Atom unterscheiden, welches bei der Ringbildung zum Chiralitätszentrum wurde, werden **Anomere** genannt.

In einer Glucose-Lösung liegen die Anomere und die offene Aldehyd-Form im **Gleichgewicht** vor. Im festen Zustand findet man entweder nur die α-Form (kristallisiert aus Wasser aus) oder nur die β-Form (kristallisiert aus Pyridin aus). Löst man diese in Wasser, so stellt sich allmählich das Gleichgewicht ein. Dieser Vorgang erklärt das Phänomen der **Mutarotation**.
Glucose-Lösung:

	α-Form	Aldehyd-Form	β-Form
spezifischer Drehwinkel	α = 112°		α = 19°

In Lösung ergibt sich daraus ein Drehwinkel α = 52,7°.

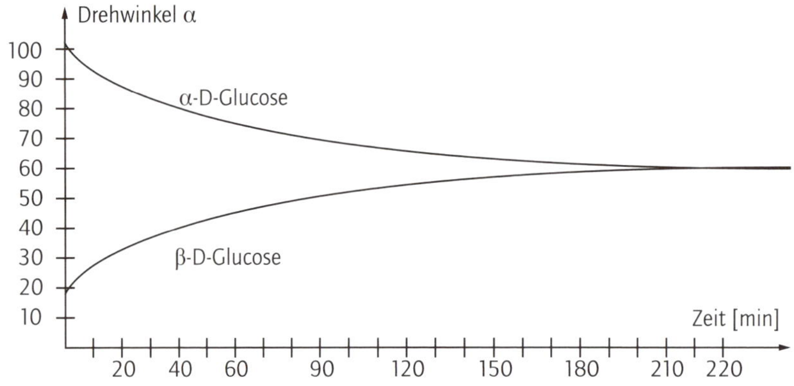

Fructose

Fructose oder **Fruchtzucker** ist eine **Ketohexose**, die in der Natur nur als **D-Fructose** vorkommt. Sie ist ein **Struktur-Isomer** der Glucose. Da Fruchtzucker jedoch nur drei asymmetrisch umgebene Kohlenstoff-Atome besitzt, gibt es auch nur **acht Stereoisomere**. Die Süßkraft übertrifft die der Glucose um das Dreifache.

Eine typische Nachweisreaktion für Fructose ist die **Seliwanow-Reaktion**. Man gibt zu einer Fructose-Lösung Resorcin und säuert gut an. Nach längerem Erhitzen bildet sich ein roter Farbstoff.

Die **Fehling-Probe** ist wider Erwarten auch mit der Ketohexose positiv, obwohl keine Aldehyd-Gruppe vorhanden ist. Der Grund liegt darin, dass sich die Fructose in alkalischer Lösung über eine unbeständige **Endiol-Form** in Glucose umwandelt, die dann an der Aldehyd-Gruppe oxidiert werden kann. Ein Endiol besitzt immer eine Doppelbindung („en"), an deren Kohlenstoff-Atomen zwei Hydroxyl-Gruppen hängen („diol").

Umlagerung der Fructose:

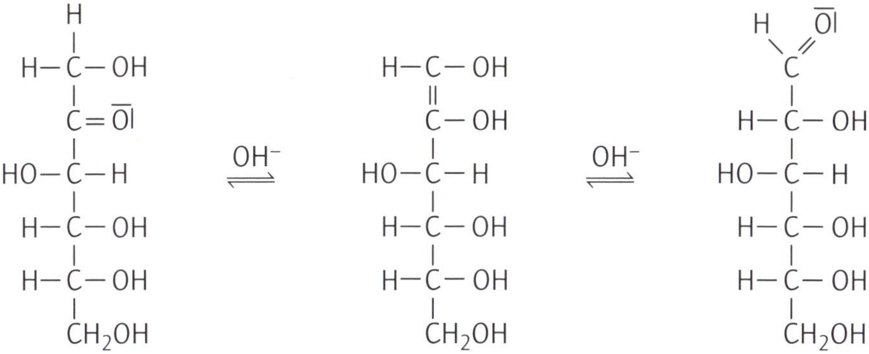

D-Fructose Endiol-Form D-Glucose

Eine frisch zubereitete D-Fructose-Lösung zeigt das Phänomen der **Mutarotation**. Die Ebene des polarisierten Lichtes wird dabei nach links gedreht, man nennt den Zucker daher auch **Lävulose**.

Auch die Fructose liegt in festem Zustand in einer von vier möglichen Ringformen vor. Aufgrund der Ketogruppe kann das Molekül durch Reaktion des zweiten (Keto-Gruppe) mit dem fünften Kohlenstoff-Atom einen **Fünfring** bilden. Man spricht von der sogenannten **Furanose-Form**. Ebenso wird aber auch durch die Reaktion des zweiten mit dem sechsten Kohlenstoff-Atom eine **Pyranose-Form** gebildet. Dabei entstehen jeweils zwei **Anomere**, da sich am zweiten Kohlenstoff-Atom im Ring ein neues Chiralitätszentrum bildet.

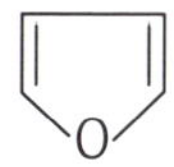

Furan

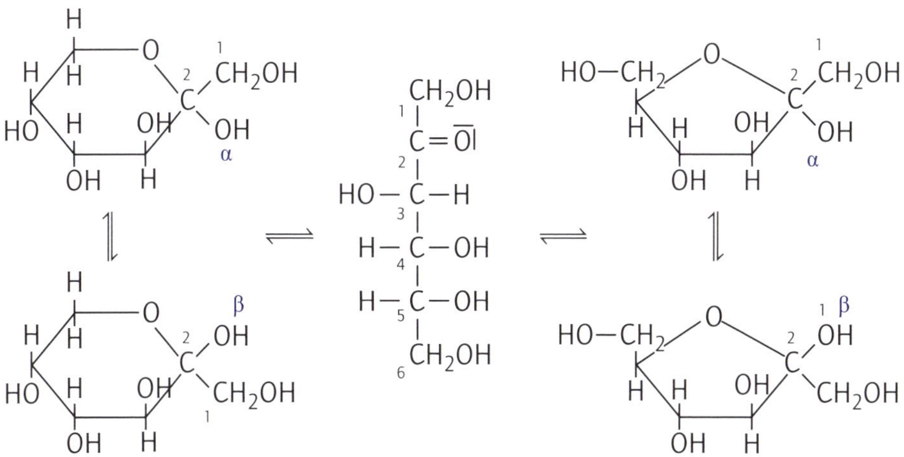

Pyranoseform Fischer-Projektion Keto-Form Furanoseform

Proiektionsformen von D-Frucose

In Lösung liegt die offene Ketoform nur zu weniger als einem Prozent vor. Zwischen den α- und β-Formen der Fructo-Pyranose und der Fructo-Furanose stellt sich ein Gleichgewicht aus 57 % β-Pyranose, 3 % α-Pyranose, 31 % β-Furanose und 9 % α-Furanose ein. Der Drehwinkel bleibt im Gleichgewicht bei $\alpha = -92°$ konstant.

Biologisch wichtige Pentosen

Zwei wichtige **Pentosen**, die als Bausteine der **Nucleinsäuren** fungieren, sind die **Ribose** und die **Desoxyribose**. Beide kommen natürlich nur in der **D-Form** vor.

Die D-Ribose und die D-Desoxyribose unterscheiden sich nur am zweiten Kohlenstoff-Atom. Bei der Desoxyribose sind hier zwei Wasserstoff-Atome gebunden, eine Hydroxyl-Gruppe fehlt. Beide Moleküle bilden Fünfringe. Diese werden im Organismus dann mit Phosphorsäure verestert und durch Anhängen von einer der vier Basen Adenin, Thymin, Cytosin oder Guanin (→ Aromaten, Seite 119 f.) zu einem Baustein der Ribonuclein- oder Desoxyribonucleinsäure, einem sogenannten Nucleotid.

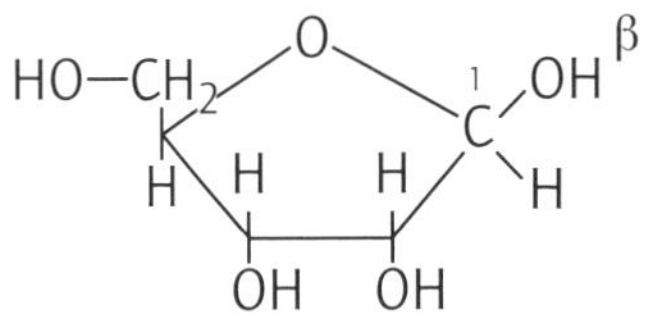

β-D-Ribose

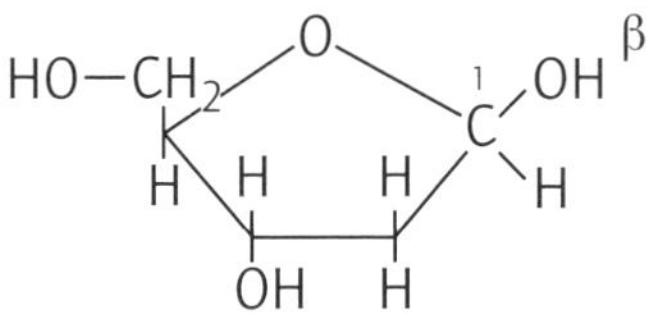

β-D-2-Desoxyribose

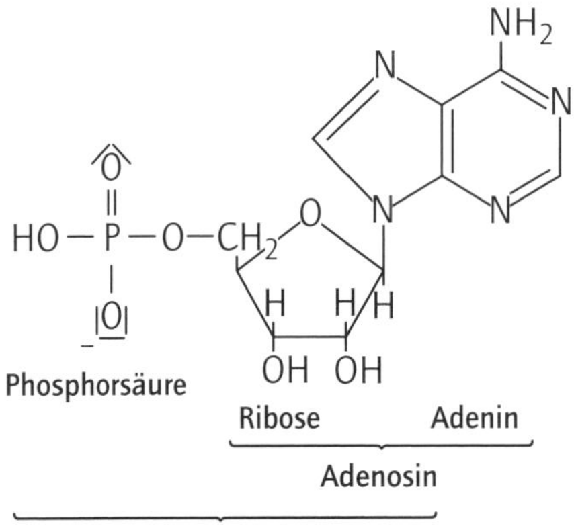

Disaccharide

> **MERKE ▪ Disaccharide entstehen, wenn sich zwei Monosaccharide in der Halbacetal-Form über ein Sauerstoff-Atom unter Wasserabspaltung miteinander verbinden. Dabei entsteht ein Acetal, das durch saure Hydrolyse oder über eine enzymatische Reaktion wieder gespalten werden kann. Verbindungen, die durch die Reaktion an einer glykosidischen Hydroxyl-Gruppe entstehen, nennt man Glykoside.**

Befindet sich die **glykosidische Bindung** zwischen den beiden anomeren Kohlenstoff-Atomen, so liegt ein **nicht reduzierender Zucker** vor. Das bedeutet, dass der Ring nicht mehr geöffnet werden kann und damit keine offene Aldehyd-Form mehr entsteht.

Maltose

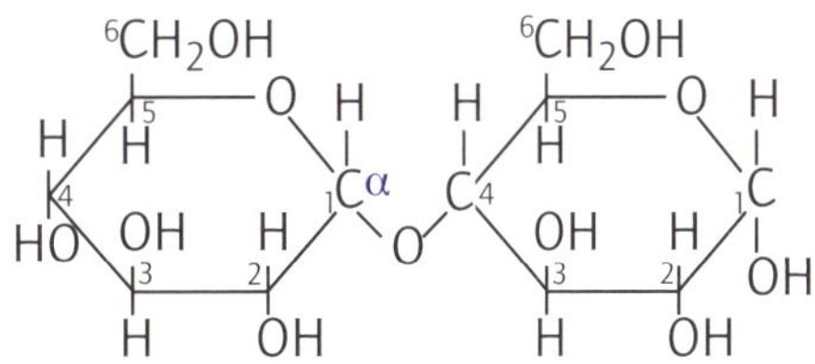

Maltose ist ein Zweifachzucker mit einer **α-(1→4)-glykosidischen Bindung**. Die Monosaccharide α-D-Glucose sind an den Kohlenstoff-Atomen 1 und 4 miteinander verbunden. Ein anomeres Kohlenstoff-Atom ist daher noch frei. Maltose ist deshalb ein reduzierender Zucker. Die Fehling-Probe verläuft positiv.

Cellobiose

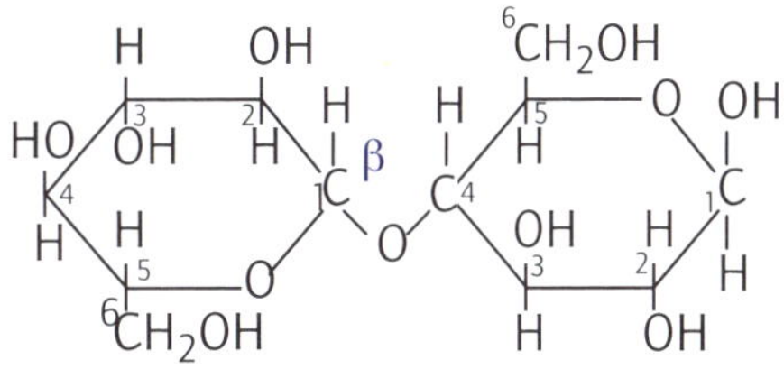

Cellobiose ist ein Zweifachzucker mit einer **β-(1→4)-glykosidischen Bindung**. Die Monosaccharide β-D-Glucose sind an den Kohlenstoff-Atomen 1 und 4 miteinander verbunden. Ein anomeres Kohlenstoff-Atom ist daher noch frei. Cellobiose ist somit ebenfalls ein reduzierender Zucker, mit dem die Fehling-Probe positiv verläuft.

Lactose

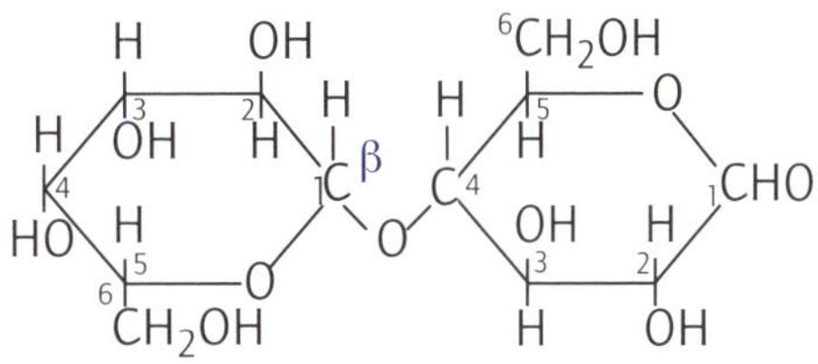

Lactose oder **Milchzucker** besteht aus **D-Galaktose** und **D-Glucose**, die über eine **β-(1→4)-glykosidische Bindung** miteinander verknüpft sind. Galaktose ist ein **Strukturisomer** der Glucose und unterscheidet sich von ihr nur in der Stellung der Hydroxyl-Gruppe am C-4-Atom. Milchzucker ist ebenfalls ein reduzierendes Disaccharid.

Saccharose

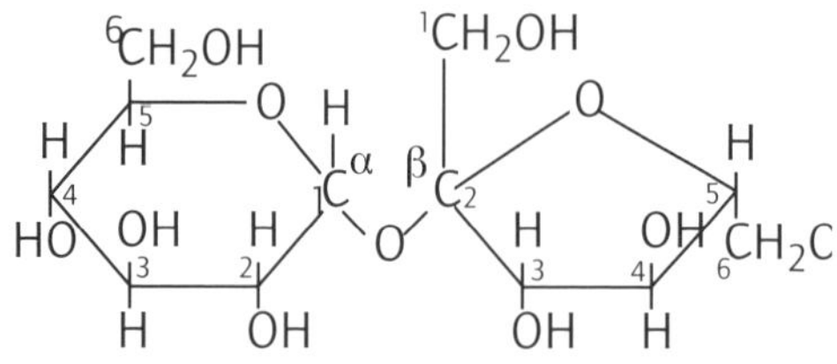

α-Glucose-Rest β-Fructose-Rest

Saccharose oder **Rohrzucker** setzt sich aus zwei verschiedenen Monosacchariden zusammen. α-D-Glucose und β-D-Fructose sind über eine **α-1-β-2-glykosidische Bindung** miteinander verknüpft. Dadurch entsteht ein nicht reduzierendes Disaccharid. Bei Rohrzucker verläuft die Fehling-Probe daher negativ. Saccharose-Lösung dreht die Ebene des polarisierten Lichtes nach **rechts**. Führt man eine saure Hydrolyse durch, findet eine **Inversion des Drehwinkels** statt – die Lösung dreht die Ebene des polarisierten Lichtes nach links. Ein **äquimolares Gemisch** aus der Aldo- und Ketohexose wird daher **Invertzucker** genannt.

Saure Hydrolyse von Saccharose:

$$(+)\text{-Saccharose} + H_2O \xrightarrow{H_3O^+} \text{D-}(+)\text{-Glucose} + \text{D-}(-)\text{-Fructose}$$

$\alpha = +66{,}5°$ $\alpha = +52{,}7°$ $\alpha = -92{,}4°$

Invertzucker $\alpha = -20{,}9°$

Polysaccharide

Alle nachfolgend aufgezählten Polysaccharide bestehen aus dem Monosaccharid Glucose. Polysaccharide sind **Bau- und Speicherstoffe** in **pflanzlichen** und **tierischen** Zellen.

Stärke

Stärke besteht aus zwei verschiedenen Polysacchariden. 70–90 % sind **Amylopektin**, ein Molekül aus **α-(1,4)-glykosidisch** gebauten Ketten, die **α-(1,6)-glykosidisch** untereinander verknüpft sind. 10–30 % bestehen aus **Amylose**, die aus unverzweigten **α-(1,4)-glykosidisch** verbundenen Ketten aufgebaut ist. Diese Monomerketten sind **schraubenartig aufgewunden**, wobei immer sechs Einheiten eine Windung bilden.

Amylose besteht aus insgesamt 200–300 Glucosebausteinen. Sie stellt den **löslichen** Anteil der Stärke dar.

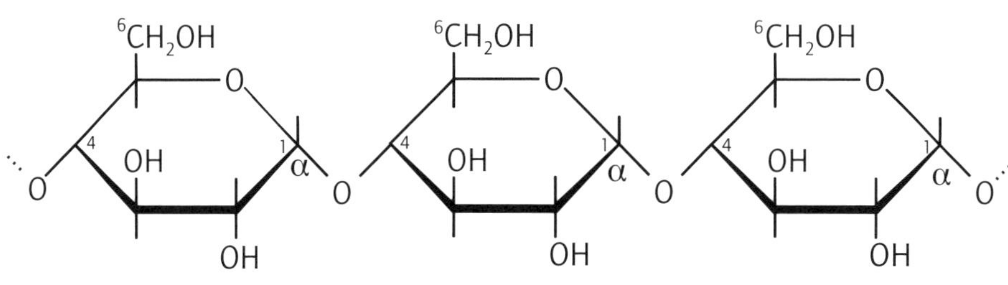

Die Monomerketten des Amylopektins sind zusätzlich zu der Schraubenstruktur noch im Abstand von 20 bis 30 Bausteinen verzweigt. Insgesamt besteht das Riesenmolekül aus 2000 bis 22 000 Glucoseeinheiten und stellt den **unlöslichen** Anteil der Stärke dar.

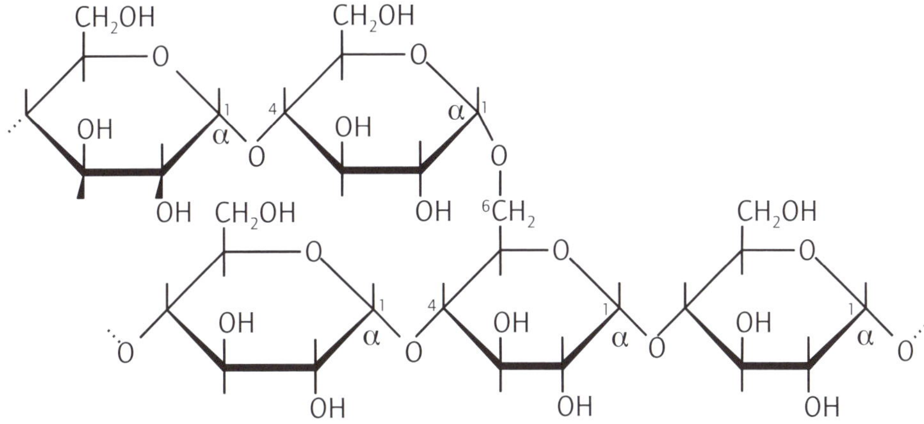

Stärke ist der wasserunlösliche **Speicherstoff** in **Pflanzen**. In heißem Wasser quillt das Polysaccharid auf und bildet den sogenannten Stärkekleister. Das Enzym **Amylase** (z. B. im menschlichen Speichel) kann die glykosidischen Bindungen spalten, wobei Maltoseeinheiten entstehen. Eine saure Hydrolyse bei 160 bis 200° C führt zur Bildung von Bruchstücken mit geringer Bausteinzahl, den sogenannten **Dextrinen**.

Nachweisen lässt sich Stärke durch die charakteristische Blauviolettfärbung mit **Kaliumiodid/Iod-Lösung**. Die Iodmoleküle lagern sich in die Windungen des Polysaccharids ein und verursachen so die typische Farbe.

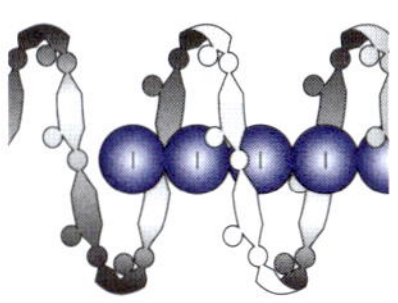

Glykogen

Glykogen entspricht im Aufbau dem Amylopektin. Allerdings sind die **α-1,6-Verzweigungen** häufiger. Sie treten etwa alle drei bis zwölf Glucosemoleküle auf. Das Polysaccharid ist ein **Speicherstoff** bei **Tieren** und wird vor allem in der Leber gelagert.

Cellulose

Cellulose ist ein Polysaccharid, das durch **(1, 4)-glykosidische Bindung** zwischen **β-D-Glucose-Molekülen** entsteht. Das Bindungsprinzip entspricht dem der Cellobiose. Durch die räumliche Stellung der Glucose-Moleküle, die sich durch die Bindung zwischen dem ersten und vierten Kohlenstoff-Atom ergibt, entsteht ein fast **geradkettiger** Molekülfaden.

Wasserstoffbrückenbindungen halten die Polysaccharid-Moleküle zusammen. Mehrere Cellulose-Moleküle bilden eine **Fibrille**, und aus mehreren **Fibrillenbündeln** setzt sich eine **Cellulosefaser** zusammen.

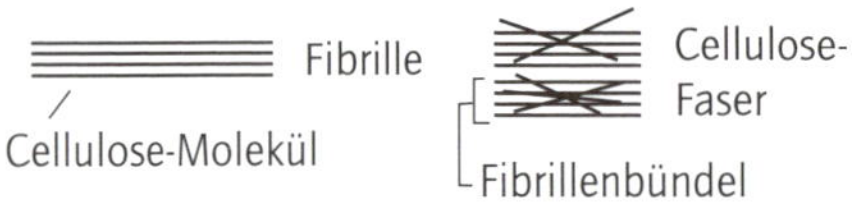

Das Riesenmolekül ist in Wasser nicht quellbar und eignet sich deshalb als **Baumaterial für pflanzliche Zellwände**. Auch die Fibrillenstruktur bedingt die Funktion als **Gerüstpolysaccharid**, wobei diese durch Einlagerungen von Lignin noch verbessert wird. So können sich verholzte Baumstämme bilden, die bis zu 100 m hoch werden. Cellulose ist nur schwer abbaubar, lediglich die **Cellulasen** von Mikroorganismen können das Molekül spalten. Pflanzenfresser haben daher einen langen Blinddarm, in dem die Mikroorganismen aktiv sind, oder sie zerlegen als Wiederkäuer die Fasern mehrmals mechanisch.

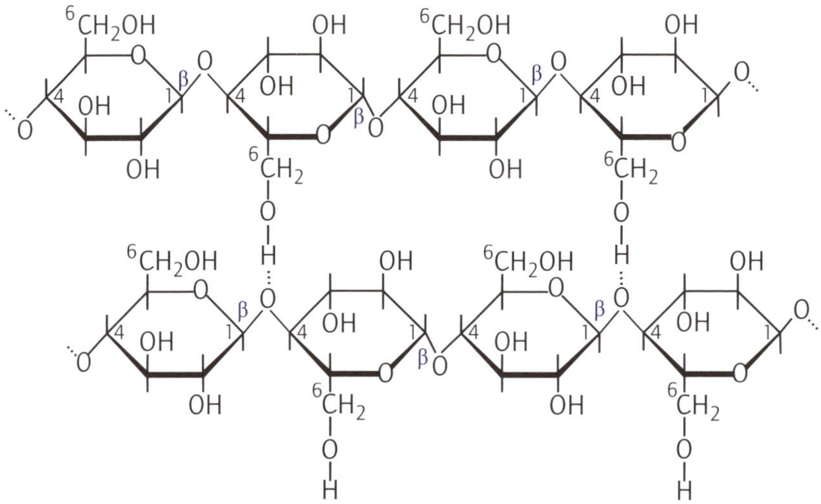

Nachweisen lässt sich Cellulose durch **Blaufärbung mit Zinkchlorid-Lösung**, ein Verfahren, das in der Mikroskopie gerne angewandt wird.

INSIDER-TIPP

Zur besseren räumlichen Vorstellung von α- und β-Form baut man sich ein Modell. Einfach ein Sechseck (Glucose) oder ein Fünfeck (Fructose) aus Pappe ausschneiden und dann mit Papierstreifen die Wasserstoff-, Hydroxy- bzw. CH_2OH-Gruppen ankleben. So kann man auch die Drehung bei der glykosidischen Bindung veranschaulichen.
Zum Lernen aufs Abitur unbedingt schriftlich üben. Nur so gewinnt man Sicherheit im Schreiben der Hayworth-Projektion.

12.2 Lipide

Als Lipide werden alle Fette und fettähnlichen Stoffe bezeichnet. Sie stellen Ester langkettiger, meist unverzweigter Carbonsäuren dar. Man klassifiziert die Lipide weniger nach ihrer strukturellen Gemeinsamkeit als vielmehr nach ihrem Lösungsverhalten. Sie lassen sich aus biologischem Material nur mit unpolaren Lösungsmitteln extrahieren.

Triglyceride

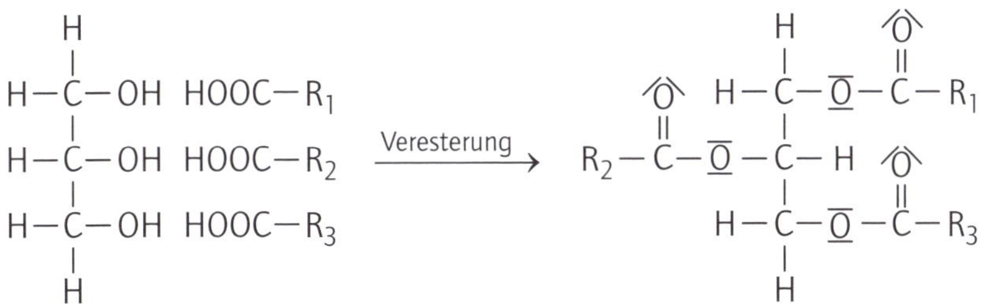

Glycerin Fettsäuren Triglycerid

MERKE ▪ Triglyceride
Triglyceride oder Neutralfette entstehen durch Veresterung des dreiwertigen Alkohols Glycerin mit drei langkettigen Carbonsäuren (= Fettsäuren). Die Fettsäuren können dabei gesättigt (nur Einfachbindungen) oder ungesättigt (eine oder mehrere Doppelbindungen) sein. Es gibt Neutralfette mit nur einem Fettsäuretyp und gemischte Triglyceride, welche verschiedene Fettsäurereste besitzen.

Wichtige gesättigte und ungesättigte Fettsäuren:

gesättigte Fettsäuren	ungesättigte Fettsäuren
Caprylsäure (Octansäure) ν_m = 17 °C 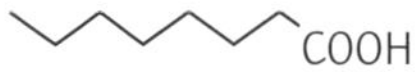 $C_7H_{15}COOH$	**Linolsäure (cis, cis-Octadeca-9,12-diensäure)** ν_m = −5 °C 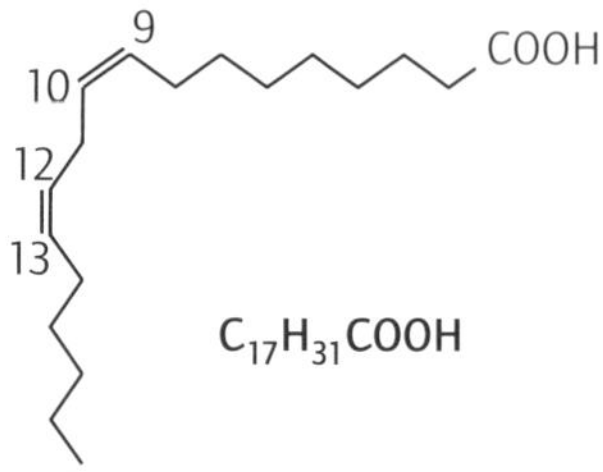 $C_{17}H_{31}COOH$
Palmitinsäure (Hexadecansäure) ν_m = 63 °C 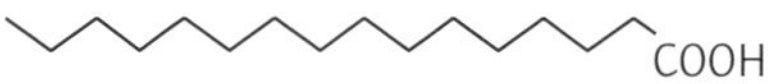 $C_{15}H_{31}COOH$	**Linolensäure (all-cis-Octadeca-9,12,15-triensäure)** ν_m = −11 °C 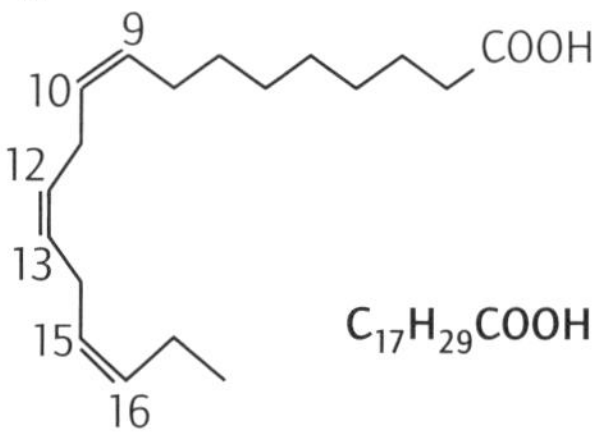 $C_{17}H_{29}COOH$
Stearinsäure (Octadecansäure) ν_m = 70 °C 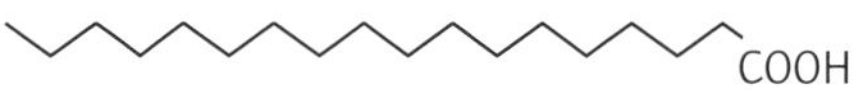 $C_{17}H_{35}COOH$	**Ölsäure (Cis-Octadeca-9-ensäure)** ν_m = 4 °C 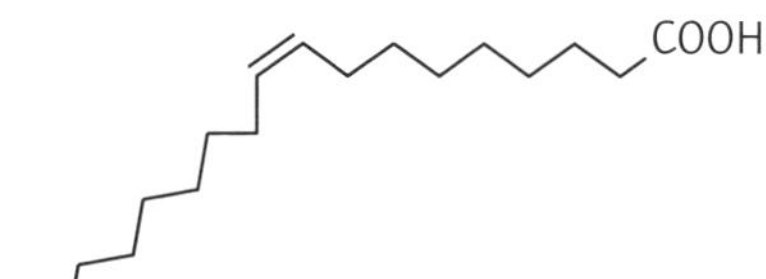 $C_{17}H_{33}COOH$

Beispiel für ein Triglycerid:

3-Linolsäure-2-ölsäure-1-palmitinsäureglycerinester

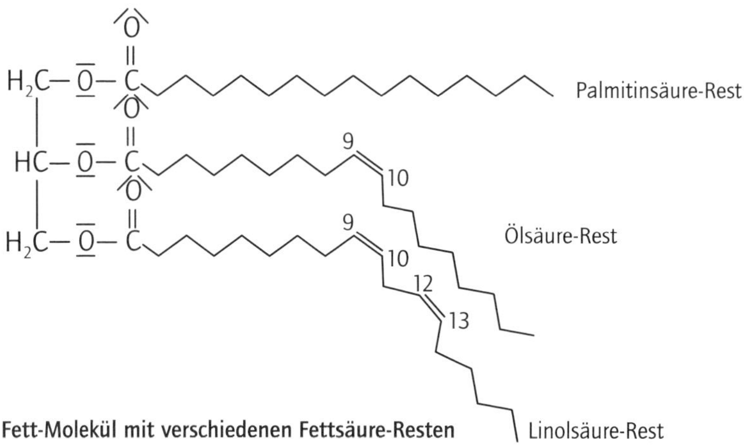

Fett-Molekül mit verschiedenen Fettsäure-Resten

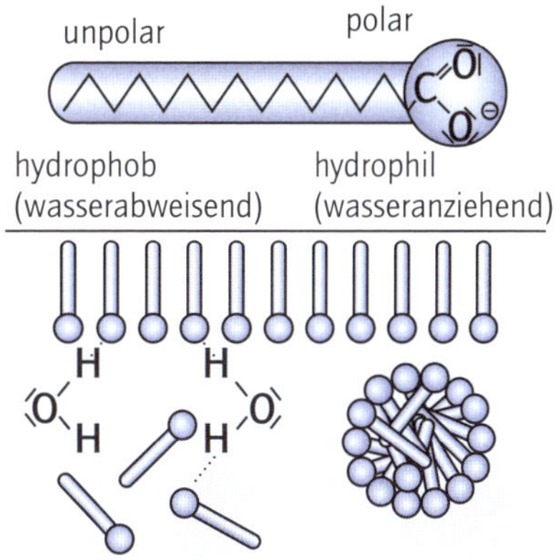

Grenzflächenadsorption und Micellenbildung in einer Seifenlösung

Die Esterbindung kann durch **saure Hydrolyse** oder **enzymatisch** über **Lipasen** wieder gespalten werden. Die saure Hydrolyse ist wegen der Nichtbenetzbarkeit von Fetten durch Wasser erschwert und nur unter Einsatz von **Emulgatoren** möglich. Verwendet man bei der **alkalischen Hydrolyse** Natron- oder Kali-Lauge, so erhält man die Alkalisalze der Fettsäuren, die sogenannten **Seifen** (→ Seite 171).

Durch die Veresterung ergibt sich ein Molekül, welches ein **polares** (Glycerinrest) und ein **unpolares** Ende (Fettsäuren) hat. Da der unpolare Rest überwiegt, lösen sich Fette in unpolaren Lösungsmitteln. In polaren Lösungsmitteln ordnen sich die Fettmoleküle so an, dass sich das polare, hydrophile Ende im Lösungsmittel befindet und das unpolare Ende an der Grenzfläche zur Luft hinausragt. Im polaren Lösungsmittel können sich zudem auch **Micellen** bilden. Diese entstehen, wenn sich die Fettmoleküle kugelförmig anordnen, wobei sich die hydrophoben Fettsäurereste innerhalb der Kugel befinden und der Kontakt zum Lösungsmittel über die polaren Glycerinanteile hergestellt ist.

Fette und Öle: Je nach dem Gehalt an ungesättigten Fettsäuren unterscheidet man **feste Fette** und **flüssige Öle**. Bei den ungesättigten Fettsäuren befinden sich die Alkylreste an der Doppelbindung immer in **cis-Stellung**. Deshalb erhält die Kohlenstoffkette einen Knick. Befinden sich jetzt ein oder mehrere solche Fettsäurereste in einem Triglycerid, so können die Fettmoleküle sich nicht so eng aneinanderlagern wie solche mit gesättigten Fettsäureresten. Die regelmäßige Anordnung im **Kristallgitter** ist erschwert und der Schmelzpunkt sinkt. Das Molekül ist bei Raumtemperatur flüssig. Der menschliche Organismus ist nicht in der Lage, ungesättigte Fettsäuren selbst herzustellen. Sie müssen über die Nahrung aufgenommen werden und heißen deshalb auch **essentielle Fettsäuren**.

Es ist möglich, den Gehalt an ungesättigten Fettsäuren in einem Gemisch zu bestimmen, da diese z. B. Iod an die Doppelbindung addieren. Die Menge des reagierenden Iods hängt dabei von der Anzahl der Doppelbindungen ab. In der Lebensmittelchemie wird der Anteil an ungesättigten Fettsäuren in einem

Fett durch die **Iodzahl** gekennzeichnet. Sie gibt an, wie viel Gramm Iod von 100 g Fett addiert werden.

Fetthärtung: Da das Vorkommen an streichfähigen Fetten begrenzt ist, suchte man in der Lebensmittelindustrie nach anderen verwertbaren Fetten. 1902 fand **W. Normann**, dass durch **Hydrieren** von Ölen feste Fette entstehen. Mithilfe von **Nickelpulver** als **Katalysator** kann Wasserstoff an die Doppelbindung angelagert werden. Mit dieser Entdeckung konnte z. B. aus dem billigen Waltran festes Fett hergestellt werden, das zudem durch diese Reaktion den unangenehmen Geruch verlor. Das Verfahren der Fetthärtung wird heute zur Verbesserung der Konsistenz von Margarine an Pflanzenölen angewandt.

Phospholipide

Phospholipide leiten sich entweder vom Glycerin (Phosphoglyceride) oder vom **Sphingosin** (Sphingomyeline) ab. Phosphoglyceride bestehen aus einem Diacylglycerol, das an einem Kohlenstoff-Atom mit einem Molekül Phosphorsäure verestert ist. Die Phosphorsäure ist mit einem weiteren Alkohol (z. B. Cholin, Serin, Inositol oder Glycerin) verestert. Wichtige Vertreter der Phospholipide sind die Zellmembranbestandteile Lecitin und Kephalin.

Phosphoglyceride

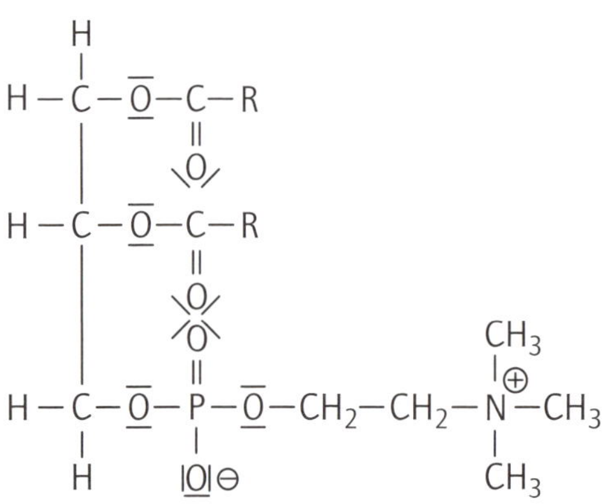

Lecitin

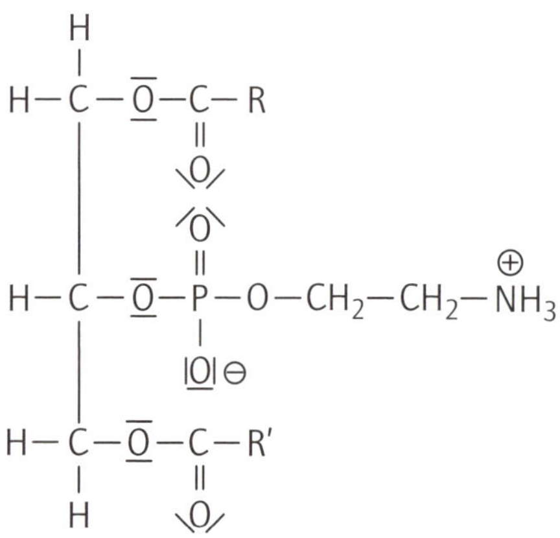

Kephalin

Bei den **Sphingomyelinen** ist die primäre Hydroxylgruppe mit Phosphorylcholin und die Aminogruppe mit einer Fettsäure verestert.

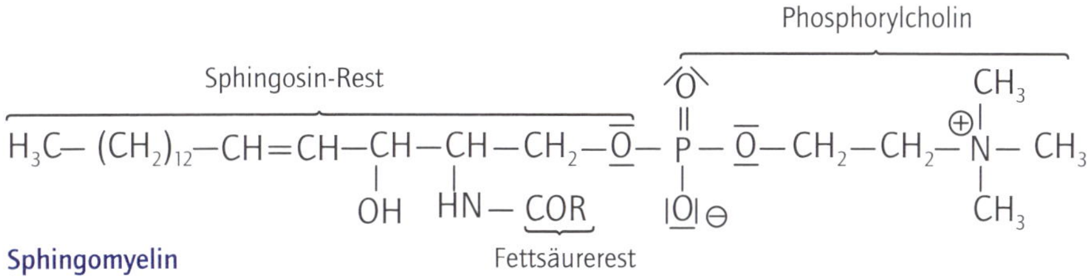

Sphingomyelin

Glykolipide

Man unterscheidet **Glycerolglykolipide** und **Glykosphingolipide**. Die Glycerolglykolipide bestehen aus Glycerin, das am ersten und zweiten Kohlenstoff-Atom jeweils mit einer Fettsäure verestert ist (Diacylglycerol). Am dritten Kohlenstoff-Atom ist der dreiwertige Alkohol über eine **glykosidische Bindung** an ein **Mono- oder Oligosaccharid** gebunden. Bei Glykosphingolipiden bildet Sphingosin den Grundkörper, der über die **Aminogruppe** mit einer Fettsäure verknüpft ist (Ceramid = N-acetyliertes Sphingosin). Zusätzlich ist Sphingosin über die Hydroxylgruppe mit einem **Zucker** verestert. Die Glykolipide sind wichtige Bestandteile von Gehirn und Nervenzellen. Bei Cerebrosiden ist nur ein Zuckerrest gebunden, bei Gangliosiden dagegen können auch längere Saccharidketten gebunden sein.

Wachse

Wachse bestehen aus **Fettsäuren**, die mit **langkettigen Alkoholen** verestert sind. Im Bienenwachs sind z. B. die Alkohole $C_{30}H_{61}OH$ und $C_{32}H_{65}OH$ enthalten. Da diese Moleküle eine sehr große Oberfläche aufweisen und damit die zwischenmolekular wirkenden **Van-der-Waals-Kräfte** sehr wirksam sind, haben sie einen hohen Schmelzpunkt.

INSIDER-TIPP

Im Abitur wird anhand der Fette gerne gleich mal das Wissen über Carbonsäuren und den Reaktionstyp der Veresterung bzw. Esterspaltung abgefragt. Also auch ergänzend in Kapitel 9.6 Carbonsäuren (→ Seite 111) und 9.7 Ester (→ Seite 113) nachlesen.

12.3 Proteine

In der Erbinformation, der DNS, steht der Code für den Aufbau von Proteinen. Es genügt neben einigen Wachstumsfaktoren die Information über die Aneinanderreihung der Aminosäuren, um aus einer befruchteten Eizelle einen Menschen werden zu lassen.

Aminosäuren

Chemischer Bau der Aminosäuren

Proteinogene **Aminosäuren** enthalten immer eine **Amino-** und eine **Carboxyl-Gruppe** am ersten Kohlenstoff-Atom. Außer der einfachsten Aminosäure Glycin haben alle anderen Moleküle an diesem **α-Kohlenstoff-Atom** ein **Chiralitätszentrum**. Sie werden **α-Aminosäuren** genannt. Die Bezeichnung α rührt daher, dass in der Fischer-Projektion die Amino-Gruppe an dem Kohlenstoff-Atom hängt, dass direkt auf das höchstoxidierte folgt. Allgemein kann man L- und D-Aminosäuren unterscheiden, je nach Stellung der Amino-Gruppe. In der Natur kommen nur **L-Aminosäuren** vor. 20 verschiedene Aminosäuren sind für den Menschen wichtig, acht davon sind **essentiell**, können also nicht vom menschlichen Körper hergestellt werden.

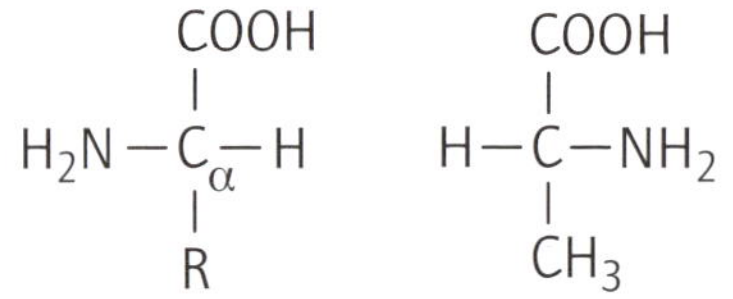

α-Amino-Carbonsäure D-Alanin L-Alanin

Eigenschaften der Aminosäuren

Alle Aminosäuren sind farblos, kristallin, aufgrund der **polaren funktionellen Gruppen** hydrophil und lipophob. Sie zersetzen sich beim Erhitzen, bevor der hohe Schmelzpunkt erreicht wird. Das liegt an den starken **elektrischen Wechselwirkungen** im Molekül. Durch **intramolekulare Protolyse** entsteht ein Zwitter-Ion, dessen Ladungen sich anziehen.

Legt man ein elektrisches Feld an, so wandern die Aminosäuren in ihrer zwitterionischen Form nicht. Diese Form liegt bei einem bestimmten pH-Wert vor, dem **isoelektrischen Punkt**, der abhängig vom Rest R ist. Man unterscheidet in Abhängigkeit vom Rest unpolare, polare, saure und basische Aminosäuren.

Unpolare Aminosäuren:

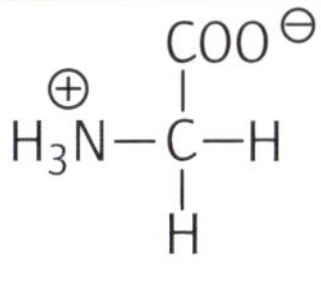 Glycin (Gly) pH(I) = 5,97	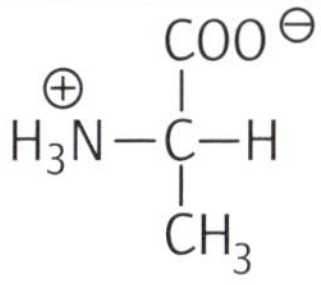 Alanin (Ala) pH (I) = 6,02	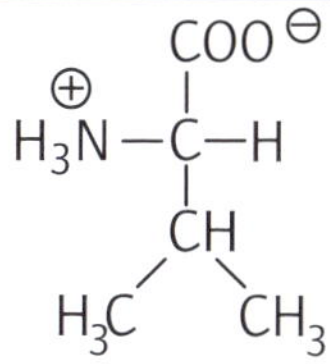 Valin (Val)* pH(I) = 5,97	
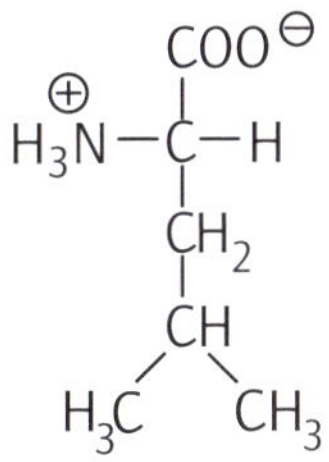 Leucin (Leu)* pH (I) = 5,98	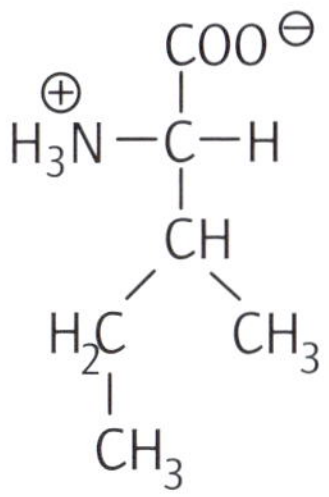 Isoleucin (Ile)* pH (I) = 6,02	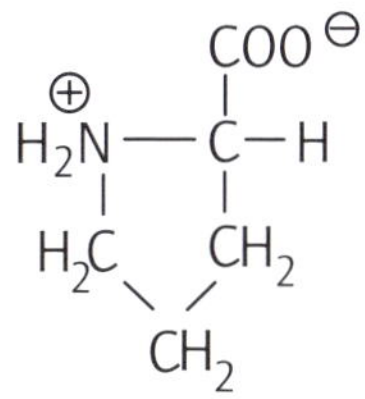 Prolin (Pro) pH (I) = 6,3	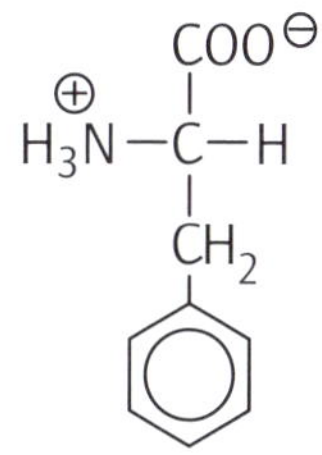 Phenylalanin (Phe)* pH (I) = 5,48

Polare Aminosäuren:

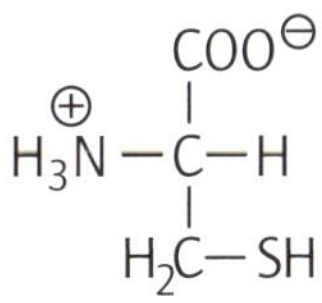 Cystein (Cys) pH (I) = 5,02	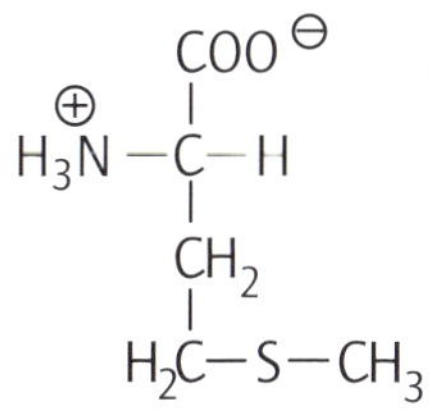 Methionin (Met)* pH (I) = 5,74	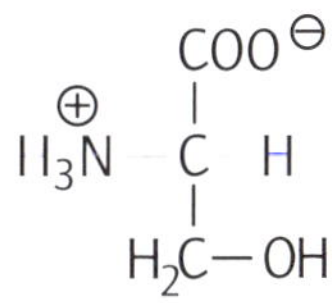 Serin (Ser) pH (I) = 5,68	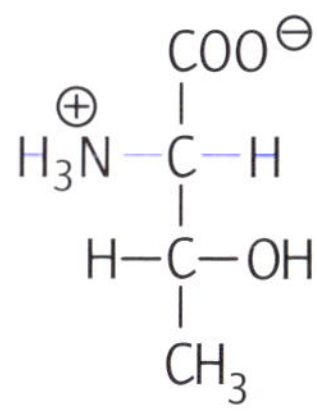 Threonin (Thr)* pH (I) = 5,60
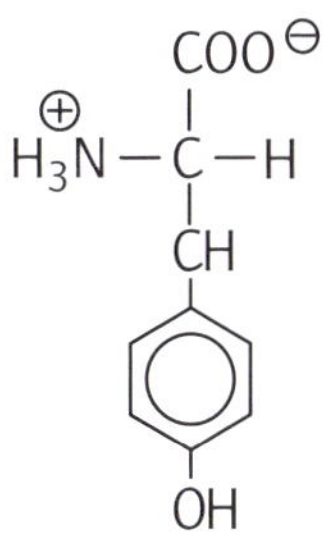 Tyrosin (Tyr) pH (I) = 5,67	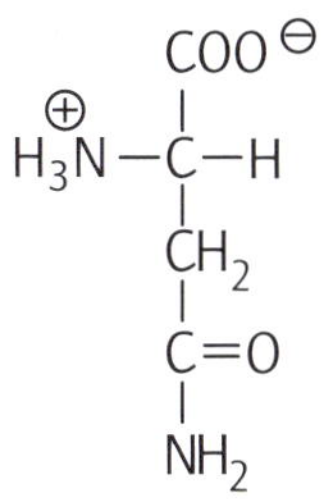 Asparagin (Asn) pH (I) = 5,41	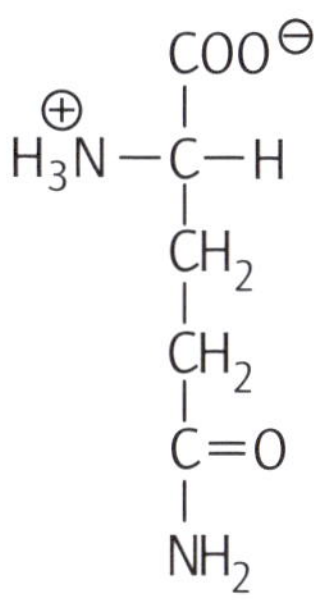 Glutamin (Gln) pH (I) = 5,70	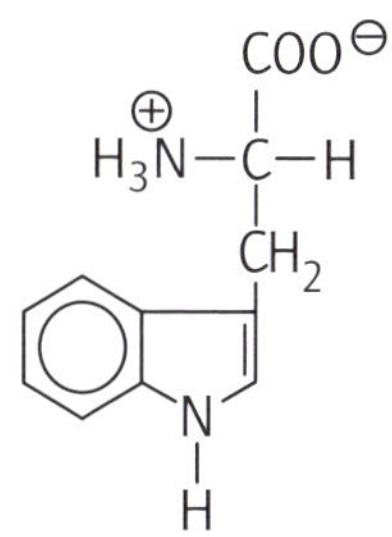 Tryptophan (Try)* pH (I) = 5,88

Saure Aminosäuren: | **Basische Aminosäuren:**

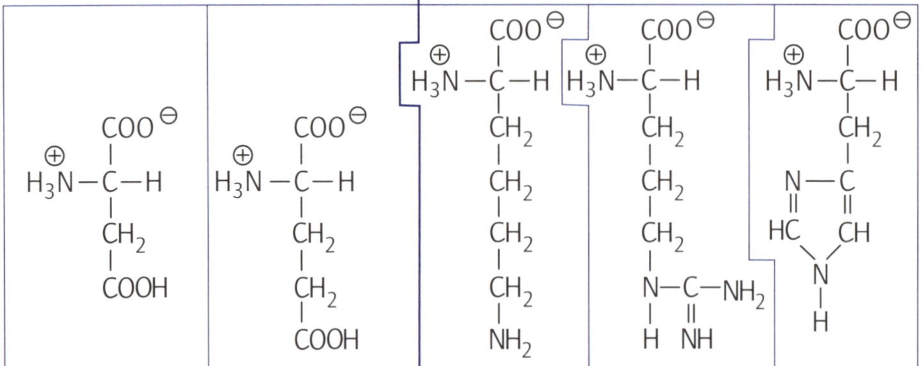

Asparaginsäure (Asp)	Glutaminsäure (Glu)	Lysin (Lys)*	Arginin (Arg)	Histidin (His)
pH (I) = 2,8	pH (I) = 3,2	pH (I) = 9,74	pH (I) = 10,76	pH (I) = 7,59

*: essentielle Aminosäure

Bei Zugabe von **Säure** wird die **Carboxylat-Gruppe protoniert**, bei Zugabe von **Lauge** wird die **Ammonium-Gruppe deprotoniert**. Eine Aminosäure wirkt also als **Ampholyt** und kann in geringem Maße auch als **Puffer** eingesetzt werden (→ Säuren und Basen, Seite 71).

Proteine

> **MERKE ▪ Die Peptidbindung**
>
> **In einer Kondensationsreaktion entsteht aus zwei Aminosäuren ein Dipeptid. Die neue Bindung wird Peptidbindung genannt. Man kann zwei mesomere Grenzstrukturen zeichnen, wodurch der partielle Doppelbindungscharakter zwischen dem Kohlenstoff- und dem Stickstoff-Atom die freie Drehbarkeit verhindert.**

Durch weitere Peptidbindungen erhält man **Oligo-** bzw. **Polypeptide**, welche immer links mit der **N-terminalen** und rechts mit der **C-terminalen Aminosäure** gezeichnet werden.

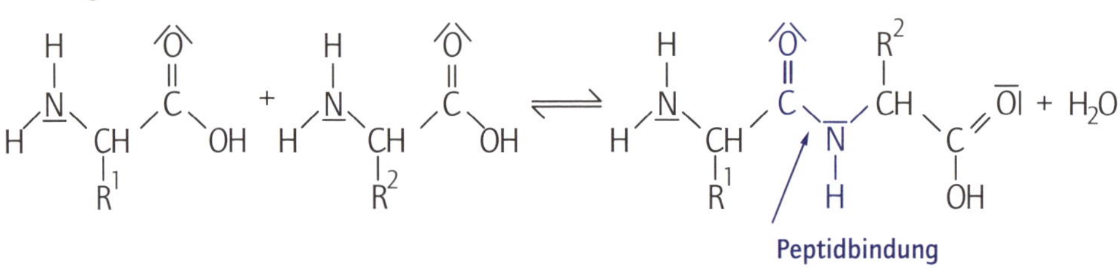

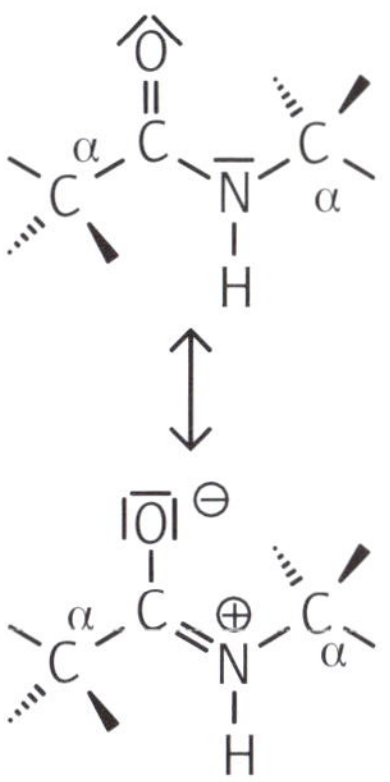

Grenzformeln

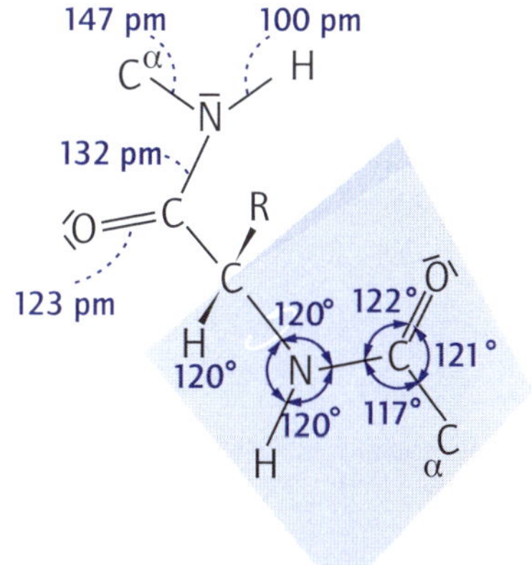

Geometrie

Die Peptidbindung kann durch **saure Hydrolyse** oder **enzymatisch** (Chymotrypsin, Trypsin) gespalten werden.

Strukturprinzip der Proteine

Der komplizierte Bau eines Proteins wird in mehreren Strukturebenen beschrieben.

Primärstruktur

Die Primärstruktur entspricht der **Aminosäuresequenz** des Proteins. Da es 20 verschiedene Aminosäuren gibt, hat man rechnerisch 2^{20} Möglichkeiten diese zu Dipetiden zu kombinieren. Daraus ergibt sich eine riesige Vielfalt an Proteinen, welche aus hunderten von Aminosäuren bestehen. Als 1951 **Sanger** zum ersten Mal die Aminosäureabfolge eines Proteins bestimmen konnte, war die Grundlage zum Verständnis der Proteinstruktur gelegt. Um die Aminosäuresequenz anzugeben, schreibt man immer die Abkürzung der entsprechenden Aminosäure. Man beginnt dabei am N-terminalen Ende. Es gibt einen Dreibuchstabencode, der die Anfangsbuchstaben der Aminosäuren angibt, für Polypeptide und Proteine ist in der Praxis der Einbuchstabencode üblich.

Aminosäure	Abkürzung	
Alanin	Ala	A
Arginin	Arg	R
Asparagin	Asn	N
Asparaginsäure	Asp	D
Asparagin oder Asparaginsäure	Asx	B
Cystein	Cys	C
Glutamin	Gln	Q
Glutaminsäure	Glu	E
Glutamin oder Glutaminsäure	Glx	Z
Glycin	Gly	G
Histidin	His	H
Isoleucin	Ile	I
Leucin	Leu	L
Lysin	Lys	K
Methionin	Met	M
Phenylalanin	Phe	F
Prolin	Pro	P
Serin	Ser	S
Threonin	Thr	T
Tryptophan	Trp	W
Tyrosin	Tyr	Y
Valin	Val	V

Beispiel: Tripeptid Alanylglutamylhistidylglycin (Ala-Glu-His-Gly; AEHG)

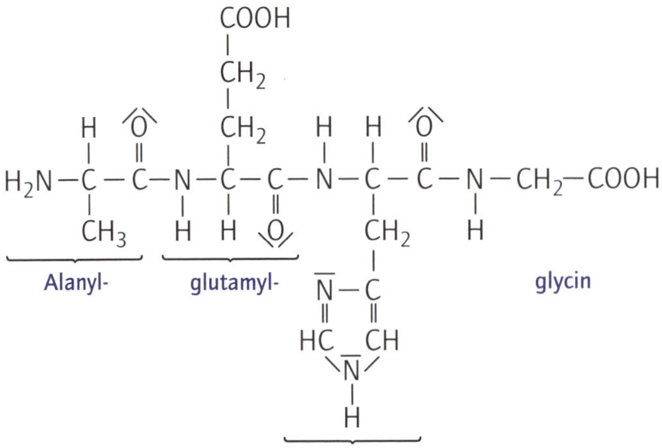

Sekundärstruktur

Ende der 1930er-Jahre stellten **Pauling & Corey** anhand von Röntgenuntersuchungen fest, dass Proteine zwei bestimmte **Konformationen** einnehmen können. Da die **Peptidgruppe planar** ist und die Substituenten um das Kohlenstoff-Atom **tetraedrisch** angeordnet sind, ergeben sich zwei Strukturen.

Die **α-Helix** ist eine schraubenartig gewundene Peptidkette, die durch **intramolekulare Wasserstoffbrückenbindungen** (→ Seite 31) stabilisiert wird. Die Reste der Aminosäuren ragen nach außen weg. Sind die Reste sehr sperrig, stören sie den helicalen Aufbau und führen zu ungeordneten Bereichen. Ein Beispiel für ein Protein, das überwiegend aus Helixstrukturen aufgebaut ist, ist das Keratin.

Die **β-Faltblatt-Struktur** ergibt sich durch **inter- und intramolekulare Wasserstoffbrückenbindungen** zwischen parallel angeordneten Peptidketten. Dadurch entsteht eine zickzackförmige, gefaltete Fläche. Das Seidenprotein weist vorwiegend dieses Strukturelement auf.

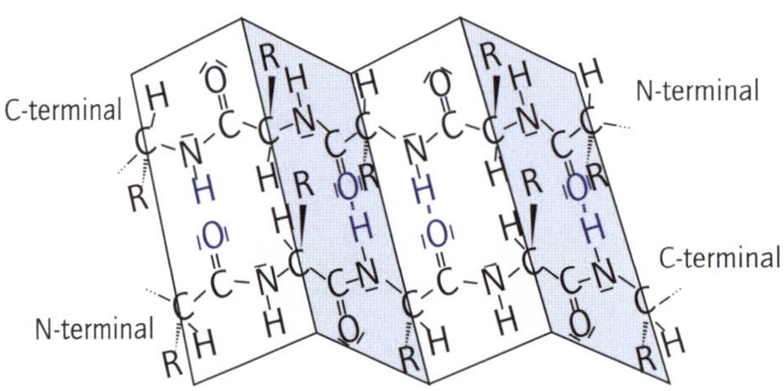

Antiparallele Faltblattstruktur des Seidenproteins

Tertiärstruktur

In einem Protein wechseln Bereiche mit α-Helix- und β-Faltblatt-Struktur ab. Diese können noch zusätzlich im Raum zu weiteren Spiralen verdreht sein. Man nennt diese **räumliche Anordnung** die Tertiärstruktur. Entscheidend sind hierfür **Wasserstoffbrückenbindungen** durch polare Seitenketten, **Van-der-Waals-Bindungen** zwischen unpolaren Resten, **Disulfidbrücken** zwischen Aminosäuren mit –SH-Gruppen (z. B. Cystein) und **Ionenbindungen** zwischen geladenen Gruppen (→ Bindungsarten zwischen Teilchen, Seite 25 ff.).

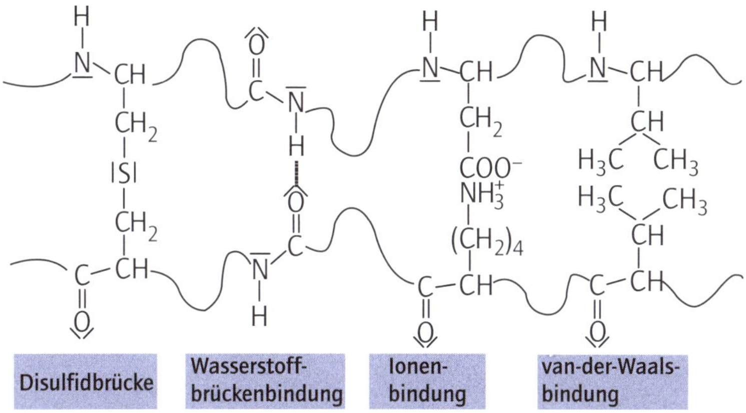

In der schematischen Darstellung wird die α-Helix als Spirale, das β-Faltblatt als Pfeil dargestellt.

Durch die verschiedenen räumlichen Strukturen entstehen kugelförmige, kompakte, **globuläre Proteine** wie Myoglobin oder langgestreckte **Faserproteine** wie Keratin, Seide oder Kollagen.

Quartärstruktur

Mehrere Tertiärstrukturen können zu einem Riesenmolekül zusammentreten, das dann aus mehreren **Untereinheiten** besteht. Diese Anordnung wird als Quartärstruktur bezeichnet. Hämoglobin setzt sich z. B. aus dem **Protein Globin** mit vier Untereinheiten (zwei α- und zwei β-Peptidketten) und der **Häm-Gruppe** zusammen.

Proteine mit einer Nichtproteinkomponente (z. B. die Häm-Gruppe mit dem Eisen(II)-Ion) nennt man **Proteide**. Der Nichtproteinanteil wird auch Wirkgruppe oder CoFaktor genannt.

Nachweisreaktionen

Zusammensetzung eines Proteins: Um die Aminosäuren nachzuweisen, die ein bestimmtes Protein aufbauen, werden zuerst die Peptidbindungen gespalten. Das entstehende Aminosäuregemisch wird **elektrophoretisch** auf einem Gel aufgetrennt und die Aminosäuren dann durch Besprühen mit **Ninhydrin-Reagenz** sichtbar gemacht. Anhand der Laufweite und des Vergleichs mit einem Marker kann man die Aminosäuren identifizieren. Um die Aminosäuresequenz zu bestimmen, sind Enzyme nötig, die **spezifisch** nur bestimmte Peptidbindungen spalten.

Proteinnachweise

- **Xanthoproteinreaktion:** Mit **konzentrierter Salpetersäure** entsteht immer dann ein **gelber** Farbstoff (griech.: *xanthos* = gelb), wenn **aromatische** Aminosäurereste vorliegen. Diese werden bei der Reaktion **nitriert**.
- **Biuret-Reaktion:** Mit **Kupfersulfatlösung** in alkalischem Milieu bilden Proteine eine **violette** Verbindung. Zwischen den Kupfer-Ionen und den Peptidbindungen bildet sich ein farbiger **Komplex** aus. Die Struktur des Komplexes ähnelt der, die mit dem Molekül Biuret entsteht.

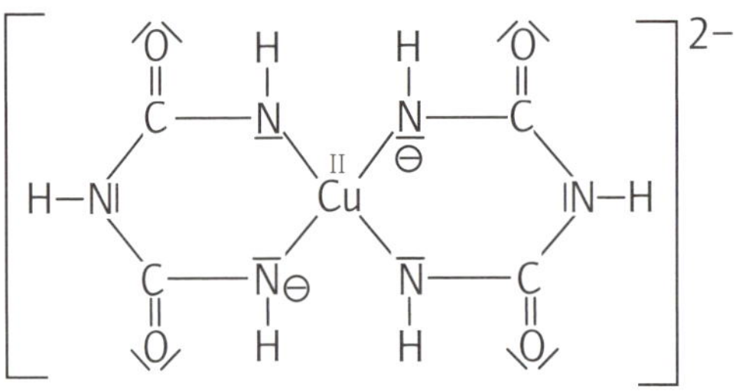

Biuret-Reaktion mit Biuret

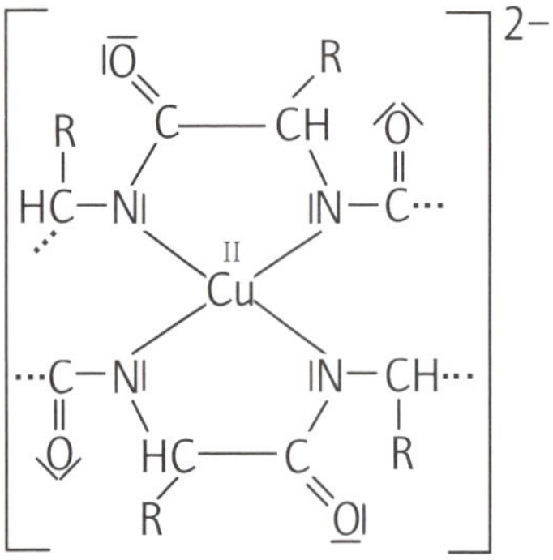

Biuret-Reaktion mit Protein

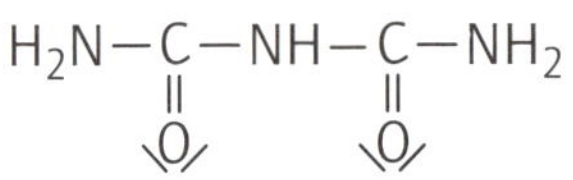

Biuret

INSIDER-TIPP

Proteine und ihre Nachweisreaktionen sind im Abitur häufig gefragt. Es lohnt sich daher, zu Übungszwecken einfach mal mithilfe der in diesem Kapitel angegebenen Strukturformeln der Aminosäuren ein willkürliches Tripeptid schriftlich zu formulieren, z. B. Val-Ser-Asn.

Denaturierung

Die Proteinstruktur kann durch verschiedene Faktoren zerstört werden (frz.: *denaturer* = unbrauchbar machen). Die biologische Funktion des Moleküls geht dabei verloren. Die Denaturierung kann reversibel oder irreversibel sein. Konzentrierte Säuren und Laugen beeinflussen die Ionenbindung und entziehen dem Protein die Hydrathülle, sodass es **koaguliert**. Ebenso wirkt hochprozentiger Alkohol und konzentrierte Salzlösung. Auch hohe Temperaturen zerstören die Proteinstruktur, man spricht von **Hitzedenaturierung**. Mit Schwermetall-Ionen kommt es zu einer Bildung von Komplexen und damit zu einer Veränderung der Stuktur. Reduktionsmittel zerstören ein Protein durch Spaltung der eventuell vorhandenen Disulfid-Bindung.

12.4 Enzymkatalyse

Bau und Wirkungsweise von Enzymen

Enzyme sind Proteine, die aus kompliziert gefalteten Eiweißketten bestehen. Dadurch entsteht eine räumliche Form, die taschenartige Vertiefungen bildet. Eine solche Einbuchtung mit spezieller Funktion nennt man ein **aktives Zentrum**. An dieser Stelle kann ein **Substrat** binden und wird entsprechend verändert. In jedes aktive Zentrum passt nur ein Substrat, welches reagieren kann. Eine Enzym-Substrat-Reaktion verläuft nach dem Schlüssel-Schloss-Prinzip.

Schema einer Enzymreaktion

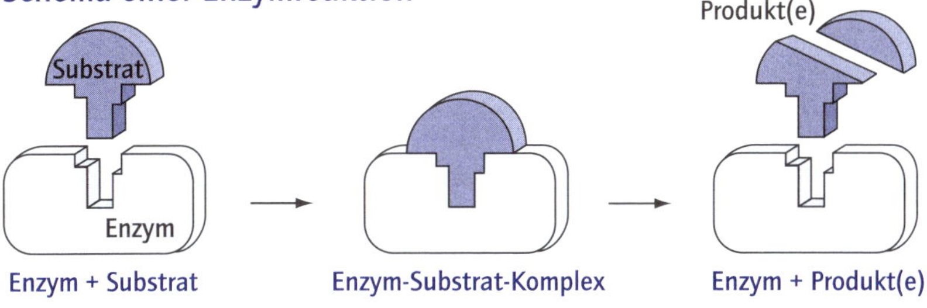

Das Substrat passt wie ein Schlüssel ins Schloss in das aktive Zentrum und wird dort gebunden. Der entstehende **Enzym-Substrat-Komplex** ist energetisch niedriger einzuordnen als der nötige **Übergangszustand** bei der selben Reaktion ohne Enzym.

Als Beispiel soll die Zersetzung von Wasserstoffperoxid H_2O_2 dienen.
$2\,H_2O_2 \rightarrow 2\,H_2O + O_2$

Ohne Katalysator:

Wasserstoffperoxid wird in einem Reagenzglas einige Zeit lang stark erhitzt, bis es sich in Wasser und Sauerstoff zersetzt. Der Sauerstoff ist anhand der Glimmspanprobe nachzuweisen.

Mit Biokatalysator:

Man verwendet das Enzym Katalase, welches z. B. in Kartoffeln und Hefe vorkommt. Gibt man etwas Wasserstoffperoxid auf ein Stück Kartoffel oder Frischhefe, so bemerkt man sofort eine heftige Reaktion. Ein Erhitzen ist für die Zersetzung des Wasserstoffperoxids hier nicht nötig.

Energiediagramm für beide Reaktionen:

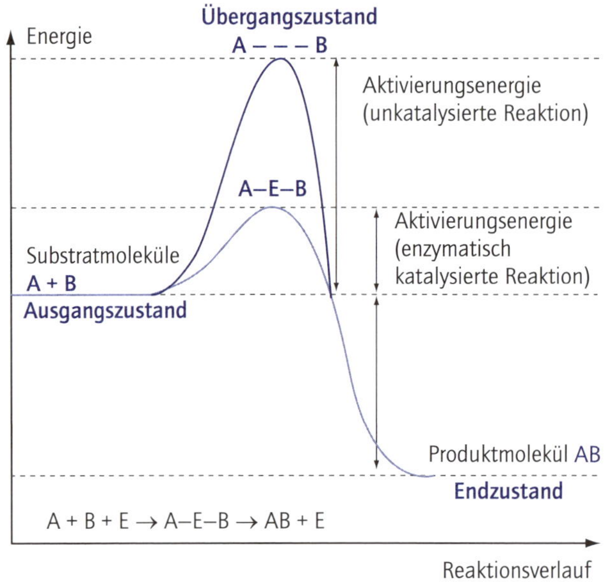

> **MERKE ▪ Wichtige Eigenschaften von Enzymen als Biokatalysatoren**
> - **Sie setzen die Aktivierungsenergie einer Reaktion herab.**
> - **Sie erhöhen die Reaktionsgeschwindigkeit**
> - **Sie gehen unverändert aus der Reaktion hervor.**

Oft werden Enzyme in ihrer Funktion von Nichtproteinkomponenten unterstützt. Man nennt solche Partner **Cofaktoren** oder auch **Cosubstrate**. Es gibt unterschiedliche Typen von Cosubstraten:

Man findet oft Metall-Ionen, die zum einen die dreidimensionale Struktur des Enzymproteins stabilisieren. Zum anderen helfen sie aber auch bei der Bindung des Substrates an das Enzym.

Beispiel: Die Katalase wird bei der Zersetzung von Wasserstoffperoxid durch ein Fe^{2+}-Ion unterstützt.
Häufig sind komplexe organische Moleküle, z. B. Vitamine, lose an das Enzym gebunden und unterstützen die Enzymreaktion. Sie übertragen dabei chemische Gruppen, z. B. Atome oder Elektronen und müssen nach der Reaktion wieder regeneriert werden.

Beispiele für organische Cosubstrate:

Coenzym	übertragene Gruppe	zugehöriges Vitamin
Nicotinamidadenindinucleotid (NAD^+)	Wasserstoff	Nicotinsäure (Niacin)
Flavinadenindinucleotid (FAD)	Wasserstoff	Riboflavin
Coenzym A	Acetylgruppen	Panthothensäure

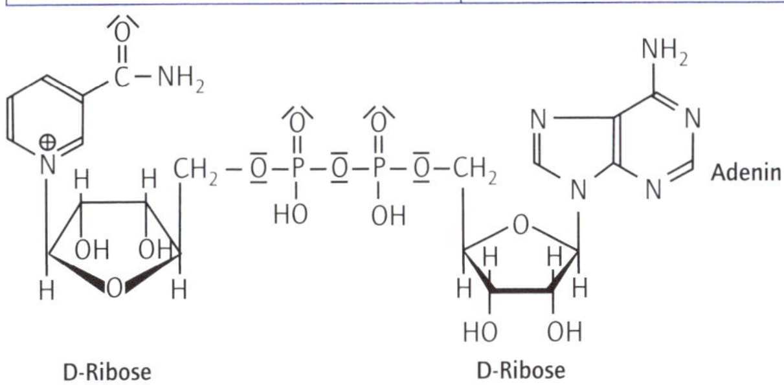

Nicotinamidadenindinucleotid (NAD^+)

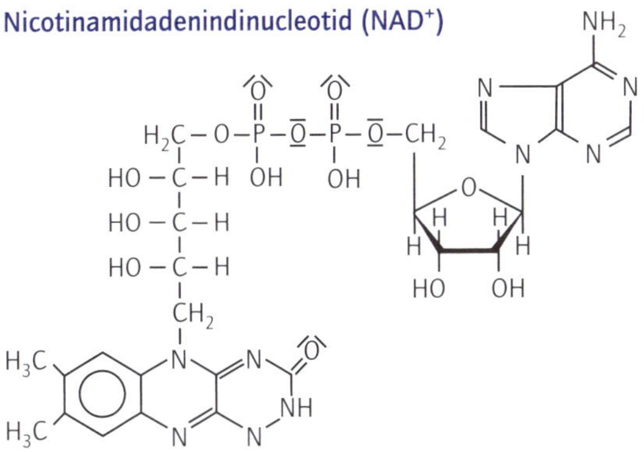

Flavinadenindinucleotid (FAD)

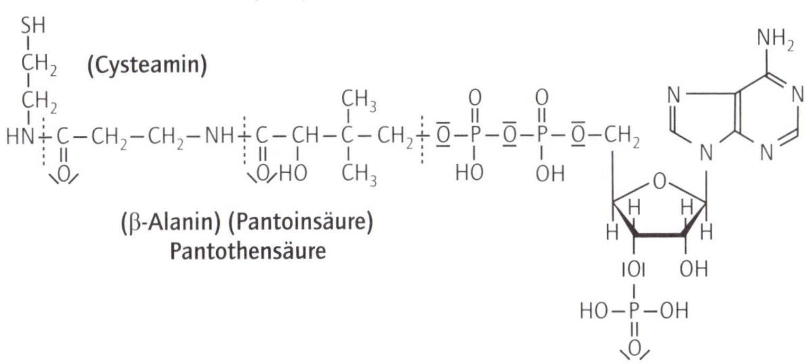

Coenzym A

Schema der Übertragung einer Gruppe durch ein Cosubstrat:

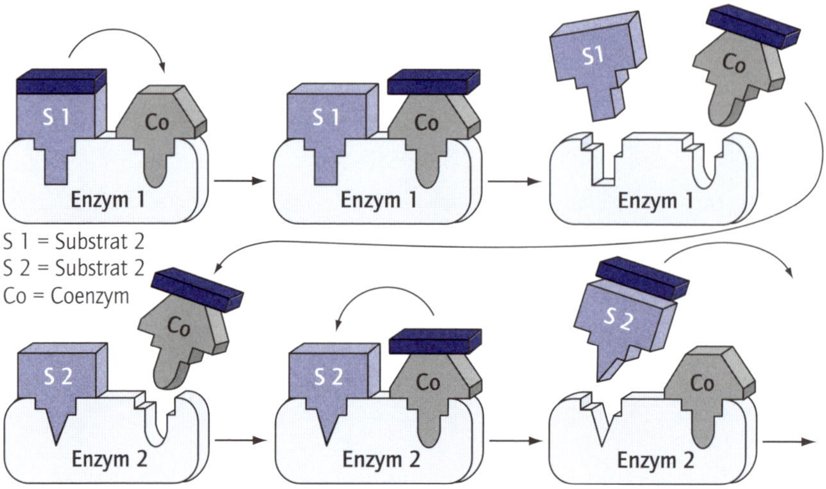

Sind Cosubstrate fest an einem Enzymprotein gebunden, so nennt man das eine **prosthetische Gruppe**.

Schema der Übertragung von Gruppen durch eine prosthetische Gruppe:

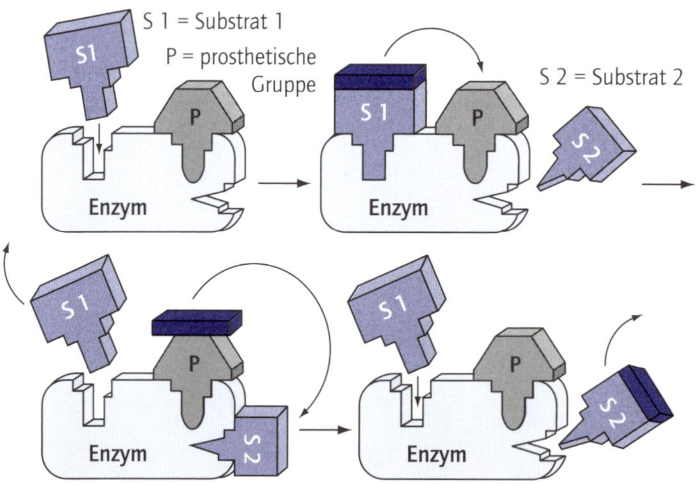

> **MERKE ▪ Substrat- und Wirkungsspezifität**
> - **Jedes Enzym katalysiert nur die Reaktion eines bestimmten Substrates (Substratspezifität).**
> - **Jedes Enzym katalysiert meist nur eine bestimmte Reaktion des Substrates (Wirkungsspezifität).**

Abhängigkeit der Enzymaktivität von verschiedenen Faktoren

Temperatur

Jedes Enzym hat ein Optimum bei einer bestimmten Temperatur. Die Enzyme im menschlichen Körper arbeiten z.B. am besten bei ca. 37 °C. Ist es zu kalt, dann reicht die Aktivierungsenergie nicht aus, um die Reaktion ablaufen zu lassen. Ist es zu warm, denaturieren die Proteinstrukturen und das Enzym ist zerstört. Es gibt aber z.B. auch Archaebakterien, die in heißen Quellen leben und deren Enzyme bei einer Temperatur von 105 °C ihr Optimum haben.

pH-Wert

Die meisten Enzyme haben ihr Optimum im Neutralbereich bei einem pH-Wert von 7. Ist der pH-Wert kleiner, kommt es zur Säuredenaturierung, bei höherem pH-Wert denaturieren die Proteine im alkalischen Milieu. Pepsin, das Enzym, das im menschlichen Magen Proteine spaltet, hat übrigens sein pH-Optimum bei pH = 2, da im Magen ein pH-Wert von 1,5 herrscht.

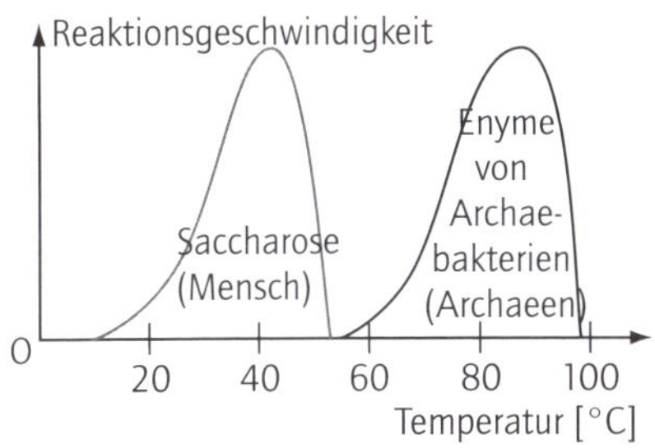

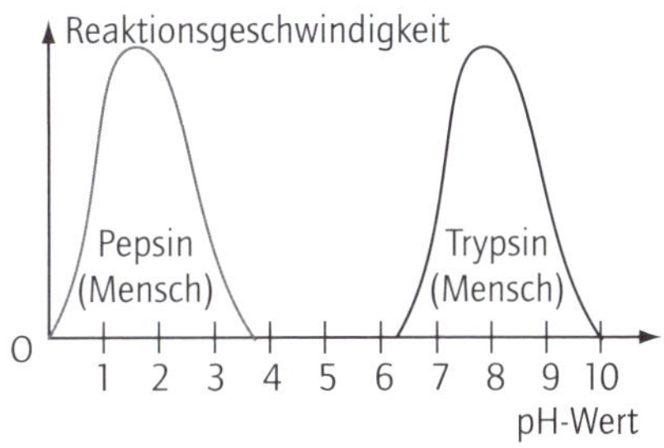

Diagramme zur Abhängigkeit der Enzymaktivität von Temperatur und pH-Wert: Optimumskurven

Substratkonzentration

Erhöht man allmählich die Substratkonzentration in einem Versuchsansatz mit sonst optimalen Bedingungen für das vorhandene Enzym, so stellt man zunächst einen Anstieg der Enzymaktivität fest. Irgendwann kommt es zu einer Sättigung – alle Enzyme sind besetzt und können erst wieder reagieren, wenn das Substrat umgebaut und wegdiffundiert ist. Es ist keine Steigerung der Enzymaktivität durch höhere Substratkonzentration mehr möglich.

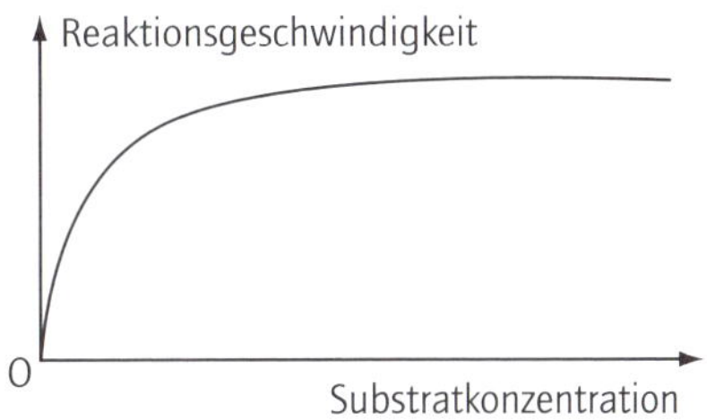

Diagramm zur Abhängigkeit der Enzymaktivität von der Substratkonzentration: Sättigungskurve

Verlauf enzymatischer Reaktionen

Leonor Michaelis und Maud Menten entdeckten 1913, dass die Reaktionsgeschwindigkeit einer enzymatischen Reaktion bei hoher Substratkonzentration allein von der Enzymkonzentration abhängt. Ist also ausreichend Substrat vorhanden, so lässt sich die Reaktionsgeschwindigkeit durch eine vermehrte Zugabe von Enzym erhöhen.

Lässt man die Enzymkonzentration gleich, so ergibt sich eine Abhängigkeit von der Substratkonzentration. Diese Sättigungskurve werteten die beiden Wissenschaftler genau aus. Sie trugen in einem Diagramm die Reaktionsgeschwindigkeit gegen die Substratkonzentration auf. Bei Sättigung, wenn alle Enzyme als Enzym-Substrat-Komplexe vorliegen, kann man die maximale Reaktionsgeschwindigkeit ablesen (v_{max}). Bei halbmaximaler Geschwindigkeit $\left(\frac{1}{2} v_{max}\right)$ kann man die dazugehörige Substratkonzentration ermitteln, welche die Michaelis-Menten-Konstante K_M ist. Sie ist ein Maß für die Affinität des Enzyms zu seinem Substrat.

Ist die Michaelis-Menten-Konstante klein, so bedeutet das, dass v_{max} schon bei geringer Substratkonzentration erreicht wird und damit das Enzym eine große Affinität zum Substrat aufweist. K_M hat eine Größenordnung von 10^{-2} bis 10^{-5} mol/ℓ.

Der Umsatz von Substratmolekülen pro Minute pro Enzymmol wird mit der Wechselzahl angegeben, die sich meist im Bereich von 1000 bis 10 000 bewegt. Katalase hat aber eine Wechselzahl von 5 Millionen.

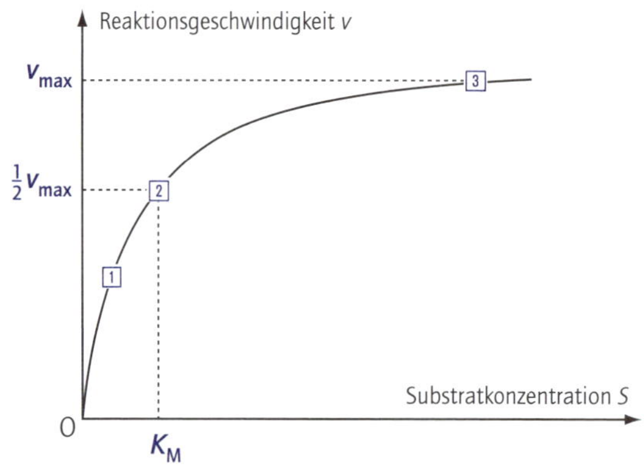

1 **Zu Beginn sind alle Enzyme unbesetzt, somit bilden sich schnell viele Enzym-Substrat-Komplexe**
2 **Die Hälfte aller Enzyme haben sich mit dem Substrat verbunden**
3 **Alle Enzyme liegen als Enzym-Substrat-Komplex vor.**

Grafische Ermittlung der Michaelis-Menten-Konstante

Hemmung der enzymatischen Reaktion

Kompetitive Hemmung

Ein kompetitiver Inhibitor (Hemmstoff) blockiert das aktive Zentrum und konkurriert mit dem Substrat um die Bindungsstelle des Enzyms. Diese Hemmung kann man durch Erhöhung der Substratkonzentration aufheben. Oft findet man diese Form als Endprodukthemmung in biochemischen Prozessen. Wenn viel Produkt gebildet wurde, hemmt es seine eigene Nachbildung durch kompetitive Hemmung des Enzyms, ist wenig Produkt da oder steigt die Substratkonzentration, wird wieder mehr umgesetzt.

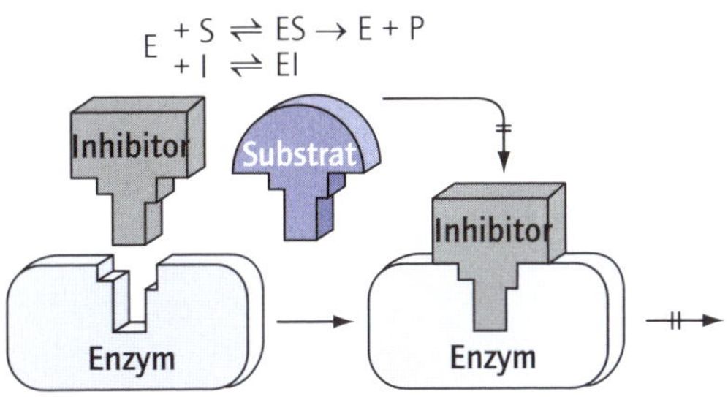

Schema zur kompetitivien Hemmung

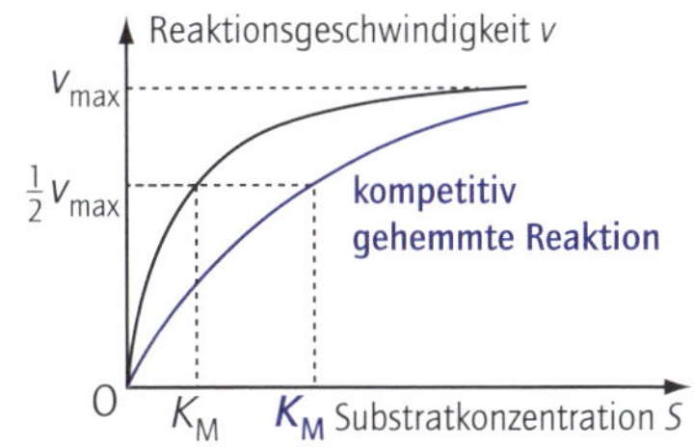

Michaelis-Menten-Diagramm zur kompetitiven Hemmung
v_{max} bleibt gleich, K_M wird größer

Nichtkompetitive Hemmung

Ein Inhibitor bindet am Enzymmolekül, aber nicht am aktiven Zentrum. Als Folge verändert sich die dreidimensionale Struktur des Enzyms und das aktive Zentrum wird verändert oder ist für das Substrat nicht mehr richtig erreichbar. Das Substrat kann zwar noch gebunden, aber kaum mehr umgesetzt werden (nichtkompetitive allosterische Hemmung). Manche Antibiotika wirken so, indem sie bestimmte Bakterienenzyme inhibieren.

Schwermetall-Ionen (Blei-Ionen, Cadmium-Ionen) gehen mit Aminosäuren eine stabile Bindung ein. Sie führen beim Enzym dadurch zu einer Deformation der Tertiärsturktur, das Substrat kann nicht mehr am aktiven Zentrum umgesetzt werden (nichtkompetitive irreversible Hemmung).

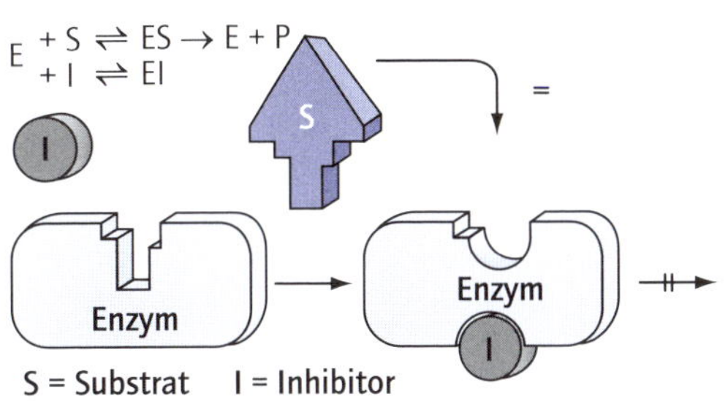

Schema zur nichtkompetitiven Hemmung

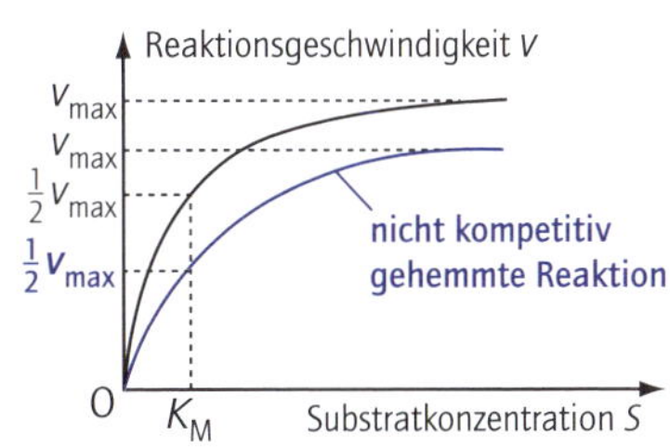

Michaelis-Menten-Diagramm zur nichtkompetitiven Hemmung
v_{max} wird geringer, K_M bleibt gleich

Allosterische Enzyme

Allosterische Enzyme bestehen meist aus mehreren Untereinheiten mit je einem aktiven Zentrum und je einem räumlich vom aktiven Zentrum entfernten allosterischem Zentrum. Dies sind spezifische Bindungsstellen für allosterische Effektoren. Es gibt Aktivatoren oder Inhibitoren, je nachdem wie die Enzymaktivität verstärkt oder gehemmt wird. Entsprechend verändert die Bindung des Effektors die räumliche Anordnung der Aminosäuren im aktiven Zentrum und das Substrat kann besser oder auch schlechter gebunden werden.

Ein Beispiel wäre beim Glucoseabbau während der Glykolyse die Aktivierung des Enzyms Phosphofructokinase durch ADP und seine Hemmung durch ATP. Phosphofructokinase katalysiert die Umwandlung von Fructose-6-phosphat in Fructose-1,6-bisphosphat. Dies ist der langsamste Schritt beim Glucoseabbau und damit ausschlaggebend für die Geschwindigkeit des gesamten Glucoseabbaus und damit der Gewinnung von ATP. Ist nun viel ATP vorhanden besetzt es das entsprechende allosterische Zentrum des Enzyms und führt dazu, dass das Substrat Fructose-6-phosphat schlechter bindet und nicht so schnell in Fructose-1,6-bisphosphat umgewandelt wird. Ist viel ADP vorhanden, besetzt dies das allosterische Zentrum und aktiviert die Bildung von Fructose-1,6-bisphosphat und damit die Synthese von ATP im weiteren Verlauf der Glykolyse.

INSIDER-TIPP

Fragen zu Enzymen und Enzymaktivität sind sehr beliebt, da man hier sowohl Fachwissen als auch Verständnis und Zusammenhänge abfragen kann. Zudem bietet es sich an, Diagramme zeichnen oder auswerten zu lassen.
Gerne verwechselt werden die Arten der Hemmung und ihre Auswirkungen:

- **Kompetitive Hemmung bedeutet Bindung des Hemmstoffs am aktiven Zentrum und Konkurrenz um das Substrat.**
- **Nichtkompetitive Hemmung bedeutet Bindung des Hemmstoffs abseits vom aktiven Zentrum am Enzym mit der Folge der Veränderung des aktiven Zentrums, dieses wird dadurch schlechter oder gar nicht mehr für das Substrat erreichbar.**

CHECKLISTE

12 Biomoleküle

- Kohlenhydrate bestehen aus den Elementen Kohlenstoff, Wasserstoff und Sauerstoff. Sie enthalten mehrere Hydroxyl-Gruppen.
- Die wichtigsten Monosaccharide sind Glucose und Fructose.
- Die reduzierenden Disaccharide Maltose und Cellobiose sind aus glykosidisch verknüpften α-D-Glucose-Einheiten bzw. β-D-Glucose-Einheiten aufgebaut.
- Der Rohrzucker Saccharose besteht aus der Pyranoseform von α-D-Glucose und der damit 1,2-glykosidisch verbundenen Furanoseform der β-D-Fructose.
- Cellulose ist ein Polysaccharid, das als pflanzlicher Baustoff auftritt. Speicherformen von Polysacchariden sind bei Pflanzen die Stärke, bei Tieren das Glykogen.
- Triglyceride bestehen aus Fettsäuren, die mit dem dreiwertigen Alkohol Gylcerin verestert sind.
- Ungesättigte Fettsäuren sind für den Menschen essentiell und vor allem in Ölen enthalten.
- Phospholipide bzw. Glykolipide enthalten außer Glycerin und Fettsäuren auch Phosphorsäure bzw. ein Zuckermolekül.
- Es gibt 20 proteinogene Aminosäuren, die über Peptidbindungen miteinander verknüpft werden.
- Die Zusammensetzung und der räumliche Bau von Proteinen sind durch vier Strukturebenen gekennzeichnet.
- Enzyme sind Biokatalysatoren. Sie reagieren mit den passenden Substraten nach dem Schlüssel-Schloss-Prinzip.
- Cofaktoren oder Cosubstrate sind Nichtproteinkomponenten, die die Enzyme in ihrer Funktion unterstützen.
- Man unterscheidet bei Enzymen zwischen kompetitiver und nichtkompetitiver Hemmung.

13 Farbstoffe

Bei den Farbmitteln unterscheidet man zwischen löslichen Farbstoffen und unlöslichen Pigmenten. Letztere sind meist anorganische Verbindungen. In diesem Kapitel wird nur auf die Farbstoffe eingegangen, wobei man hierbei natürliche und synthetische Farbmittel unterscheiden kann.

13.1 Farbigkeit

Entstehung von Farbigkeit

Licht besteht aus **elektromagnetischen Wellen**, wobei die Wellenlänge für den sichtbaren Bereich 380 bis 780 nm beträgt. Sichtbares Licht besteht aus verschiedenen Farben, die zusammen weißes Licht ergeben. Farbigkeit kann auf drei Arten entstehen.

- **Absorption:** Der nicht absorbierte Anteil des Lichtes wird **reflektiert**. Man sieht die **Komplementärfarbe** des absorbierten Lichtanteils.
- **Emission:** Energie wird in Form von **elektromagnetischen Wellen** abgegeben und somit als Farbe gesehen.
- **Geometrische Optik/Wellenoptik:** Licht und Materie treten in Wechselwirkung, sodass das Licht die **Richtung ändern** muss. Phänomene dieser Art sind Streuung, Beugung und Interferenz.

Struktur und Lichtabsorption organischer Stoffe

- **Absorption und Energieverwertung:** Die Farbigkeit bei organischen Stoffen ergibt sich aus dem Unterschied zwischen dem höchsten besetzten (*highest occupied molecular orbital* = **HOMO**) und dem niedrigsten unbesetzten (*lowest unoccupied molecular orbital* = **LUMO**) **Energieniveau** im Molekül. Bei der Absorption von Licht bestimmter Wellenlänge werden Elektronen der Moleküle vom Grundzustand in einen energetisch höheren Zustand gehoben. Ein Elektron des HOMO kann also in das LUMO befördert werden. Der Energieunterschied zwischen den Zuständen entspricht dabei genau der Energie des absorbierten Lichtes.

Nach der Aufnahme von Energie in Form von elektromagnetischen Wellen gibt es zwei Möglichkeiten der Energieverwertung.

- Durch Absorption von Licht bestimmter Wellenlänge wird Energie aufgenommen. Diese wird an Nachbarteilchen durch Bewegung übertragen und in Wärme umgewandelt. Das führt zu einer **strahlungslosen Desaktivierung** der Energie.
- Die aufgenommene Lichtenergie wird in Form von Licht wieder abgegeben. Dieses Phänomen wird **Fluoreszenz** genannt.

Struktur von Farbstoffmolekülen: Während σ-Elektronen zur Anregung energiereiche UV-Strahlung benötigen, reicht für π-Elektronen bereits eine geringere Energie aus. Sind diese π-Elektronen zudem **delokalisiert**, absorbiert das System oft im sichtbaren Bereich des Lichtspektrums. Farbstoffmoleküle enthalten deshalb immer funktionelle Gruppen mit **Mehrfachbindungen**, sogenannte **Chromophore** (Systeme aus Mehrfachbindungen) oder **Chromogene** (aromatische Verbindungen mit einem oder mehreren Chromophoren).

Vergleicht man die **Polyene** (Kohlenwasserstoffe mit mehreren Doppelbindungen) untereinander, so stellt man fest, dass erst Moleküle mit neun und mehr **konjugierten** Zweifachbindungen farbig erscheinen, da sie im sichtbaren Bereich absorbieren. Dagegen absorbiert ein **Cyanin** bereits mit nur zwei konjugierten Kohlenstoff-Kohlenstoff-Doppelbindungen im sichtbaren Bereich. Der Grund dafür ist in der Bildung von **mesomeren Grenzstrukturen** zu suchen. Während beim Polyen die Grenzformel eine zwitterionische ist und wenig Gewicht hat, kann man beim Cyanin zwei völlig gleichwertige Grenzformeln aufzeigen. Dies bedeutet, dass die π-Elektronen vollständig delokalisiert sind. Verantwortlich dafür sind die zusätzlichen funktionellen Gruppen. Die Dialkylamin-Gruppe liefert Elektronen zum π-Elektronensystem dazu, sie bewirkt als **Elektronendonator** einen **+M-Effekt** (positiver Mesomerie-Effekt). Solche elektronenliefernden Gruppen werden als **Auxochrome** bezeichnet. Die Dialkylammonium-Gruppe wirkt als **Elektronenakzeptor** und zieht π-Elektronen aus dem System heraus. Gruppen wie diese bewirken einen **−M-Effekt** (negativer Mesomerie-Effekt) und werden **Antiauxochrome** genannt.

Die Farbe des organischen Moleküls bestimmt sich also durch die **Anzahl der konjugierten Doppelbindungen** und durch die **Endgruppen**. Erfolgt die Farbverschiebung in den längerwelligen Bereich (**Rotverschiebung**), so spricht man von einer Farbvertiefung oder **Bathochromie**. Entsprechend bezeichnet man eine **Blauverschiebung**, z. B durch Alkylgruppen als Auxochrome, als **Hypsochromie**.

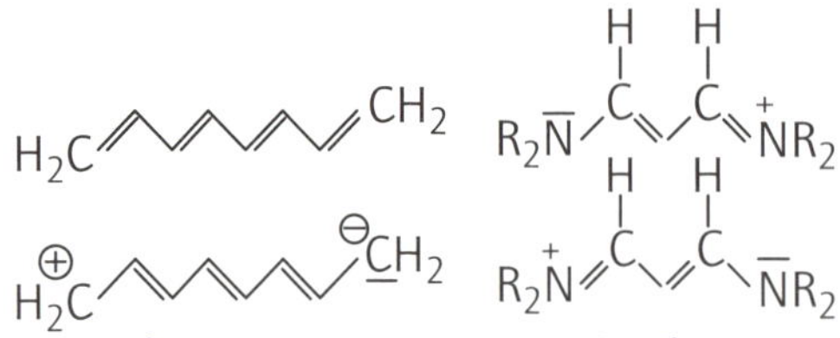

Polyene Cyanine

Farbverschiebung durch Substituenten

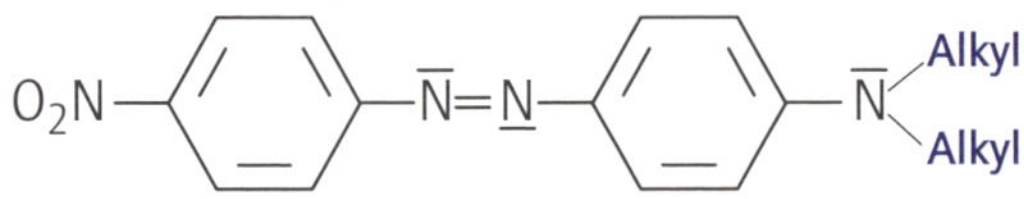

Scharlachrot

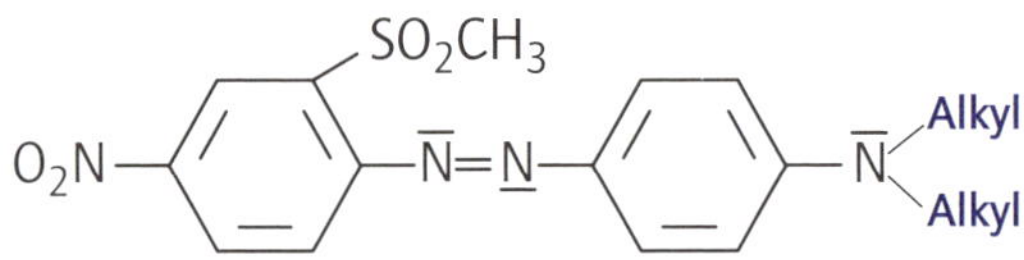

Rotviolett

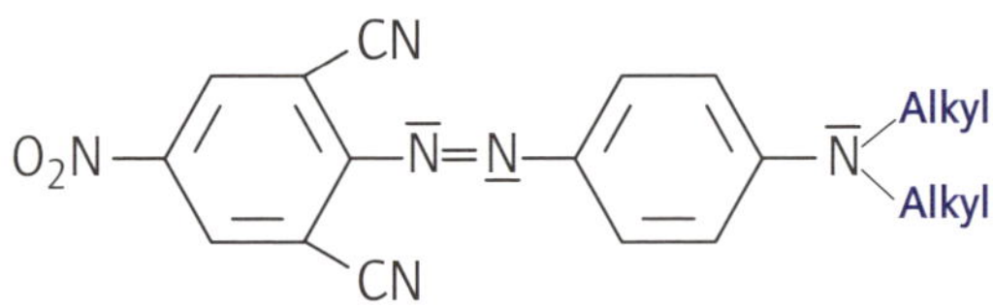

rotstichiges Blau

↑ Elektronen-Akzeptoren ↑ Elektronen-Donator

Elektronendonator (+ M-Effekt)	Elektronenakzeptor (− M-Effekt)
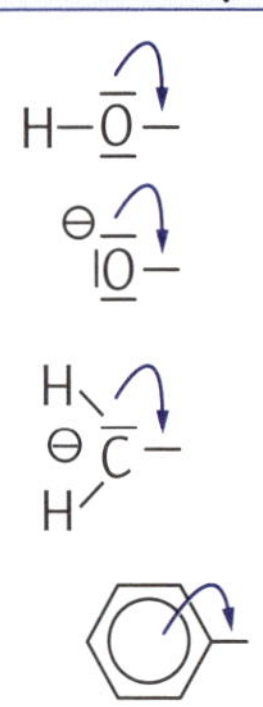	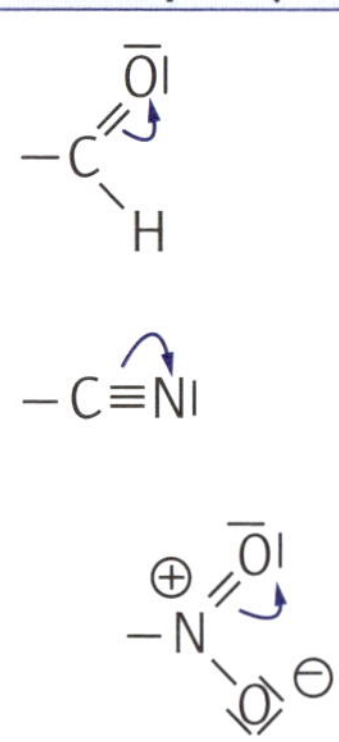

13.2 Farbstoffe

Azofarbstoffe

Azofarbstoffe sind die wichtigste Gruppe synthetisch hergestellter Farbmittel. Sie werden zum Schwarz- und Braunfärben von Leder, sowie zum Färben von Lebensmitteln und Kleidung verwendet. Sie zeichnen sich durch eine meist sehr intensive Farbe aus. Problematisch ist gerade bei der Lebensmittelfärbung die **Toxizität**, die noch nicht vollständig untersucht wurde. Viele Azoverbindungen gelten als krebserregend und sind inzwischen als Lebensmittelfarbstoffe verboten. Auch kann es beim direkten Kontakt von Azoverbindungen mit der Haut (z. B über Kleidungsstücke) zu allergischen Reaktionen kommen.

Struktur der Azofarbstoffe: Kennzeichnend für die über 2000 bekannten Azofarbstoffe ist die **Azo-Gruppe**, die an beiden Seiten **aromatische Reste** gebunden hat. Meist handelt es sich bei den Aromaten um Benzol und dessen Derivate. Durch die Ausbildung eines mesomeren π-Elektronensystems, das sich von den aromatischen Resten über die Azogruppe zieht, lässt sich die Farbigkeit der Verbindungen erklären. Je nach Art der Substituenten am Benzolring unterscheidet man **saure und basische Azofarbstoffe**.

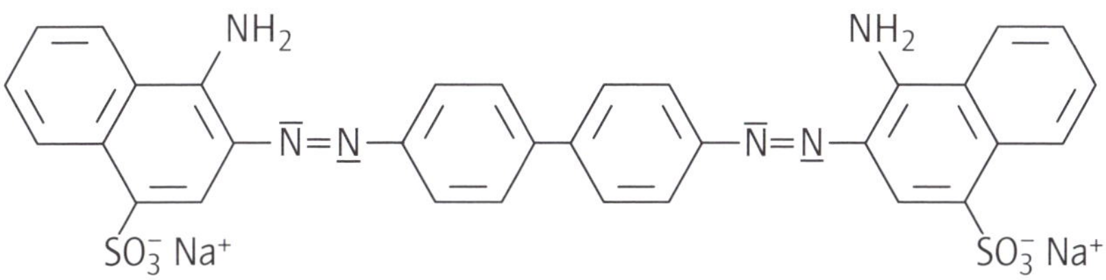

Kongorot
saurer Azofarbstoff

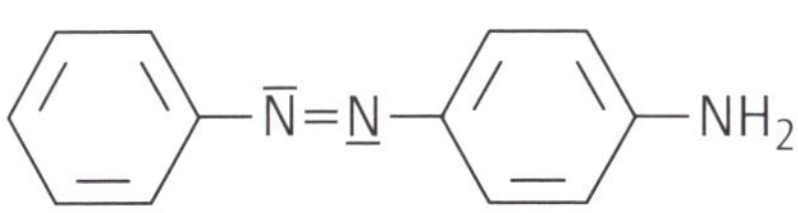

Anilingelb
basischer Azofarbstoff

Synthese der Azofarbstoffe: Die Synthese erfolgt durch die Reaktion einer **Diazokomponente**, das heißt eines aromatischen Systems mit einer Diazogruppe, mit einer aromatischen **Kupplungskomponente**. Dabei unterscheidet man zwei Schritte, die hier am Beispiel der Darstellung von p-Hydroxyazobenzol aufgezeigt sind.

- **Diazotierung:** Die Diazokomponente wird gewonnen, indem man die aromatische Verbindung mit Nitrit-Ionen versetzt und ansäuert, wobei sich das reaktive **Nitrosyl-Ion** bildet. Im konkreten Beispiel reagiert das primäre Amin Anilin mit Natriumnitrit in salzsaurer Lösung. Die Reaktion wird bei Temperaturen unter 5 °C durchgeführt, da das entstehende **Diazonium-Ion** sonst Stickstoff abspaltet.

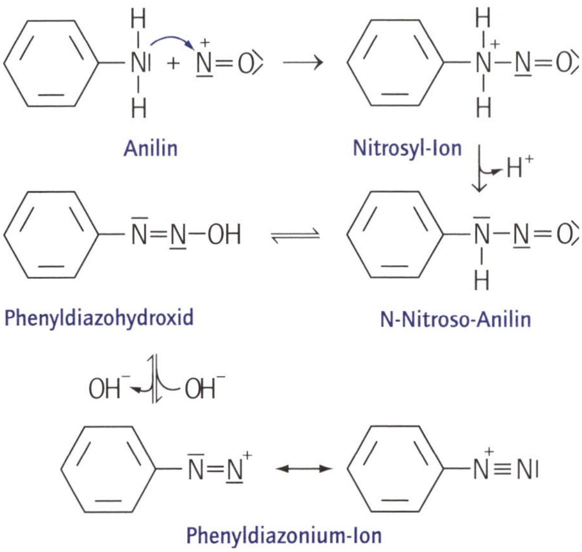

- **Azokupplung:** Das positiv geladene Diazonium-Ion wirkt als starkes **Elektrophil** und reagiert mit der **nukleophilen Kupplungskomponente** zum Azofarbstoff. Als Kupplungskomponente ist im konkreten Beispiel Phenol verwendet.

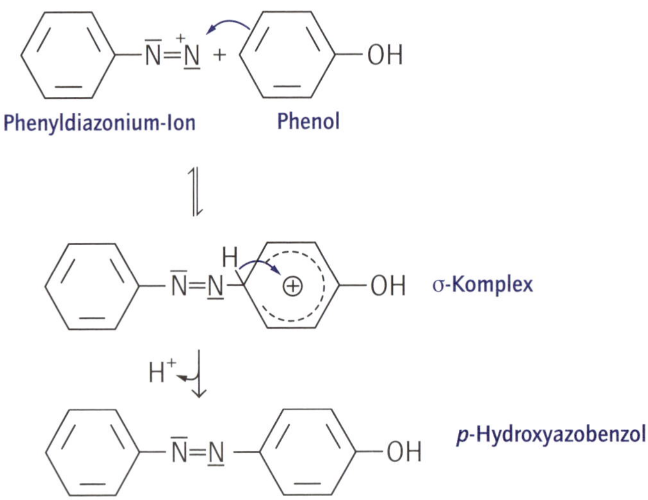

Azofarbstoffe als Indikatoren: Da Azoverbindungen unterschiedliche Farben haben, je nachdem, ob die Azo-Gruppe protoniert ist oder nicht, lassen sie sich als **Indikatoren** einsetzen (→ Indikatoren Seite 70 f.).

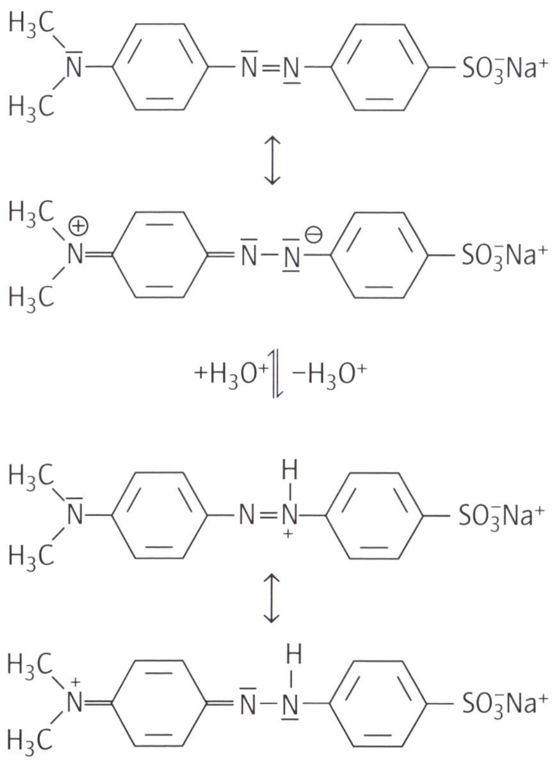

pH > 4,4
λ = 473 nm
Farbe: gelborange

pH < 3,1
λ = 510 nm
Farbe: rot

INSIDER-TIPP

Auch für die Farbstoffe gilt: Zum Üben muss man z.B. eine Diazotierung und Azokupplung schriftlich ausformulieren – nur Anschauen genügt nicht. Man kann zum Üben die in diesem Kapitel vorgestellte Reaktion lernen und drei Tage später die Herstellung von p-Hydroxyazobenzol auswendig ausformulieren.

Anthrachinonfarbstoffe

1868 gelang **Graebe** und **Liebermann** die Strukturaufklärung des natürlichen Farbstoffes **Krapprot**, welcher aus der Wurzel des in Europa angebauten

Krapps gewonnen wird. Krapprot, auch als **Alizarin** bezeichnet, kann synthetisch durch **Sulfonierung** von **Anthrachinon** in **α- und β-Stellung** und anschließendes Austauschen der $-SO_3H$-Gruppen gegen Hydroxyl-Gruppen hergestellt werden.

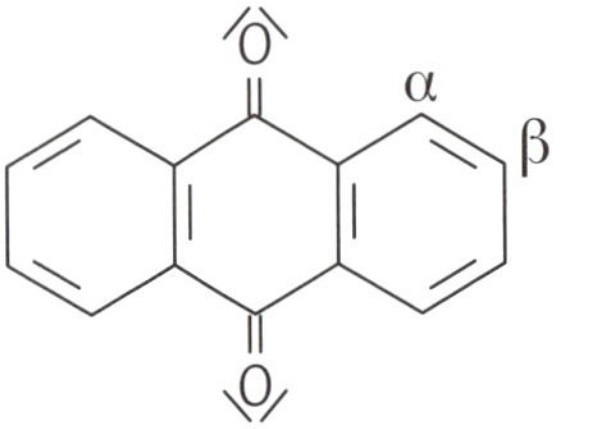

Anthrachinon

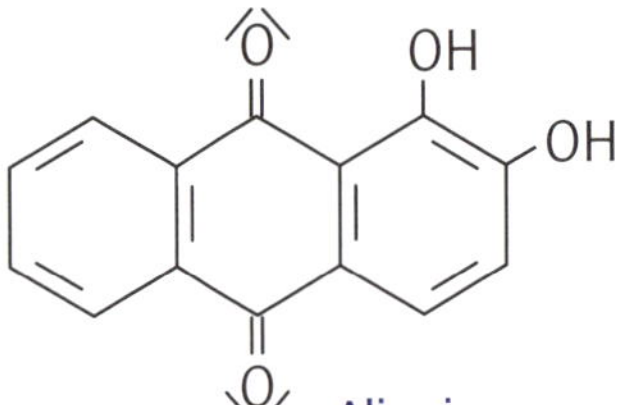

Alizarin

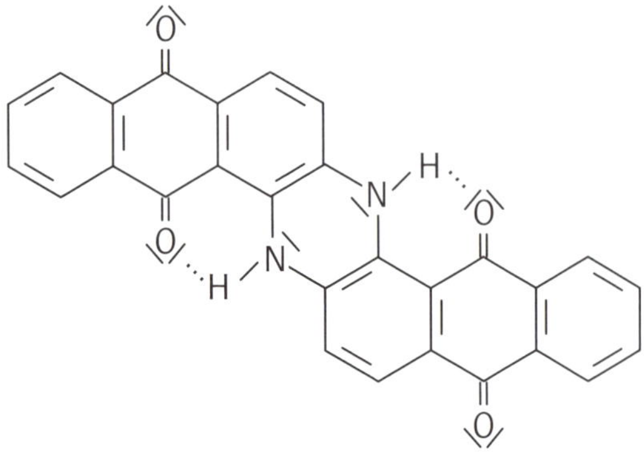

Indanthrenblau RS

Triphenylmethanfarbstoffe

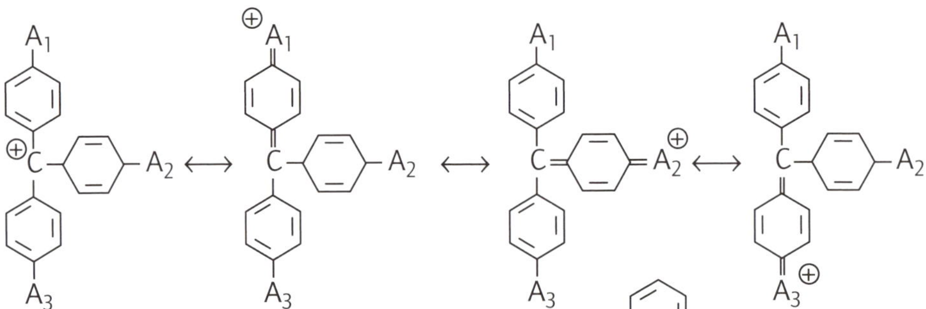

Alle **Triphenylmethanfarbstoffe** besitzen ein zentrales **Carbenium-Ion** mit drei Bindungen zu **Benzolringen**, die auch substituiert sein können. Man gewinnt Triphenylmethanfarbstoffe durch die Friedel-Crafts-Reaktion (Alkylierung von Aromaten durch Reaktion von Halogenalkanen in Gegenwart eines Katalysators). So werden aus drei Molekülen Benzol (oder Derivaten) und Chloroform unter Abspaltung von drei Molekülen Hydrogenchlorid Triphenylmethan (bzw. Derivate) erhalten. Als Katalysator verwendet man **Aluminiumchlorid**.

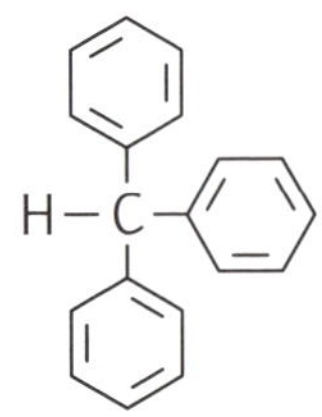

Triphenylmethan

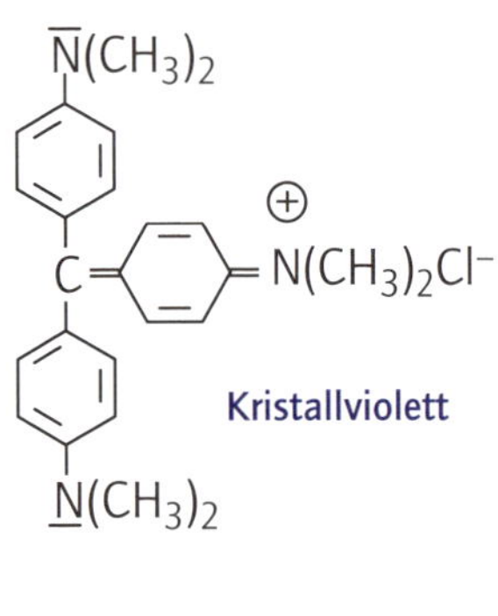

Kristallviolett

Ein Triphenylmethanfarbstoff, der als Indikator Verwendung findet, ist Phenolphthalein.

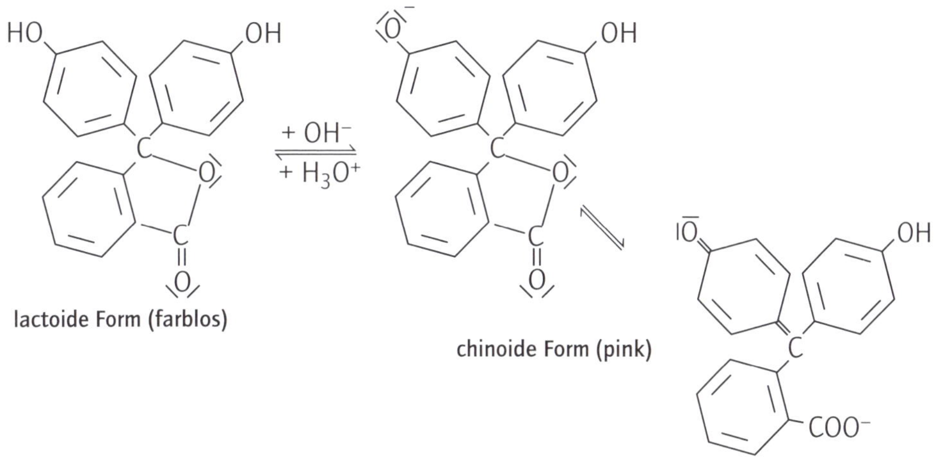

lactoide Form (farblos)

chinoide Form (pink)

Indigofarbstoffe

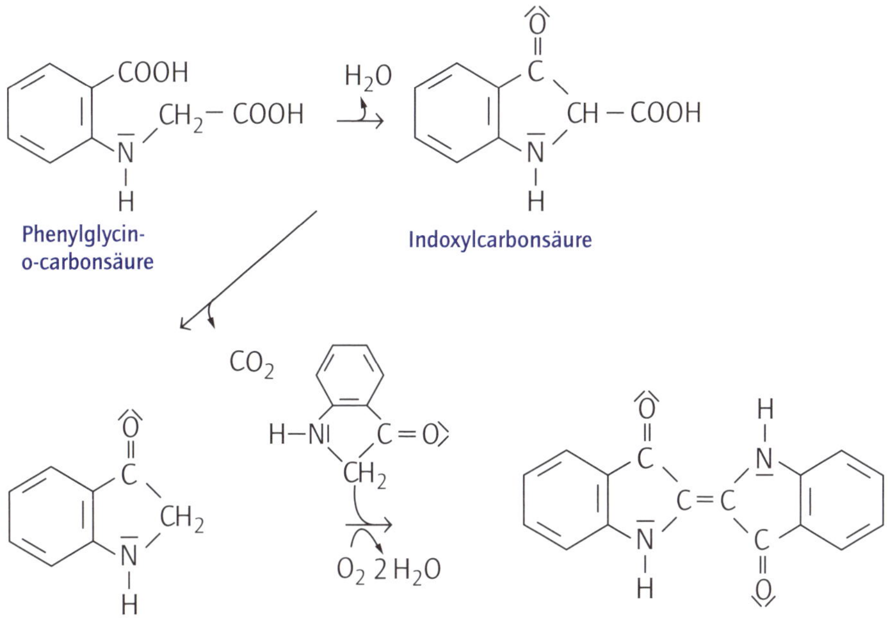

Phenylglycin-o-carbonsäure

Indoxylcarbonsäure

Indoxyl

Indigo

Der blaue Farbstoff **Indigo** konnte lange Zeit nur aus Pflanzen isoliert werden. Dafür wurde die **Indigo-Pflanze** und der in Europa vorkommende **Färberwaid** verwendet. Erst Anfang des 20. Jahrhunderts gelang es, das Molekül künstlich herzustellen. Ausgangsstoff für die Synthese ist Phenylglycin-ortho-Carbonsäure, welche beim Schmelzen mit Alkalien unter Wasserabspaltung zu Indoxylcarbonsäure umgewandelt wird. Diese spaltet wiederum Kohlenstoffdioxid ab und man erhält **Indoxyl**. Mithilfe von Sauerstoff entsteht aus zwei Indoxyl-Molekülen unter Wasserabspaltung Indigo, wobei die Indoxyl-Moleküle in **Trans-Stellung** zueinander stehen.

Durch Substitution an den Benzolringen erhält man Farbstoffe, die fast das gesamte Farbspektrum abdecken.

Beispiel: Purpur aus der Purpurschnecke (Murex brandaris)

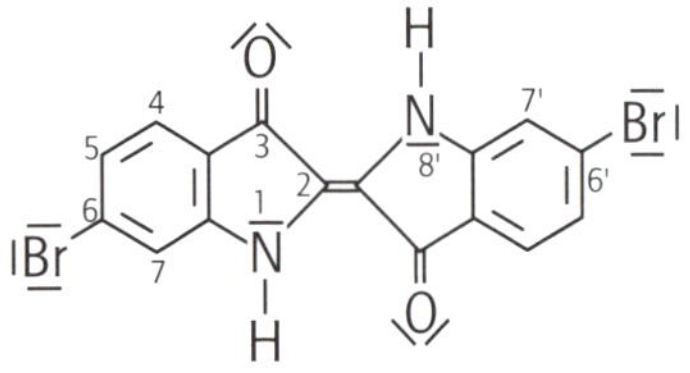

6,6'-Dibrom-Indigo

13.3 Färbetechniken

Eigenschaften von Textilfarbstoffen

Textilfarbstoffe müssen mehrere wichtige Eigenschaften erfüllen. Sie sollen **waschecht** sein, also fest an der Faser haften. **Lichtechtheit** bedeutet eine geringe Verblassung durch Sonneneinstrahlung. Wegen des Kontakts mit Schweiß und Seifenlösungen erwartet man eine **Säure- und Alkali-Echtheit**. Schließlich muss eine gewisse **Temperaturbeständigkeit** vorliegen, um das Waschen und Bügeln zu ermöglichen.

Je nachdem, ob man Baumwolle, also das **Polysaccharid** Cellulose, oder Wolle, ein **Protein**, färben möchte, muss man Farbstoffe und Färbebedingungen entsprechend wählen. Die aufgeführten Färbetechniken a) bis d) beziehen sich auf das Färben von Cellulosefasern.

a) Direktfarbstoffe

Direktfarbstoffe werden im Färbebad gelöst und ziehen dann direkt auf die Faser auf. Sie haften durch **Van-der-Waals-Kräfte** und **Wasserstoffbrückenbindungen** (→ Bindungsarten zwischen Teilchen, Seite 31 f.) an den Fasern. Durch die relativ schwachen Bindungen sind sie wenig waschecht. Zu den Direktfarbstoffen gehören Azo- und Anthrachinonverbindungen.

b) Entwicklungsfarbstoffe

Als **Entwicklungsfarbstoffe** eignen sich gut die Azofarbstoffe, da diese in zwei Schritten synthetisiert werden. Das Färbegut wird zuerst mit einer basischen Lösung grundiert, welche die wasserlösliche, farblose Kupplungkomponente enthält. Nach dem Trocknen lässt man das Diazoniumsalz einwirken, woraufhin sich der wasserunlösliche Farbstoff bildet. Die Haftung an der Faser erfolgt hierbei über **Adsorption**.

c) Küpenfarbstoffe

Das Farbstoffmolekül wird zuerst zu einer meist farblosen **Leukoform reduziert**. Aus dieser Lösung (**Küpe**) diffundiert die Leukoform in die Faser und wird anschließend durch Luftsauerstoff **oxidiert**. Dabei entsteht der wasserunlösliche Farbstoff. Diese Farbstoffe sind besonders waschecht, da die Moleküle in die Faser **eingebaut** werden. Typische Küpenfarbstoffe sind die Indanthrenfarbstoffe, z. B Indigo, den man von den Blue Jeans kennt.

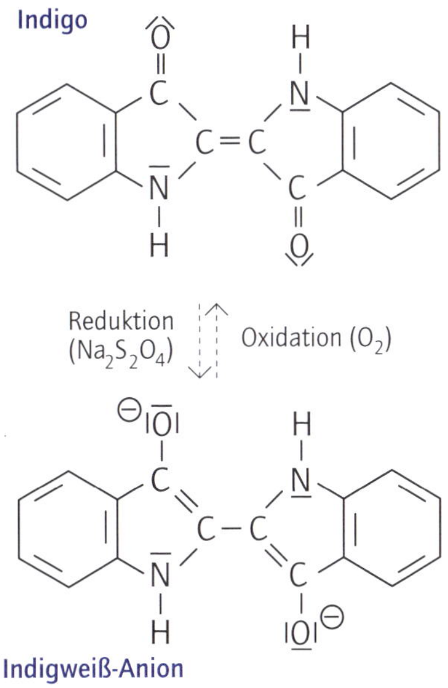

d) Reaktivfarbstoffe

Bei Reaktivfarbstoffen wird die Farbstoffkomponente über eine **Amino-Gruppe** an einen reaktiven Anker gebunden. Die so entstandene **Reaktivkomponente** regiert dann mit den Hydroxyl-Gruppen der Cellulose und bildet eine stabile **Elektronenpaarbindung**. Azo- und Anthrachinonfarbstoffe können so waschecht auf die Faser gebracht werden.

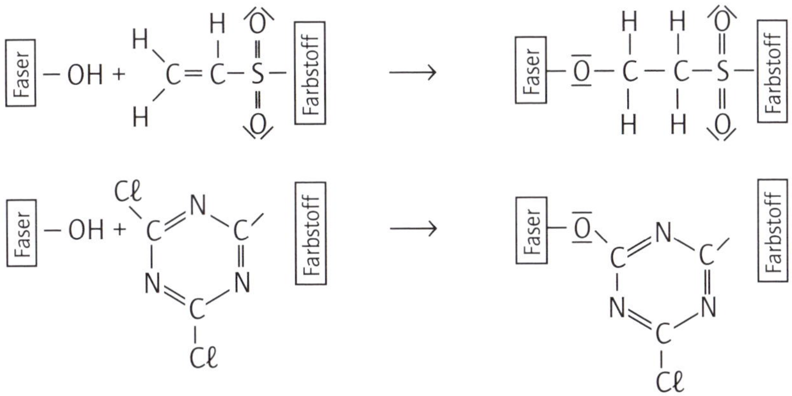

Färben von Wolle

Da bei Proteinfasern die Gefahr der Denaturierung besteht, muss man sehr schonende Färbebedingungen wählen. Man verwendet z. B **anionische und kationische Farbstoffe**, die in Wechselwirkung mit den geladenen **Ammonium- und Carboxylat-Gruppen** der Aminosäuren treten können. Hauptsächlich wird Wolle jedoch mit **Metallkomplexfarbstoffen** behandelt, z. B mit wasserlöslichen Chrom(III)salzen. Diese reagieren mit Azo-Verbindungen, welche dann die Liganden des Chrom-Komplexes darstellen. Auch die Amino-Gruppen des Proteins werden als Liganden gebunden und garantieren so eine besondere Waschechtheit.

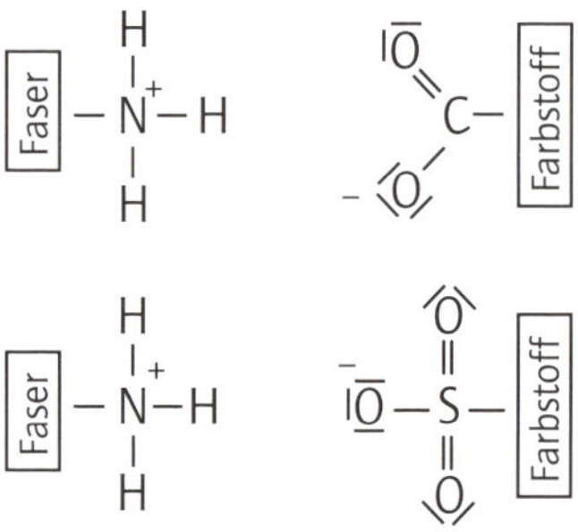

CHECKLISTE

13 Farbstoffe

- **Farbstoffe zeichnen sich durch ein System aus konjugierten Doppelbindungen aus. Dabei bewirken elektronenliefernde Auxochrome einen +M-Effekt und stabilisieren das π-Elektronensystem. Elektronenziehende Antiauxochrome rufen einen −M-Effekt und damit eine Destabilisierung und entsprechende Farbverschiebung hervor.**
- **Je nachdem, welches Molekül bzw. π-Elektronensystem den Grundkörper bildet, unterscheidet man verschiedene Farbstofftypen.**
- **Für unterschiedliche Farbstoffe gibt es unterschiedliche Färbetechniken. Dabei ist immer die Struktur der Faser zu berücksichtigen.**

14 Tenside/Waschmittel

Tenside sind aufgrund ihrer amphiphilen (sowohl hydrophilen als auch lipophilen) Eigenschaften oberflächenaktive Stoffe. Eine besondere Gruppe der Tenside stellen die Seifen dar. Aufgrund ihrer besonderen Eigenschaften setzt man sie als Wasch- oder Spülmittel ein.

14.1 Herstellung von Seifen

Seifen erhält man durch **alkalische Esterhydrolyse** (→ Seite 114) von Triglyceriden. Dabei gewinnt man neben dem dreiwertigen Alkohol Glycerin die Alkalisalze der langkettigen Fettsäuren (→ Seite 139 ff.). Bei Verwendung von **Natronlauge** bilden sich feste **Kernseifen**, mit **Kalilauge** dickflüssige **Schmierseifen**.

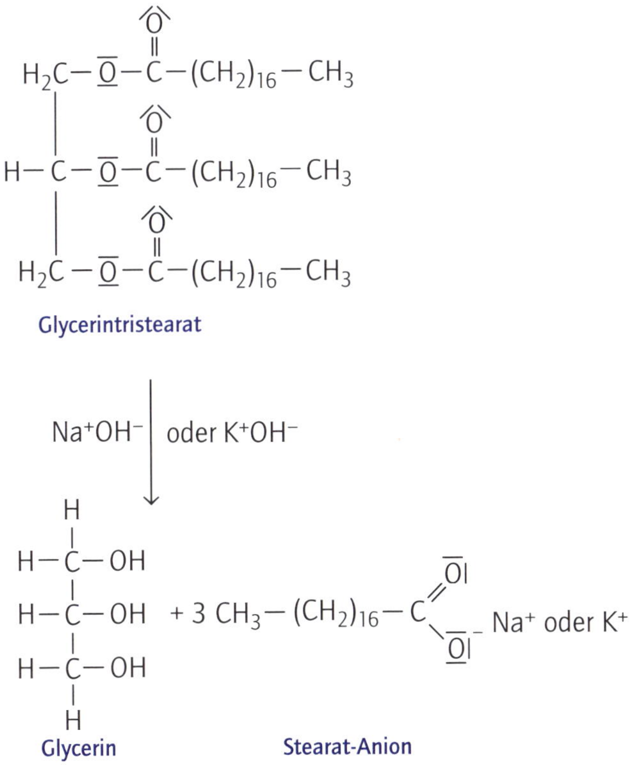

Als Rohstoff für die Seifenherstellung wird Talg verwendet. Unter Anwendung der **Fetthydrierung** (Anlagerung von Wasserstoff-Atomen an ungesättigte Fettsäuren) kann man auch das billigere Fischöl nutzbar machen (→ Seite 142).

14.2 Eigenschaften von Tensiden

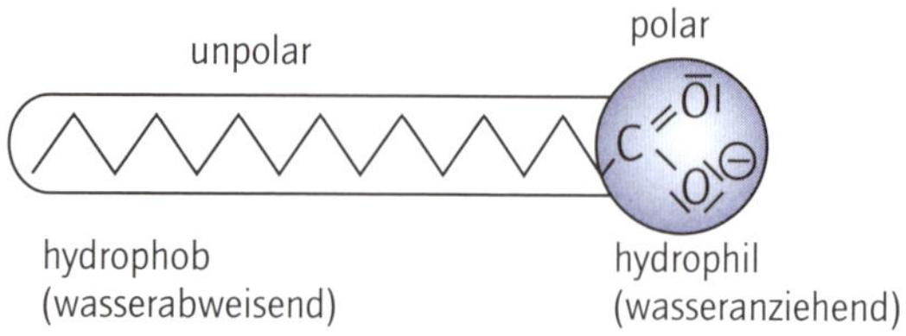

Bau eines Seifenanions

Der Aufbau des Tensidmoleküls ist entscheidend für seine zahlreichen Eigenschaften und die Möglichkeit des Einsatzes als Reinigungsmittel. Das Seifenanion ist ein **amphiphiles** Teilchen, das heißt es ist sowohl **lipophil** (fettliebend) als auch **hydrophil** (wasserliebend). Die lange Kohlenstoffkette des **unpolaren** Alkylrestes verhält sich hydrophob (wassermeidend) während die **polare** Carboxylat-Gruppe hydrophil und damit lipophob ist.

Grenzflächenaktivität

Als **Grenzfläche** wird die Berührungszone zwischen zwei **Phasen** eines **heterogenen Gemisches** bezeichnet. Tenside haben die Eigenschaft, sich an solchen Grenzflächen anzureichern. So findet man z.B. an der Zone zwischen Wasser und Luft die Tensidmoleküle so angeordnet, dass sich die Carboxylat-Gruppe im Wasser befindet und über Wasserstoffbrückenbindungen mit den polaren Wassermolekülen verbunden ist. Der hydrophobe Alkylrest ragt aus dem Wasser in die Luft.

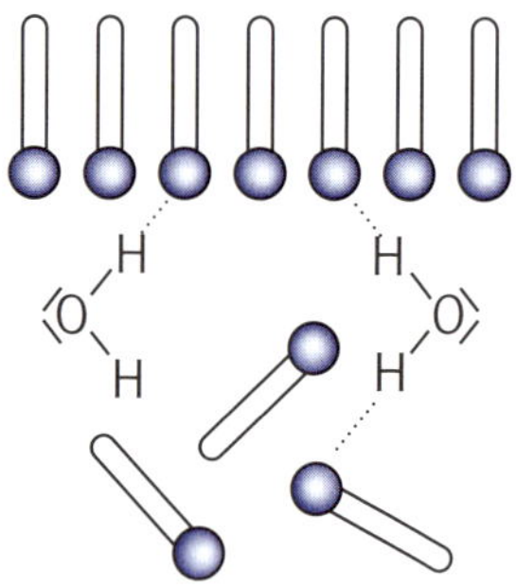

Grenzflächenabsorption in einer Seifenlösung

Oberflächenspannung und Benetzungsvermögen

Wasser bildet bekanntermaßen gerne eine Tropfenform oder perlt z.B. auf Wachs oder Lack ab. Entscheidend hierfür ist die **Oberflächenspannung**, also die Energie, die aufgewendet werden muss, um 1 cm^2 Oberfläche zu bilden. Die Wassermoleküle im Wasser können untereinander nach allen Richtungen Wasserstoffbrücken ausbilden. An der Oberfläche jedoch ist dies nur nach innen möglich. Daraus resultiert eine **Anziehungskraft**, die zur Tropfenbildung führt, da bei gleichem Volumen der kugelförmige Körper die kleinste mögliche Oberfläche bietet. Durch die große Oberflächenspannung werden unpolare Stoffe auch kaum von Wasser benetzt, da es an ihnen abperlt.

Tenside setzten sich nun an die Grenzflächen und bewirken damit, dass nur noch wenige Wassermoleküle an der Grenzfläche zu finden sind. Dadurch wird die Oberflächenspannung herabgesetzt und somit auch das **Benetzungsvermögen** erhöht.

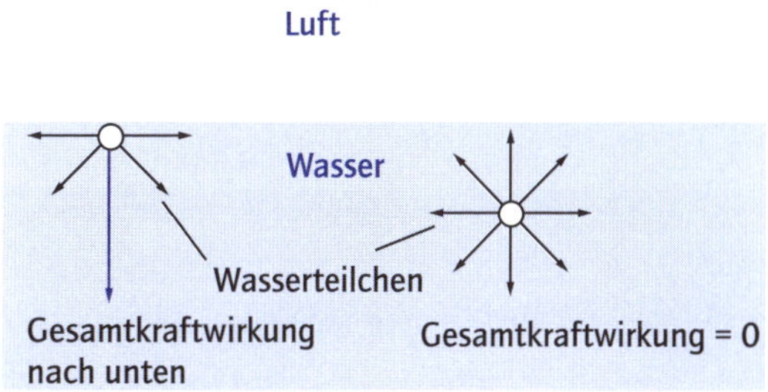

Oberflächenspannung

Emulgiervermögen

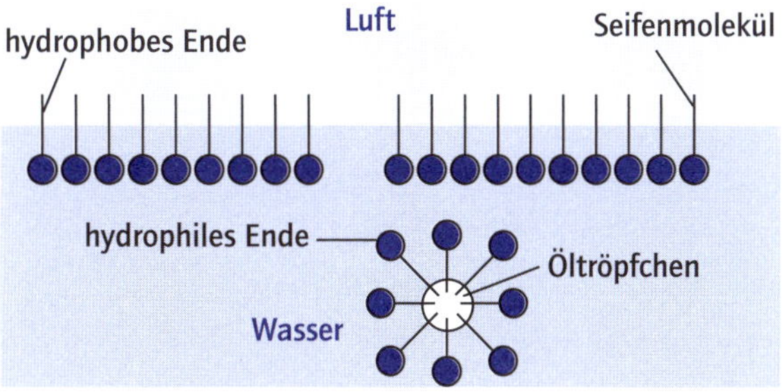

Tenside ermöglichen die Bildung von **Emulsionen** aus sonst nicht miteinander mischbaren, polaren und unpolaren Flüssigkeiten. Dabei wird die unpolare Flüssigkeit in der polaren mithilfe von **Micellenbildung** verteilt. Die Tenside lagern sich so, dass sie Kugeln bilden. Dabei zeigt das polare Carboxyl-Ende nach außen, die unpolaren Alkylreste sind innen vor dem polaren Lösungsmittel geschützt. Im Innern dieser Micellen kann sich die unpolare Flüssigkeit befinden. Nach dem Schütteln eines zweiphasigen Wasser-Öl-Gemisches mit einer Seifenlösung findet man eine Emulsion, bei der Öl in Seifenmolekülmicellen fein im Wasser verteilt ist. Diese Emulsion ist trübe, da die Micellen so groß sind, dass sie das Licht brechen. Teilchen, die so groß sind, dass sie das Licht streuen, rufen eine Trübung der Lösung im Lichtstrahl hervor. Dieses Phänomen nennt man den **Thydall-Effekt**.

Dispergiervermögen

Entsprechend dem Emulgiervermögen begünstigen Tenside auch die feine Verteilung (Dispergierung) von unlöslichen Feststoffen in Flüssigkeiten. Auch die Feststoffteilchen werden hierbei in Micellen eingeschlossen und können so in Lösung gehen.

14.3 Synthetische Tenside

Man kann vier verschiedene Gruppen von künstlich hergestellten Tensiden unterscheiden: kationische, anionische, zwitterionische und nichtionische Tenside.

- **Anionische Tenside:** Die ersten im Jahre 1933 synthetisch hergestellten Tenside waren anionische **Monoalkylsulfate**. Dabei wurde ein **Fettalkohol** mit **Schwefelsäure** verestert. Das entstehende Molekül ist grenzflächenaktiv, da es eine polare Sulfat-Gruppe und einen unpolaren Alkylrest besitzt. Die Waschkraft übertrifft die von Seife, und als Salz einer starken Säure reagiert das Molekül neutral. Zudem sind die Calciumsalze leichter löslich als die Kalkseifen.

  Nach dem 2. Weltkrieg verwendete man **Alkylbenzolsulfonate**. Je länger und verzweigter der Alkylrest ist, desto größer sind auch die Van-der-Waals-Kräfte bei der Micellenbildung. Heute verwendet man ausschließlich Alkylbenzolsulfonate, da diese biologisch abbaubar sind.

$$CH_3{-}(CH_2)_n{-}\underline{\overline{O}}{-}SO_3^-\ Na^+$$

Monoalkylsulfat n = 11 bis 17

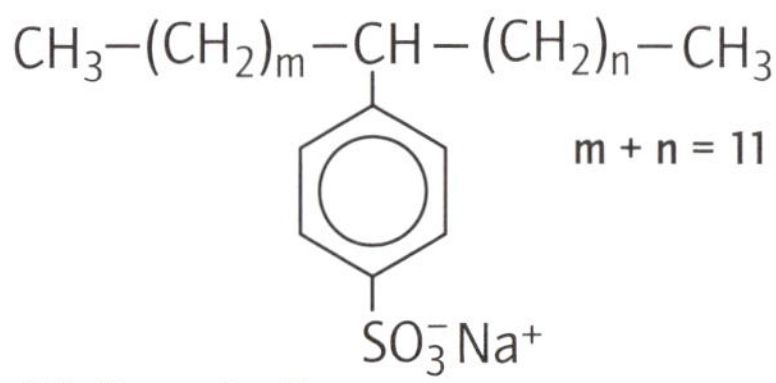

m + n = 11 bis 17

Alkylbenzolsulfonat

- **Kationische Tenside:** Kationische Tenside bestehen aus einem **quartären Ammonium-Ion**, welches mit **langkettigen Alkylresten** verbunden ist. Das früher verwendete **Dialkyldimethylammoniumchlorid** wurde inzwischen durch **Esterquats** abgelöst. Bei diesen Molekülen sind die Alkylreste durch **Estergruppen** ersetzt. Esterquats sind biologisch abbaubar und lagern sich an negativ geladenen Oberflächen an, wie man sie bei Textilfasern findet. Esterquats sind Bestandteil von Weichspülern.

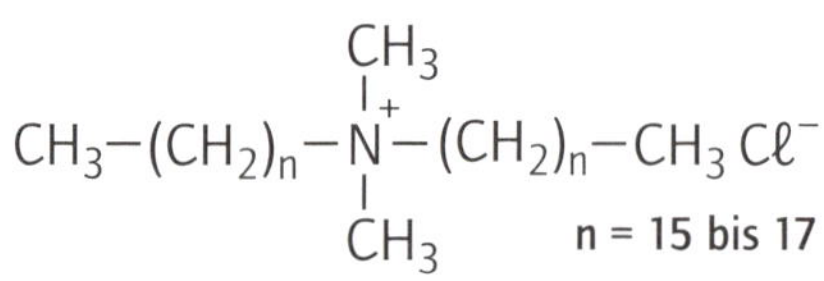

n = 15 bis 17

Dialkyldimethylammoniumchlorid

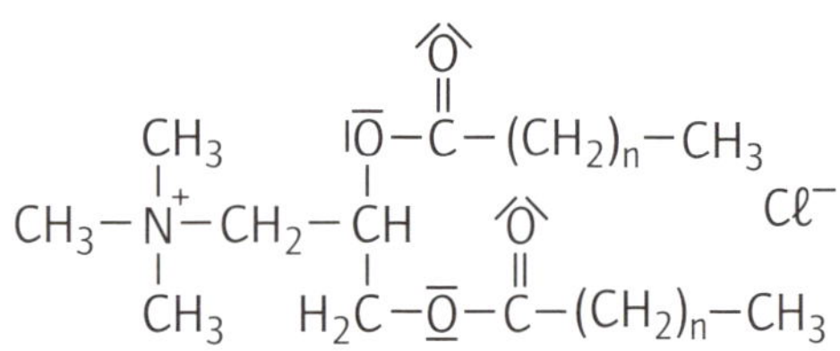

Diesterquat n = 14 bis 16

- **Zwitterionische Tenside:**

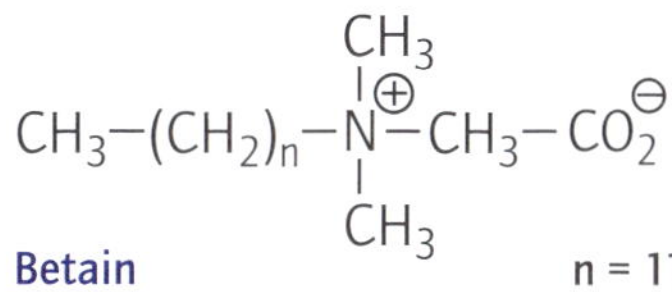

Betain n = 11 bis 17

Aus **Chloressigsäure** und **langkettigen tertiären Aminen** lässt sich ein zwitterionisches Tensid herstellen, z. B. Betain. Da die Moleküle gut haut- und schleimhautverträglich sind, werden sie in Shampoos und Badepräparaten eingesetzt.

- **Nichtionische Tenside:**

$$CH_3{-}(CH_2)_n{-}\underline{\overline{O}}{-}(CH_2{-}CH_2{-}O)_m{-}H$$

Alkylpolyglykolether n = 11 bis 17, m = 3 bis 15

$$CH_3{-}(CH_2)_n{-}\underline{\overline{O}}{-}(C_6H_{10}O_5)_m{-}H$$

Alkylpolyglucosid n = 7 bis 13, m = 1 bis 3

Man kann zwei große Gruppen an nichtionischen Tensiden unterscheiden. Zum einen die **Alkylpolyglykolether**, die vor allem in Waschmitteln, Geschirrspülern und Weichspülern zu finden sind. Zum anderen die **Alkylpolyglucoside** aus **Fettalkoholen** und **Glucose**, die wegen ihrer Hautfreundlichkeit und dem guten Schäumvermögen in Haar- und Duschschampoos sowie in Spülmitteln Anwendung finden. Nichtionische Tenside sind unempfindlich gegen Calcium- und Magnesium-Ionen und zeigen schon bei geringer Konzentration eine gute Waschwirkung.

14.4 Waschmittel

Der Waschvorgang

① Um den Schmutz von der Faser zu lösen, wird diese erst durch die Tensidmoleküle **benetzt**. Jetzt können die Seifenmoleküle leichter in die Fasern **eindringen**.

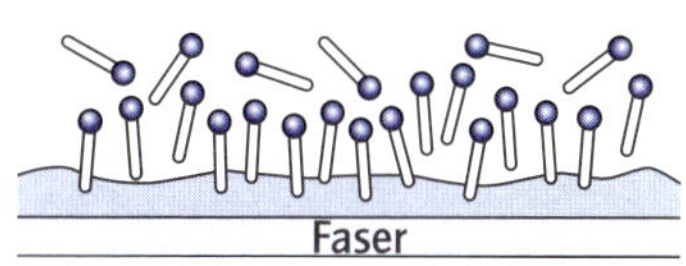

② Daraufhin wird der unpolare Schmutz durch die lipophilen Reste **zerlegt**. Dabei hilft die **mechanische Bewegung**. Durch die Seifenanionen werden die Fasern und auch die Schmutzpartikel **negativ aufgeladen** und stoßen sich gegenseitig ab.

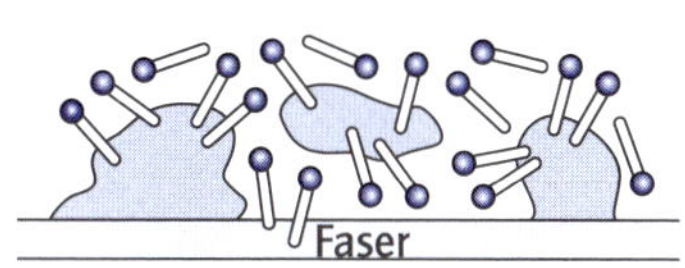

③ Der Abtransport des Schmutzes erfolgt schließlich in **Micellen**.

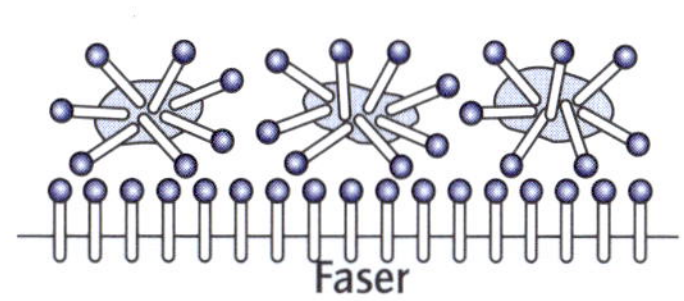

$$2R{-}COO^- + Ca^{2+} \longrightarrow Ca(R{-}COO)_2 \downarrow$$

Probleme beim Waschen

Der Nachteil bei der Verwendung von Seifen ist die Ausbildung eines **alkalischen Milieus**. Dieses weicht die Haut auf und schädigt auch bestimmte Fasern, z. B. Wolle. Daher bevorzugt man heute synthetische Tenside. Ein weiteres Problem der Seifenmoleküle ist die Wechselwirkung mit den Erdalkali-Ionen. Mit Calcium- und Magnesium-Ionen bilden sich unlösliche und unwirksame **Kalkseifen**. Daher muss bei hartem Wasser mehr Seife zugegeben werden, um den gleichen Effekt wie in weicherem Wasser zu erhalten.

Zusammensetzung von Waschmitteln

1907 wurde **Persil** als erstes Vollwaschmittel auf den Markt gebracht. Es enthielt Natrium**per**borat und Natrium**sil**ikat. 1933 gab es mit **Fewa** das erste **Fe**in**wa**schmittel mit dem synthetischen Tensid Natriummonoalkylsulfat. Heute verwendet man Universalwaschmittel mit zahlreichen Zusätzen.

- **Wasserenthärter:** Um die Erdalkalimetall-Ionen aus dem Wasser zu entfernen, verwendet man **Builder (Komplexbildner)**, die mit den härtebildenden Ionen reagieren und diese in Form eines Komplexes binden. Das früher verwendete **Natriumtriphosphat** wurde aufgrund seiner **eutrophierenden** Wirkung (starke Vermehrung von Algen und als Folge Anstieg des sauerstoffzehrenden Faulschlamms) durch gesundheitlich und ökologisch unbedenkliche **Zeolithe** ersetzt. Dies sind Alumosilikate (auch: Aluminosilikate), die nach dem Ionentauscherprinzip wirken (→ Seite 82). Sie binden Calcium-Ionen und ersetzen sie durch Alkalimetall-Ionen. Allerdings haben sie kein Schmutztragevermögen.

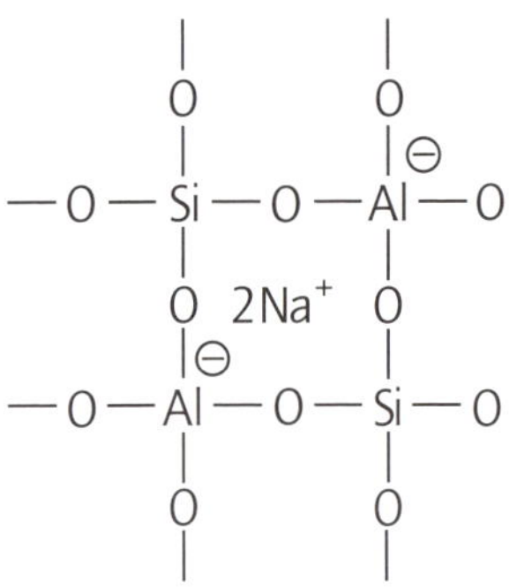
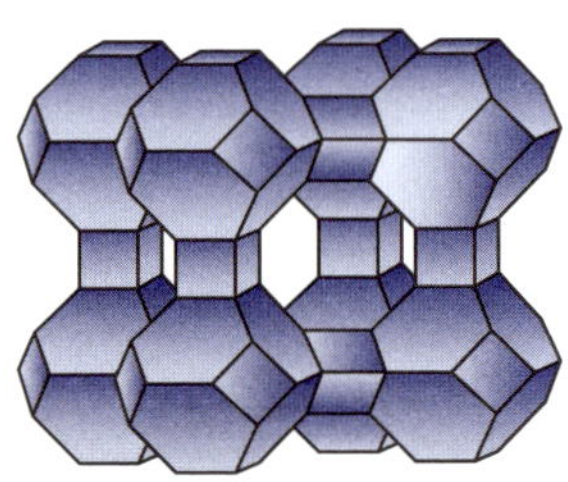
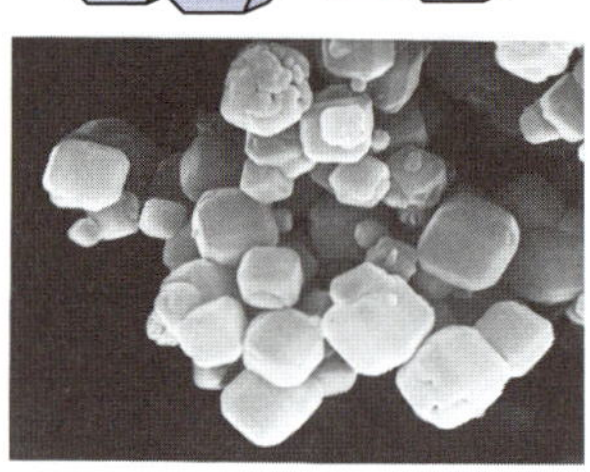
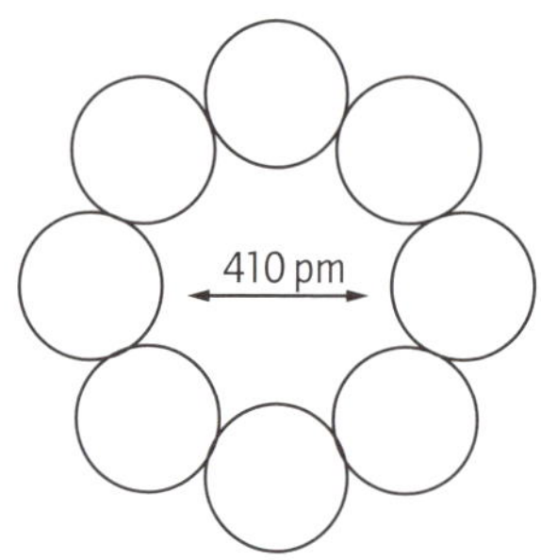

Zeolith A

- **Bleichmittel:** Zur Entfärbung von Obstflecken und Ähnlichem und gegen die **Faservergrauung** (Gilb) setzt man **Natriumperborat** zu. Beim Erhitzen bildet sich daraus mit Wasser das bleichende **Perhydroxyl-Anion**. Bei Temperaturen unter 60 °C muss der **Bleichmittelaktivator** Tetraacetylethylendiamin (TAED) zugesetzt werden, um eine Bleichwirkung zu erhalten.

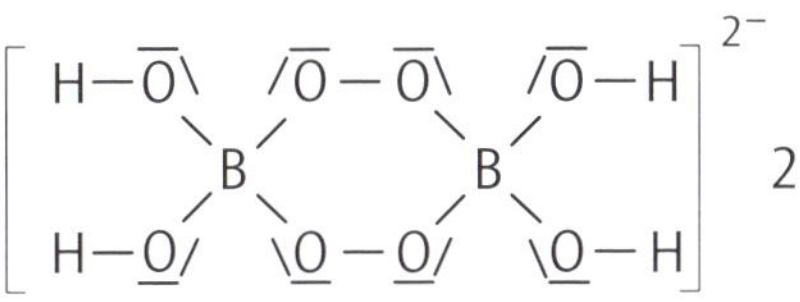

Natriumperborat

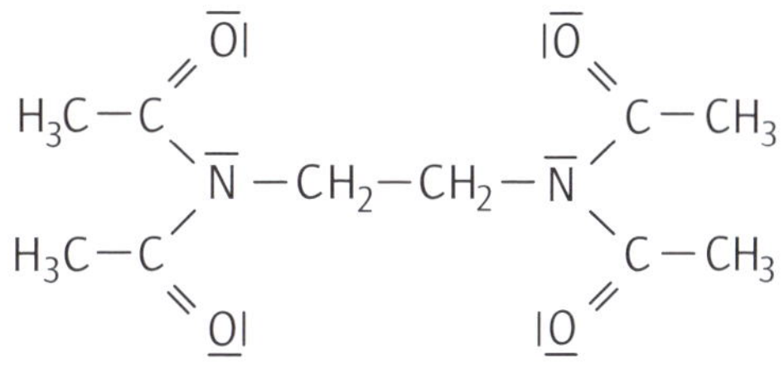

Tetraacetylethylendiamin (TAED)

$$B_2H_4O_8^{2-} + 2\ H_2O \rightarrow 2\ H_2BO_3^- + 2\ H_2O_2$$
$$H_2O_2 + OH^- \rightarrow HOO^- + H_2O$$

- **Vergrauungsinhibitoren:** Als Schutz vor Schmutzresten, die in der Wäsche verbleiben können und so zu einem **Grauschleier** führen, gibt man z.B. **Carboxymethylcellulose** als Vergrauungsinhibitor zu. Das Molekül sorgt dafür, das die Schmutzmicellen auch in die Waschflotte übergehen.

- **Enzyme:** Um hartnäckige Proteinverschmutzungen zu entfernen, setzt man den Waschmitteln entsprechende **Enzyme** zu. Hierbei muss natürlich auf die Waschbedingungen Rücksicht genommen werden, da die Enzyme aufgrund ihrer **Eiweißstruktur** gegen hohe Temperaturen und Laugen empfindlich sind. Daher werden sie überwiegend beim Vorwaschen, Einweichen und Waschen bis 60 °C eingesetzt. Die verwendeten proteolytischen Bakterienenzyme sind zudem oft allergieauslösend (Einatmen des Staubes) und werden deshalb zu **Prills** eingekapselt, was gleichzeitig die Lagerfähigkeit erhöht.

INSIDER-TIPP

Tenside muss man vor allem an der Strukturformel erkennen können. Auch sollte man die alkalische Esterhydrolyse am konkreten Beispiel (z.B. Glycerintristearat) schriftlich formulieren können. Hier ist ein Blick ins Kapitel 9.7 Ester (→ Seite 113) sinnvoll und ein Vergleich zwischen saurer und alkalischer Esterhydrolyse – das wird gerne mal verwechselt.

- **Schaumregulatoren:** Sie werden zugesetzt, um Tensidverluste durch Überschäumung zu verhindern. Verwendet werden dabei Seifen, deren Anionen über 20 Kohlenstoff-Atome enthalten, und **Silikonöle**.

- **Weißtöner:** Farbige Abbauprodukte von Verunreinigungen absorbieren blaues Licht und führen daher dazu, dass weiße Wäsche **gelbstichig** wird. Weißtöner, z. B. aus **Stilben**, absorbieren UV-Anteile aus dem Licht und strahlen **blaue Fluoreszenz** ab. Dadurch wird die durch Verunreinigung entstandene Blaulücke ersetzt und die Wäsche erscheint strahlend weiß.

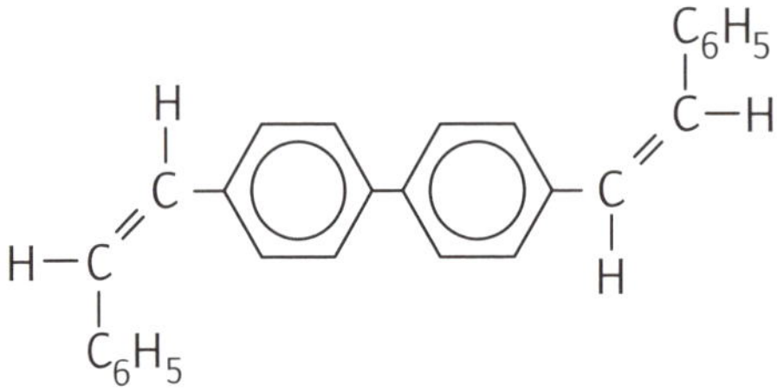

4,4-Distyrylbiphenyl, ein Weißtöner

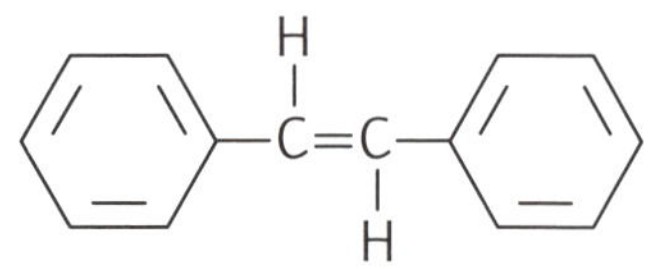

Stilben

- **Parfümöle:** Sie sollen für einen angenehmen **Duft** der Wäsche sorgen. Da solche Duftstoffe unter Umständen Allergien auslösen können, wird gerade bei Schampoos und Duschgelen in manchen Fällen darauf verzichtet.

CHECKLISTE

14 Tenside/Waschmittel

- **Tenside sind amphiphile Verbindungen.**
- **Aufgrund ihrer lipophilen und hydrophilen Eigenschaften sind sie grenzflächenaktiv, setzen die Oberflächenspannung von Wasser herab und können Micellen bilden.**
- **Seifen gewinnt man durch alkalische Hydrolyse von Triglyceriden.**
- **Heute finden vor allem synthetische Tenside Anwendung.**
- **Waschmittel enthalten außer den waschaktiven Substanzen noch zahlreiche zusätzliche Inhaltsstoffe.**

15 Kunststoffe

Kunststoffe sind aus einem oder mehreren Einzelbausteinen (Monomeren) aufgebaute Riesenmoleküle (Polymere), die künstlich synthetisiert werden. Die Idee stammt von Staudinger, der 1920 erkannte, dass Kautschuk ein aus Monomerbausteinen aufgebautes Riesenmolekül ist. Entsprechend den polymeren Naturstoffen begann man nun, künstliche Polymere herzustellen, die je nach Monomer bestimmte Eigenschaften vorweisen.

15.1 Klassifizierung

Nach ihrem **Verhalten beim Erwärmen** teilt man die Kunststoffe in drei große Gruppen ein: Thermoplaste, Duroplaste und Elastomere.

Thermoplaste

Thermoplaste erweichen langsam bei Temperaturerhöhung und werden schließlich zähflüssig, ohne sich dabei chemisch zu verändern. Sie haben keinen festen Schmelzpunkt, sondern werden innerhalb eines **Schmelzbereiches** flüssig.

Die Moleküle unterschiedlicher Länge sind **linear** und wenig verzweigt. Sie werden von Wasserstoffbrückenbindungen und Van-der-Waals-Kräften zusammengehalten. Bei Erwärmung schwingen die linearen Moleküle und gleiten aneinander vorbei, was zu einer allmählichen Erweichung und schließlich zum Schmelzen führt.

Von praktischer Bedeutung ist diese Eigenschaft, da sich Thermoplaste als Schmelze in verschiedene **Formen pressen** lassen, worin sie abkühlen und erstarren. So erhält man erwünschte Formteile.

Struktur eines thermoplastischen Kunststoffs

Man unterscheidet zwischen **amorphen** und **kristalliten** Thermoplasten. Amorphe Strukturen weisen **ungeordnete Moleküle** auf und erscheinen **transparent**. Kristallite Thermoplaste besitzen viele geordnete Bereiche und sind durch ihre **teilkristalline** Struktur nicht transparent.

Duroplaste

Sie werden auch bei hoher Temperatur **nicht weich** und sind daher nicht durch Erwärmen verformbar. Beim Erhitzen bleibt ihre Struktur erhalten. Der Aufbau gestaltet sich als ein **engmaschiges, dreidimensionales Netz**, das von den Monomeren durch Elektronenpaarbindung gebildet wird. Bei sehr hohen Temperaturen **zersetzen** Duroplaste sich, da die Bindungen gespalten werden und das Molekülnetz zerreißt.

Struktur eines duroplastischen Kunststoffs

Duroplaste müssen also bereits bei der Synthese in ihrer endgültigen Form festgelegt sein, oder später **mechanisch bearbeitet** werden.

Elastomere

Sie verhalten sich bei mechanischer Belastung wie Gummi, sind also durch Zug oder Druck **verformbar**, gehen aber anschließend wieder in ihre **ursprüngliche Form** zurück.

Ihre Struktur ähnelt der der Duroplaste, allerdings ist das Molekülnetz sehr viel **weitmaschiger**. Wenn man einen Elastomer in gespanntem Zustand erwärmt, so rücken die schwingenden Moleküle und die Netzknoten näher zusammen. Bei hohen Temperaturen beobachtet man eine Zersetzung des Kunststoffes.

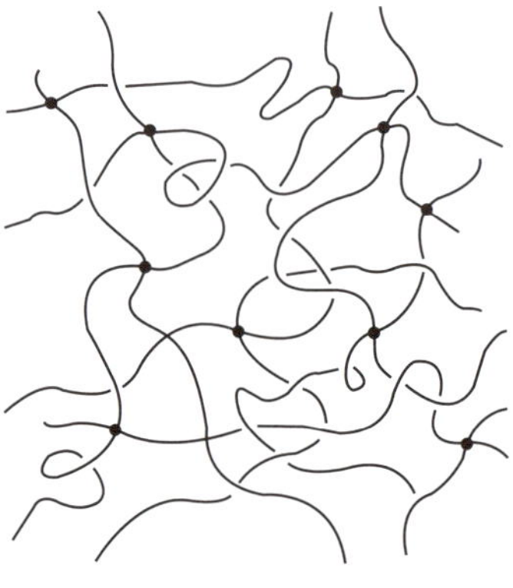

Struktur eines Elastomers

Die endgültige Form wird während der Synthese durch Hitze und Druck festgelegt. Durch anschließendes Zusetzen von Schwefel oder durch Bestrahlen vernetzt man noch vorhandene lineare Bereiche. Diese Vorgehensweise nennt man **Vulkanisieren**.

15.2 Synthese von Kunststoffen

Kunststoffe werden hergestellt, indem man kleine Moleküle zu riesigen Makromolekülen vernetzt. Je nachdem, durch welche chemische Reaktion die Polymere entstehen, unterscheidet man zwischen **Polymerisaten**, **Polykondensaten** und **Polyaddukten**.

Polymerisation

Bei der Polymerisation werden die Monomere, die immer eine **Doppelbindung** besitzen, **radikalisch** zu einem Polymerisat verknüpft. Dazu ist ein **Radikalbildner** als Initiator nötig. Zu diesem Zweck verwendet man gerne **Peroxide**, z. B. Dibenzoylperoxid, welche leicht an der Sauerstoff-Sauerstoff-Bindung in zwei Radikale gespalten werden, die dann die Reaktion starten. In diesem Fall entsteht durch Abspaltung von CO_2 ein Phenylradikal.

Ablauf der Polymerisation:

Als Beispiel wird die Bildung von Polystyrol angeführt. Jede Polymerisation lässt sich in drei Abschnitte unterteilen.

- **Startreaktion:** Dibenzoylperoxid wird in zwei Radikale gespalten.

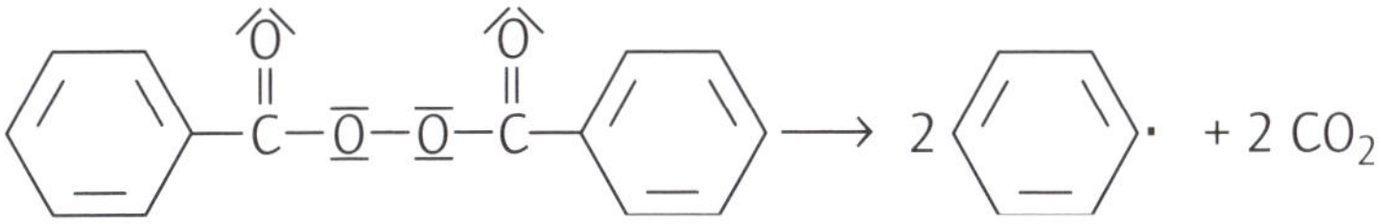

- **Kettenreaktion:** Das Radikal reagiert mit Styrol, welches daraufhin zum Radikal wird und mit einem weiteren Styrol-Molekül ein **radikalisches Dimer** bildet, das wieder weiter reagiert.

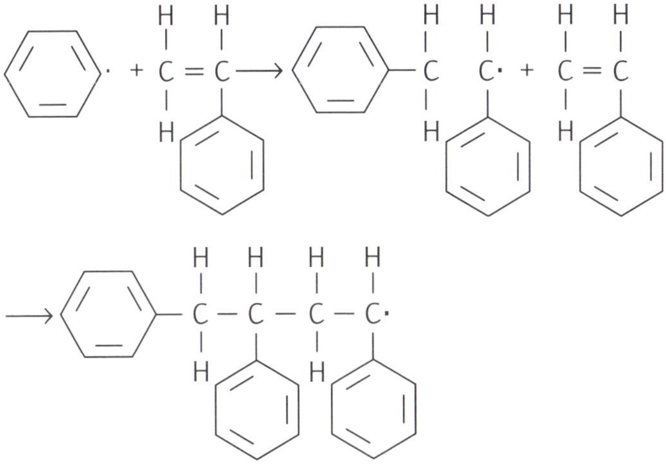

- **Kettenabbruch:** Zwei Polystyrolkettenradikale reagieren miteinander.

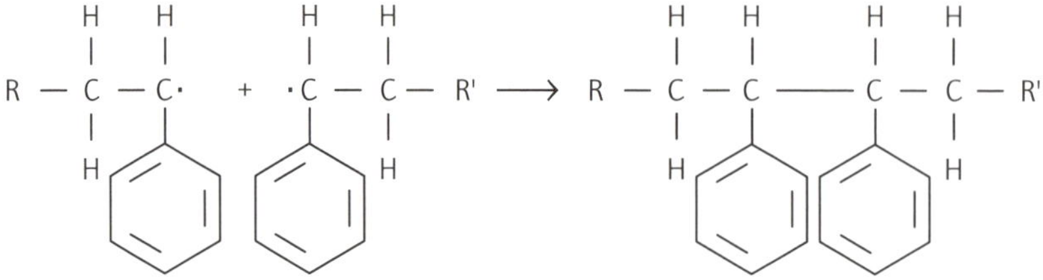

Beispiele für Polymerisate:

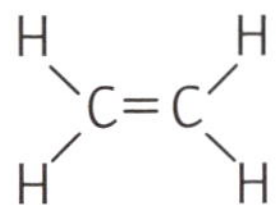 Ethen	 Polyethen (Polyethylen) PE
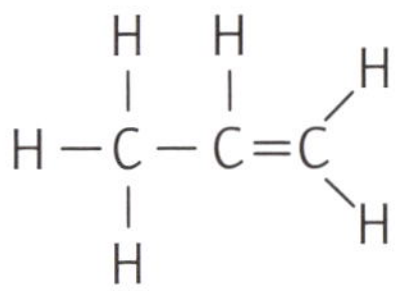 Propen	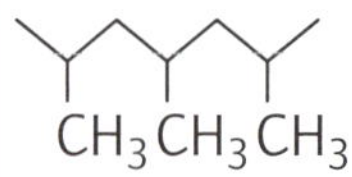 Polypropen (Polypropylen) PP
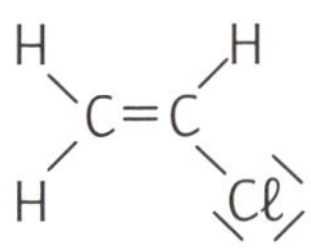 Vinylchlorid	 Polyvinylchlorid PVC
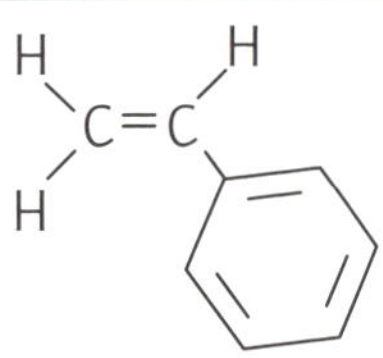 Styrol	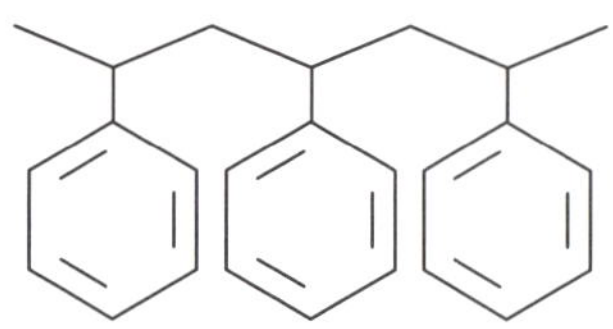 Polystyrol PS (Styropor)
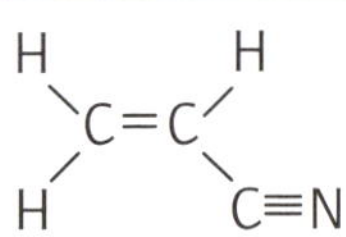 Acrylnitril	 Polyacrylnitiril (Orlon, Dralon)
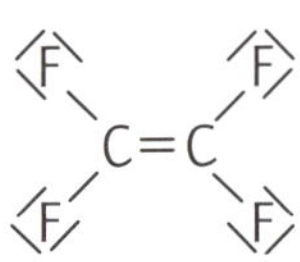 Tetrafluorethen	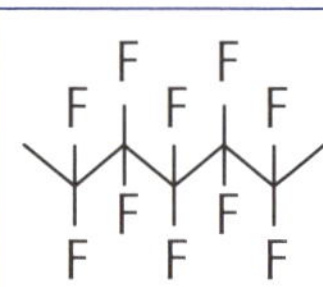 Polytetrafluorethen (Teflon)

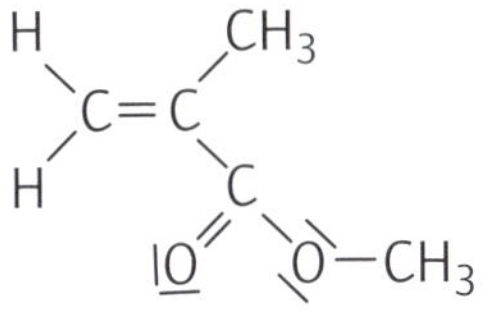

Methacrylsäuremethylester

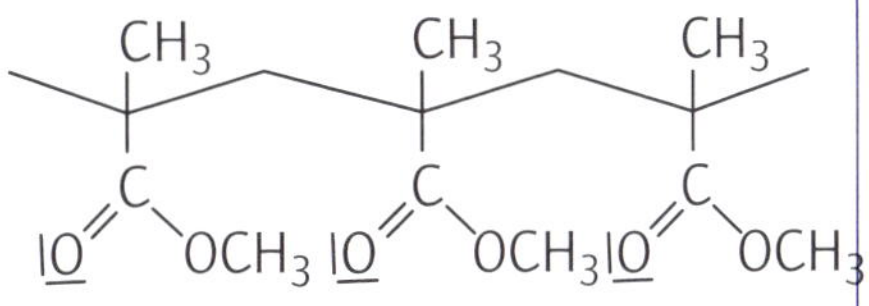

Polymethacrylat (Plexiglas)

Copolymerisate entstehen, wenn man zwei oder mehr verschiedene Monomere zu einem Polymer verbindet. Dadurch erhält man einen Kunststoff mit neuen Eigenschaften. Ein Beispiel wären SAN-Copolymere (Styrol-Acrylnitril) aus Styrol und 30 % Acrylnitril. Aus diesem Kunststoff können besonders bruchfeste Flaschen gefertigt werden, die zudem noch sehr beständig gegenüber unpolaren Lösungsmitteln sind.

Taktizität: Die **Anordnung der Seitengruppen** im Polymerisat entscheidet über die Eigenschaften des Kunststoffes. Es gibt dabei drei Möglichkeiten der Ausrichtung. Bei der **isotaktischen** Struktur zeigen alle Seitengruppen in eine Richtung. Bei einem **syndiotaktischen** Makromolekül sind sie immer abwechselnd angeordnet. Im Falle eines **ataktischen** Polymerisates sind die Seitengruppen zufällig angeordnet. Die sich daraus ergebenden Eigenschaften sollen am Beispiel des Polypropylens dargestellt werden. Wird dieses Polymerisat katalytisch synthetisiert, so kann man die Taktizität beeinflussen. Isotaktisches Polypropylen ist ein **hochkristalliner Feststoff**, da die Makromoleküle sich parallel zueinander anordnen können. Entsprechend ist syndiotaktisches Polypropylen nur **teilkristallin**. Im Falle des ataktischen Polypropylens liegt ein **amorpher**, weicher Kunststoff vor, der unterschiedliche Packungsdichten der Polymerfäden aufweist.

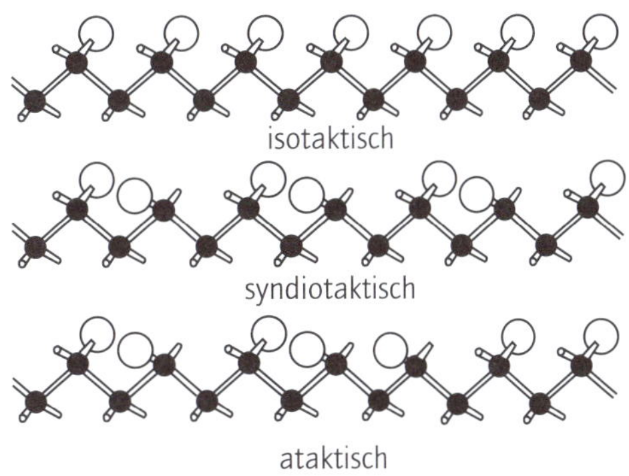

Taktizität bei Polymeren

Polyethen: Polyethen (Polyethylen) muss aufgrund des gasförmigen Aggregatzustandes des Monomers Ethen ein besonderes Herstellungsverfahren haben. So synthetisiert man seit 1933 Hochdruck-Polyethen. Die Makromoleküle sind **kurzkettig und stark verzweigt**. Sie haben eine Molekülmasse von 6000 bis 50 000 u. Durch die sperrigen Seitenketten ist die Struktur von Hochdruck-Polyethen amorph und von geringer Dichte. Man spricht daher auch von **Low-Density-Polyethen** (LDPE). Als Kunststoff ist es elastisch, sehr zäh und bruchsicher, schmilzt jedoch schon bei 98 °C. 1953 gelang es, mithilfe von **metallorganischen Katalysatoren Niederdruck-Polyethen** herzustellen. Diese Makromoleküle sind **langkettig und unverzweigt** mit einer Molekülmasse von 10 000 bis 1 000 000 u. Die Polymerfäden können sich eng aneinanderlagern und bilden kristalline Bereiche, die sich mit amorphen abwechseln. Wegen der höheren Dichte wird der Kunststoff auch als **High-Density-Polyethen** (HDPE) bezeichnet. Er zeichnet sich durch eine hohe Festigkeit aus und schmilzt erst bei 120 °C.

Polykondensation

Bei der Polykondensation werden zwei Monomere mit **mindestens zwei funktionellen Gruppen** unter Abspaltung kleiner Moleküle miteinander verknüpft. Die entstehenden Kunststoffe werden **Polykondensate** genannt.

Polyamide: Polyamide entstehen, wenn ein **Diamin** und eine **Dicarbonsäure** unter Bildung einer **Amidbindung (Peptidbindung)** reagieren. Natürliche Polyamide sind also die Makromoleküle der Proteine, die aus den monomeren Aminosäuren gebildet werden. Künstliche Polyamide sind z. B. Nylon und Perlon. Sie haben eine hohe Zugfestigkeit und durch die Wasserstoffbrückenbindungen eine gewisse Elastizität. Deshalb werden sie für hochwertige Kunststoffartikel wie Getriebeteile und Knochenprothesen verwendet. Man kann sie auch im Schmelzspinnverfahren zu Fäden bündeln, die dann verstreckt, also durch Zug verlängert werden.

Nylon (1938, Carothers, amerik. Chemiker): Zur Synthese verwendet man **AH-Salz** (Adipinsäure und Hexamethylendiamin). Das Produkt wird **Nylon 6,6** genannt, da sich zwischen den Stickstoff-Atomen jeweils sechs Kohlenstoff-Atome aus zwei verschiedenen Monomeren befinden.

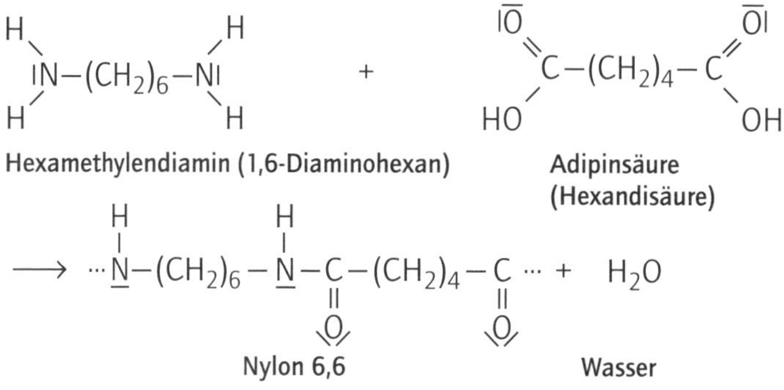

Perlon (1939, Schlack, dt. Chemiker): Zur Synthese von Perlon ist nur ein Monomertyp nötig. Man nimmt dazu ε-Caprolactam.

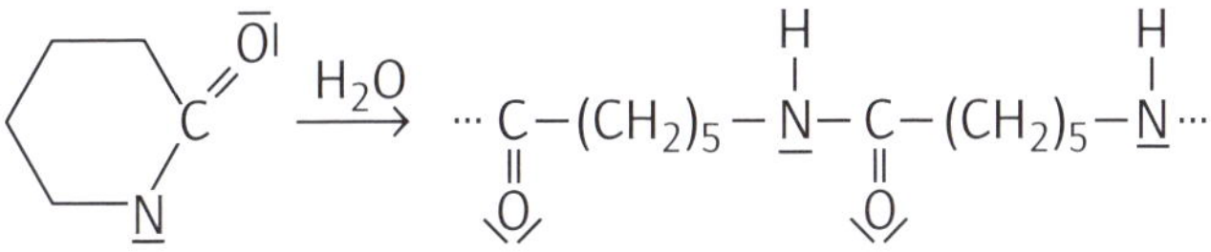

e-Caprolactam Perlon 6

Phenoplaste: Phenoplaste sind duroplastische Kunststoffe aus **Phenol** oder **Phenolderivaten** und **Formaldehyd**. Dabei werden zuerst **Vorkondensate** hergestellt, die dann durch Erwärmen zu einem dreidimensionalen Netz verknüpft werden. Arbeitet man in alkalischem Milieu, so erhält man niedermolekulare, lineare Kondensate, sogenannte **Resole**, die als zähflüssige Harze anfallen. In saurem Medium hingegen findet man **Novolake**, die sich durch einen hohen Vernetzungsgrad auszeichnen und von selbst aushärten. Beispiel: Synthese von **Bakelit**, dem ersten gebrauchsfähigen vollsynthetischen Kunststoff (1904, **L. H. Baekeland**, holl.-amerik. Chemiker).

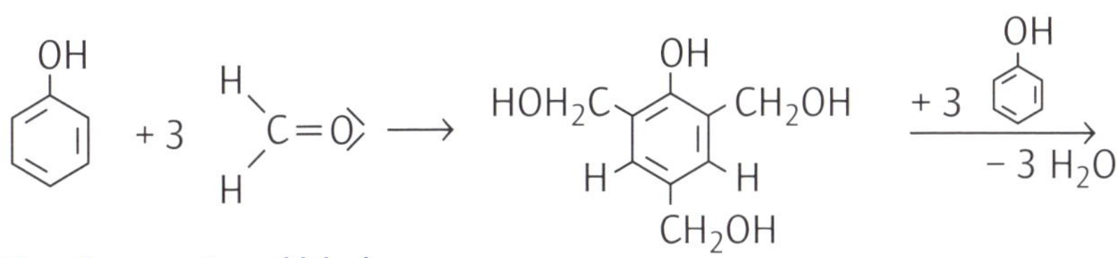

Phenol Formaldehyd Zwischenprodukt

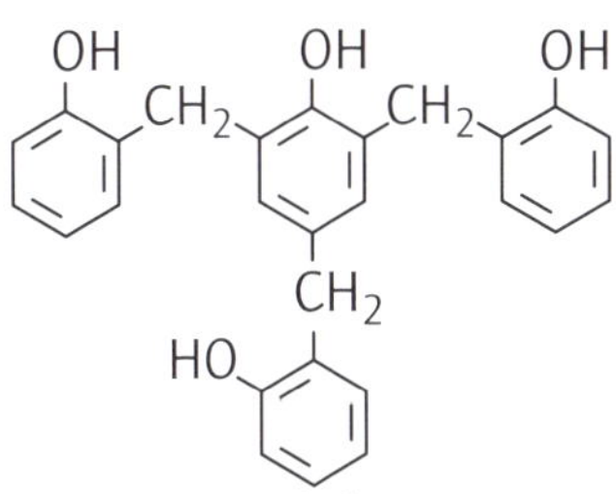

Bakelit

INSIDER-TIPP

Bei Kunststoffmolekülen verliert man schnell die Übersicht. Wichtig ist hier ordentliches und genaues Zeichnen. Man kann die Bindung oder bestimmte Gruppen auch farblich hervorheben, damit man einen besseren Durchblick bekommt.

Polyester: Bei der Synthese von Kunststoffen aus **Dicarbonsäuren** und **mehrwertigen Alkoholen** entstehen Polyester. Diese finden vor allem als Textilfasern Anwendung. Polyester haben gute mechanische Eigenschaften. Sie sind scheuerfest, knitterfrei und nehmen wenig Wasser in ein gefertigtes Gewebe auf. Gängige **Textilfasern** sind z. B. Diolen und Trevira.
Beispiel: Synthese von Polyethylenterephthalat:

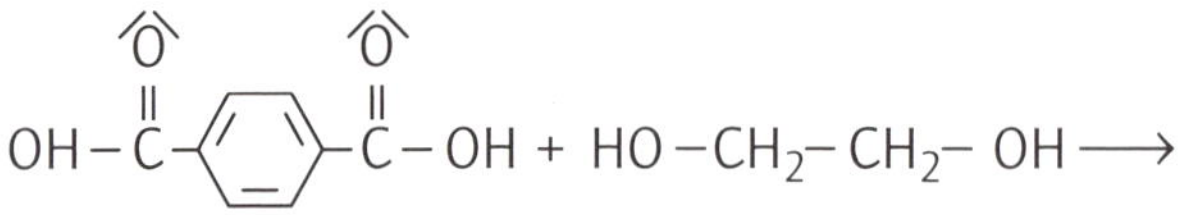

Terephthalsäure Ethandiol

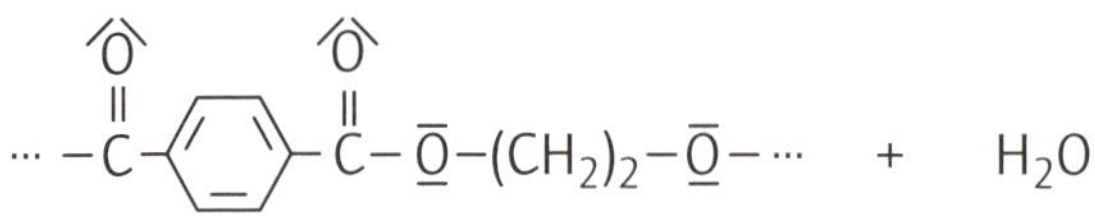

Polyethylenterephthalat Wasser

Wenn man zwei Drittel Polyestermasse mit einem Drittel einer Vinylverbindung (z. B. Styrol) vermischt, entstehen **Polyesterharze**. Dies sind netzartig aufgebaute Duropaste, die als Gießharze und Lacke Anwendung finden. Sie können auch glasfaserverstärkt im Karosseriebau zum Einsatz kommen.

Polyaddition

Bei der Polyaddition müssen keine Initiatoren zugegeben werden und es entstehen auch keine Nebenprodukte. Es gibt nur zwei Gruppen von **Polyaddukten**, die **Polyurethane** und die **Epoxidharze**.

Polyurethane (1935, Bayer): Zur Synthese benötigt man **bi- und trifunktionelle Isocyanate** und einen **mehrwertigen Alkohol**. Die Verknüpfung erfolgt über **Urethan-Brücken**.

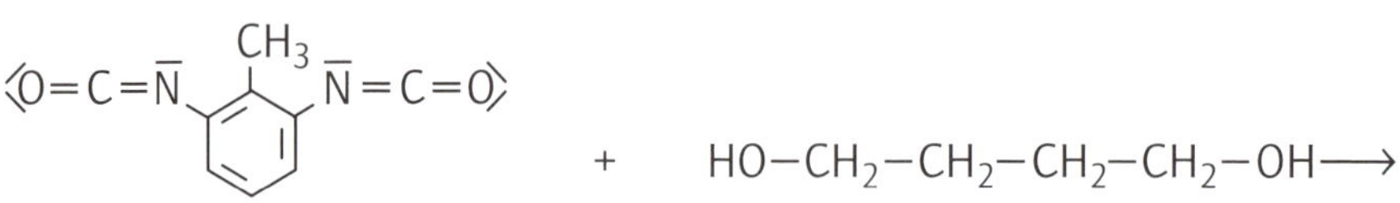

Toluylen-2,6-diisocyanat 1,4-Butandiol

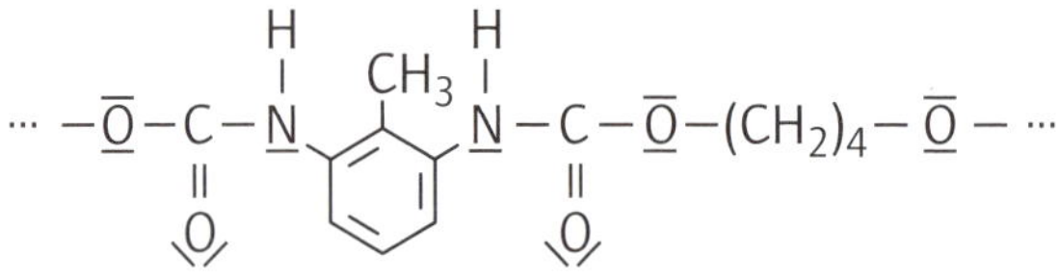

Polyurethan

Polyurethane können nicht zu Fasern versponnen werden, deshalb verwendet man sie vor allem als **Schaumstoffe** und Lackbindemittel.

Epoxidharze: Epoxidharze finden Anwendung als Zweikomponentenklebstoffe, wobei zwei verschiedene Monomersorten zu einem Polymer reagieren.

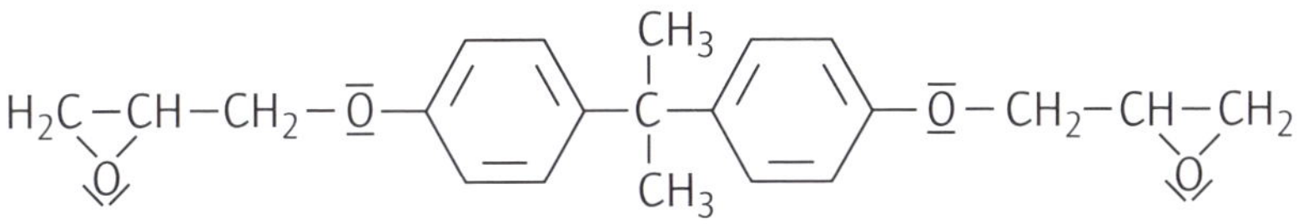

Bisphenol A-Diylycidether

CHECKLISTE

15 Kunststoffe

- **Kunststoffe werden nach ihrem Verhalten beim Erhitzen in Thermoplaste, Duroplaste und Elastomere eingeteilt.**
- **Bei der Synthese werden Monomerbausteine zu Polymeren verknüpft.**
- **Monomere mit Doppelbindungen bilden Riesenmoleküle durch Polymerisation über Radikale.**
- **Werden bei der Synthese kleine Moleküle abgespalten, so entstehen Polykondensate. Dazu gehören Polyamide, Phenoplaste und Polyester.**
- **Bei der Polyaddition sind weder Initiatoren nötig, noch fallen Nebenprodukte an. Polyaddukte sind Polyurethane und Epoxidharze.**

Stichwortverzeichnis

Prüfungstraining auf CD-ROM

Durch eine einfache Navigation schnell zur gewünschten Information oder Aufgabe: Die Startseite führt per Mausklick direkt zu den allgemeinen Tipps zur Prüfungsvorbereitung oder zu den Trainingseinheiten, die genau auf die Kapitelinhalte des Buches zugeschnitten sind. Wie hier für das Kapitel „Atombau und Periodensystem" gezeigt, finden Sie zu jedem Themenbereich Aufgaben mit Lösungen. Einfach klicken und die gezielte Prüfungsvorbereitung kann losgehen!

Die CD-ROM ist auf allen Systemen lauffähig, auf denen ein Acrobat-Reader® installiert ist. Auf Windows-Systemen müsste sie von selbst starten; auf Mac-Systemen oder wenn die CD nicht automatisch startet, öffnen Sie bitte manuell die Datei „Startseite" mit Acrobat.